교사와 연구자가 함께 만드는 역사수업

교사와 연구자가
함께 만드는

역사수업

부산 만덕고등학교 역사수업 실천 사례

역사교육연구소 만덕고 수업연구분과 · 양정현 지음

책을 펴내며

수업은 교사의 존재 이유다. 교사는 수업을 통해 학생들과 소통이 잘되면 뿌듯함을 느끼지만, 그렇지 못하면 한없이 위축된다. 한편으로 적지 않은 교사가 '수업이 힘들어서' 학교를 떠나기도 한다. 그렇다. 수업은 교사라면 누구나 하지만, 누구도 능숙하지 않은 늘 새롭게 다가오는 도전 과제다.

교사들은 수업을 잘하고 싶어 한다. 하지만 교사 대다수가 방법을 모르거나 학교 현실에 부딪혀 수업에 대한 고민을 혼자서 껴안고 있기 십상이다. 이런 오래된 관행을 깨기 위한 시도가 혁신학교를 중심으로 이루어졌다. 만덕고등학교도 교사들의 학습 공동체가 자리 잡은 혁신학교이다. 만덕고 교사들은 일상적으로 수업을 공개하고 배운 바를 나누었다. 역사과의 경우 여러 해 동안 교과연구·협의 활동을 활발하게 해왔다. 그러나 역사교사들은 역사교과의 전문성을 향상하기 위한 더 깊이 있는 연구와 성찰에 목말라 했다. 그때 부산대학교 역사교육과 양정현 교수가 제안한 밀도 높은 역사과 교과협의회에 만덕고 역사과 교사 네 명 모두가 동의했다.

2018년부터 2년 동안 교사 네 명과 연구자가 교과협의회를 진행했다. 한 학교의 역사과 교사 모두가, 역사교육 연구자와 함께 이렇게 긴 기간 교과협의회를 한 사례는 우리가 알기론 처음이다. 새로운 시도였던 만큼 그 과정은 쉽지 않았다. 수업공개와 협의회는 거의 일주일에 한 번씩 이루어졌다. 수업공개뿐 아니라 수업 참관 후의 협의회에 들인 시간과 노력도 만만치 않았다. 수업 중 학생들을 관찰한 것을 기록하고, 수업 장면을 녹화·채록하고, 동료 교사의 수업을 관찰하며 배운 것을 정리하는 등의 작업은 무척 고되었다. 하지만 그 과정에서 수업자뿐 아니라 관찰자의 수업도 변화해갔다. 이렇게 서로에게 배울 점을 발견하고 자신을 객관화하면서 함께 성장하는 방법과 의미를 알아갔다.

그 경험을 책으로 내기로 하고 가장 먼저 한 일은 네 명의 교사가 2년간 작성한 글을 모으는 것이었다. 학습지, 교과협의회 회의록, 수업을 녹화하고 채록한 문서, 동료 교사의 수업을 분석한 글, 생각거리가 될만한 학생들의 글 등. 이것을 분석하면서 그간 교과협의회 활동의 의미를 찾는 과정이 곧 이 책을 쓰는 과정이었다.

1부 '함께 한다는 것'에서는 역사과 교과협의회의 가능성을 탐색했다. 고등학교에서 무시할 수 없는 입시 관행, 개별화되고 고립된 교사들의 교직 관행 등 실효성 있는 교과협의회 활동을 힘들게 하는 학교 현실이 있다. 하지만 변화를 꿈꾸는 역사교사로서 누구와 무엇을 언제 어떻게 시작할지에 대한 길을 찾는 노력은 중단할 수 없었다. 1부는 그 길을 탐색해가는 과정에 관한 이야기이다.

2부 '따로 또 같이'는 만덕고 역사과 수업협의회 사례다. 역사교사 네 명이 지향하는 역사교육 목표와 학생상은 각양각색이었다. 우리의 이런 다채로움은 서로를 새로운 방향으로 이끄는 동기가 되기도 했다. 그 다양한 생각이 다른 사람의 특색을 밝히는 데 도움이 되리라 믿었다. 수업이 교사와 학생이 만들어내는 예술이라고 하는 관점에 동의한다면, 교사와 학생의 특성, 그리고 그날의 다양한 국면들이 작동하고 생동하는 활동이 수업이라는 것이다. 그래서 우리는 이상적인 교사상을 설정하거나 그 틀을 따라가기보다는 각자가 원하는 교사상을 완성하는 방향으로 협의회를 운영했다. 따로 또 같이 가는 길이다.

3부 '교학상장'은 학생들의 배움을 세밀히 들여다보면서 교사로서 획득할 수 있었던 전문성에 관한 이야기다. 역사과에 적합한 모둠수업의 목적과 운영방식 등과 관련해 참고할만한 책이나 경험이 별로 없었다. 그래서 우리는 학생들의 배움을 관찰하고 정리하면서 어디에서도 경험하지 못한 새로운 것들을 배워갔다. 교사의 가르침은 곧 교사 자신에게도 배움이었다.

이 책을 쓰는 과정 또한 우리에게는 소중한 배움의 기회였다. 교사로서의 전문성은 가르치는 행위에 대한 성찰을 통해 내면화된다. 하지만 교사 대부분은 일상에 쫓겨 자신의 전문성을 성찰할 시간을 갖지 못한다. 우리는 수업협의회 경험을 글로 정리하는 동안 그 의미를 곱씹으면서 수업에 대한 새로운 눈을 가질 수 있었다.

우리의 경험이 다른 교사들에게 의미가 있을까 하는 생각이 들기도 했다. 그러나 역사수업을 혼자 고민하는 교사들, 동료 역사교사들과 뭔가 해보려고 하는 교사들에게 우리 경험이 길을 찾는 데 조금이나마 도움이 되길 바라며 조심스러운 마음으로 우리의 이야기를 펼쳐본다.

2021년 10월

차례

프롤로그

교사는 가르치고 배우면서 끊임없이 성장하는 존재다.
좋은 교사는 학생에게, 동료 교사에게, 스스로에게 배운다.
자신의 가르치는 행위에서 배우지 않는 교사는 성장할 수 없다.
자기 성찰을 결여한 교사 앞에는 매너리즘이라는 미끄럼틀이 기다리고 있다.
미끄럼틀을 만나 미끄러져 퇴보하지 않기 위해서는
열린 마음과 적극적인 태도가 요구된다.

잘 가르치는 역사교사이고 싶다

"샘, 필기가 너무 많아서 팔이 아파요. 그래도 설명은 재밌어요."

"공책 필기, 내년에도 후배들한테 꼭 시켜주세요."

중학교에 발령받은 후 칠판 판서가 중심이 된 강의식 수업을 해왔다. 학생들에게는 판서를 옮겨 적는 공책 필기를 강조했고, 수행평가에도 공책 검사를 반드시 포함했다. 강의식으로 수업을 한 이유는 먼저, 내가 중고등학교 다닐 때 배웠던 익숙한 방식이었고, 둘째, 수업을 준비하는 시간이 적어 덜 부담스러웠고, 셋째, 학생들의 머릿속에 내용 지식을 주입하는데 효과적이기 때문이었다. 강의식 수업에서 교재 연구는 교과서 내용을 깔끔하게 정리하면 되었다. 그래서 유명 강사들의 판서를 따라도 해보고, 나름의 방식으로 변형해보기도 했다.

남자 중학생들에게 공책 필기를 시키는 일은 만만치 않게 힘들었다. 하지만 학기 말에 학생들의 정리된 공책을 보면 뿌듯했다. 학생들이 교원평가 서술형 칸에 "샘 수업은 옛날 방식인데 재밌어요"라고 쓴 글을 보며 스스로 수업을 잘한다고 자부하기도 했다.

하지만 선배 선생님 한 분의 이야기를 듣고 고민이 시작되었다. "손샘아, 내도 젊을 때는 수업 좀 한다는 소리 많이 들었다. 애들도 내 수업 재밌다 하고. 그런데 사십 중반 넘어가니까 안 되더라. 몸도 힘들고……. 지금이야 샘이 젊으니까 애들하고 잘 놀아주고 관계 형성도 잘되고 수업 때 분위기도 좋지만, 나이 먹으면 끝인기라." 그 선생님의 수업 방식은 나와 같은 강의식이었다. 다른 점은 내가 그분보다 훨씬 젊다는 거였다. 내가 수업을 잘해서 학생들이 재미있어 하는 줄 알았는데 내가 젊어서 좋아한 것이었다.

그래서 수업 방식을 바꿀까 하는 생각이 들었다. 하브루타, 비주얼 씽킹, 토의·토론 등에 관한 책을 읽고 온라인으로 연수를 받았다. 하지만 어떻게 시작해야 할지 알 수가 없었다. '수업 시작은 어떻게 하고, 자리 배치는 어떻게 하지?', '이 주제를 어떻게 수업에 적용하지?', '학생들한테 토의·토론 방식을 언제 가르쳐서 수업을 하나?' 등 걱정과 고민이 끝도 없었다. 괜히 다른 방식으로 수업을 했다가 학생들이 불만스러워하면 어쩌나 하는 두려움도 생겼다. 그렇다고 주변 선생님들과 수업에 대한 고민을 나눌 수도 없었다. 서로의 수업에 대해서는 말하지 않는 게 일종의 불문율 같았기 때문이다. 결국 '공문 처리하고 업무 보기도 힘든데 그냥 하던 대로 하자, 나중에 나이 들면 어떻게든 되겠지'라는 생각으로 수업에 대한 고민과 생각을 내려놓았다.

그러던 중 만덕고등학교에서 연락이 왔다. 만덕고는 부산 다행복고등학교로서 수업 경험이나 고민을 공유하고 또 배울 자세가 있는 교사를 초빙한다고 했다. 그즈음 중학교의 엄청난 업무량과 많은 수업 시수에 지쳐 있었고, 고등학교에 대한 환상도 있었기에 망설임 없이 제안을 받아들였다.

그 후 만덕고 역사선생님 두 분을 만나 수업에 대한 이야기를 들었다. 모둠활동, 토의·토론, 프로젝트 등의 방식으로 수업을 한다기에 호기심이 생겼다. 만덕고 역사수업에서 사용하는 학습지를 받아서 집으로 돌아와 살펴보았다. 식민지 근대화론에 관한 토론수업 학습지였다. '이렇게 어려운 경제 관련 그래프나 내용을 아이들이 이해할 수 있을까?', '이렇게 수준 높은 학습지를 어떻게 만들지?' 하는 두려움이 생겼다.

마음 한 켠에는 중학교에 있으면 보장되는 승진 가산점에 미련도 있었다. 고등학교에서 초빙 제안이 왔다고 이야기하니, 교장·교감선생님은 중학교에 남는 게 승진에 유리하다고 했다. 하지만 또 다른 선배 교사들은 한 살이라도 젊을 때 고등학교로 옮기거나 수업을 바꾸는 게 좋다며 격려해주었다. 그런 선배들의 격려에 수업을 더 잘해보고 싶은 마음이 커져 승진의 유혹을 이겨냈다.

학교를 옮기기로 마음을 굳히고 나니 만덕고등학교가 어떤 학교인지 궁금해졌다. 주변 교사들이나 학교 홈페이지 등을 통해 얻은 정보는 혁신학교, 부산 다행복학교, 수업 혁신 같은 개념들이었다. 역사과의 다른 선배는 내가 만덕고로 간다고 하니, "만덕고 샘들과 같이하면 많이 배울 거고 니 수업 역량도 많이 좋아지겠지, 근데 쪼매 빡실 거야"라고 말했다. 기대감과 함께 더럭 겁이 났다. 1년 전에 수업 방식을 두고 고민하던 내용이 상기되었다. '만덕고는 수업 혁신을 추구한다는데, 강의식으로 수업을 하면 안 되겠지?', '아니다, 그래도 고등학교니까 강의식이 더 효과적이지 않을까?' 등등 머릿속이 더욱 복잡해졌다.

하지만 현실은 변화를 요구했다. 초빙 응모 서류를 제출하러 간 김에 만덕고 역사선생님을 다시 만났다. 선생님은 개학 전까지 사토 마나부(佐藤学)의 《수업이 바뀌면 학교가 바뀐다》라는 책을 읽어보라며 권해주셨다. 이 책과 만덕고의 수업이 비슷하다는 것이었다. 수업 방식을 두고 고민하던 생각을 털어놓았더니, 같이 해보면 된다고 북돋아주셨다. 조금은 가벼워진 마음으로 집으로 와서 추천받은 책을 읽었다.

2월 초 만덕고 역사과협의회를 하자는 연락을 받고 학교로 갔다. 개학 전에 모여 학년, 과목을 정하고 수업 시수를 나누는 정도의 협의회를 예상했다. 협의회 자리에는 같이 근무할 역사과 선생님들과 함께 대학 때 교수님이 나와 계셨다. 교수님은 만덕고 역사과 수업 협의를 같이 해보자고 했다. 만덕고 역사과 교과협의회를 좀더 내실 있게 긴 호흡으로 가져가며, 수업공개와 협의를 통해 좋은 역사수업, 좋은 역사교사의 길을 함께 찾아보자는 제안이었다. 만덕고 역사선생님 세 분이 동의하셨다. 이제 막 고등학교로 옮기는 나의 처지에서는 당혹스러운 상황이었다. 수업을 바꾸는 것도 고민인데, 일상적으로 수업공개까지 해야 한다니…….

하지만 다른 수업 방식, 좋은 수업에 대한 열망으로 학교를 옮기기로 했으니 복잡하게 생각할 일은 아니었다. 수업 방식을 바꾸고 다른 사람들에게 수업을 일상적으로 공개하는 게 쉽지는 않으나, 나의 수업 역량을 키우는 데 큰 도움이 되리라 생각했다. 그래서 나는 이 모든 것을 '올림픽 정신'으로 받아들이기로 결정했다.

'어차피 처음 해보는 방식인데, 자꾸 망하다 보면 무언가 건지는 게 있겠지, 처음 할 때 낯설지만 계속하다 보면 익숙해지겠지, 그냥 하자!'

만덕고에서의 도전이 이렇게 시작되었다.

가르치는 것의 반은 배우는 것이다

모든 교사는 잘 가르치고 싶어 한다. 그러나 잘 가르치는 교사로 태어나는 사람은 없다. 훌륭한, 또는 유능한 교사는 태어나는 것이 아니라 만들어지는 것이다. 좋은, 잘 가르치는 교사는 어떻게 만들어지는가? 훌륭한 교사가 어떻게 만들어지는지에 대해서 오래전부터 전해 온 말들이 있다.

> 배운 뒤에야 앎이 부족하다는 것을 알며, 가르쳐본 연후에야 앎이 어렵다는 것을 깨닫는다. 앎이 부족함을 깨달은 뒤에야 스스로 성찰할 수 있게 되며, 앎의 어려움을 깨달은 연후에야 스스로 강해질 수 있다. 그러므로 가르치고 배우는 일 양자는 서로를 길러준다. 그래서 가르치는 일의 반은 배우는 일이라 할 수 있다.
>
> -《예기(禮記)》, 〈학기(學記)〉

배움이 없이는 결코 가르칠 수 없다. 가르침과 배움은 가르치는 사람이 배우면서 이루어진다. 가르치는 사람은 가르치면서 이전에 배운 지식을 알게

> 된다는 점에서, 또 가르친 내용에 대해 학생들이 어떤 식으로 호기심을 보이는지 관찰함으로써 배우게 된다. 가르치는 사람 자신이 불확실한 것, 옳고 그른 것을 분명하게 파악할 수 있기 때문이다. 가르치면서 배울 수 있으려면 교사들은 겸손하고 개방적인 자세로 끊임없이 이전의 생각을 재고하고, 자신의 입장을 기꺼이 수정할 용의가 있어야 한다.
>
> \- 파울루 프레이리(Paulo Freire)

이 두 글은 무려 2,500여 년의 시차가 있다. 앞의 글은 《예기》〈학기〉편, 뒤의 글은 파울루 프레이리의 교사론인데, 놀라울 만큼 유사한 내용을 담고 있다. 배움과 가르침은 서로 다른 것이 아니며, 동시에 일어난다는 것이다. 즉 교사의 전문성은 전문가들의 '지도·조언'으로 길러지는 것이 아니라 교사 스스로 가르치면서 배우고 성찰하고 실행하기를 반복하는 과정을 통해서 확보된다는 것이다. 그러기 위해서는 개방적이고 적극적인 자세로 자기 성찰의 끈을 놓지 말아야 한다. 자기의 가르침에서 배우지 못하면 교사로서의 발전을 기대하기 어렵다.

오랫동안 교사는 스스로 배우고 가르치는 주체가 아니라 관리·통제의 대상이었다. 최근까지도 교육관청에서는 '장학제도'를 통해 정기적으로 일선 학교를 지휘하고 감독했다. 이는 주로 학교의 행정업무를 관리·감독하거나 수업에 대한 지도·조언을 하는 것이었다. 지금도 시도 교육청이나 산하 교육지원청의 직제로 장학관이나 장학사라는 직책을 두고 있다.

또 교사의 교과 전문성 신장과 관련해서는 베테랑 교사나 대학교수 들을 명예장학관으로 위촉해 지도·조언을 하게 하는 정책이 있다. 명예장학관은 교육청의 요청에 따라 학교 현장에 가서 수업을 참관하고 이른바 '지도·조언'을 하거나, 수업연구발표대회에서 심사를 맡고 심사평을 하는 등의 일을 한다. 현직 교사가 명예장학관으로 위촉되어 동료 교사에게 장학활동을 하는 경우를 '동료 장학'이라고 부르기도 한다.

장학은 단위 학교의 교육역량과 경영역량 강화를 목적으로 했는데, 보통 중앙정부나 교육청이 주도했고 따라서 단위 학교나 교사는 개혁의 대상으로 간주되곤 했다. 일선 현장에서 직접 교육을 수행하는 교사들을 교육개혁의 대상으로 상정하는 순간 장기적이고 지속적인 변화는 기대할 수 없게 된다. 현장 교사가 개혁과 변화의 주체가 될 수 있는지 여부에 교육개혁의 성패가 달려 있다.

2000년대 중반을 지나면서 장학이라는 하향적 접근방식으로는 교사의 전문성과 역량을 신장하는 데 한계가 있다는 공감대가 형성되었다. 이러한 분위기에 따라 장학지도는 점차 컨설팅 개념으로 전환되기 시작했다. 부산시교육청의 경우 2005학년도부터 장학에 컨설팅 개념을 차용했다.

컨설팅은 의뢰인의 요청에 따라 해당 분야 전문가들이 자문에 응하거나 문제 해결 방안을 제시해주는 일이다. 이러한 컨설팅 개념을 학교에 적용해 '학교 컨설팅'이라고 하며, "학교의 자생적 활력 함양과 학교 교육의 질 향상을 위하여 단위 학교와 학교체제 구성원들의 요청에 따라 전문성을 갖춘 교육체제 내외 전문가들이 문제와 과제의 해결을 도와주는 활동"(한국학교컨설팅연구회)으로 정의한다.

2000년대 중반 부산시교육청은 '학교 컨설팅 명예장학관'이라는 다소 길고 거창한 이름을 달아 사범대 교수들을 학교 현장에 투입하여 장학지도를 하기도 했다. 기존의 장학제도 단계에서 컨설팅 단계로 넘어가는 과도기였음을 명칭에서 확인할 수 있다. 그러나 이 제도가 실제로 교사의 전문성 신장에 어느 정도 보탬이 되었는지는 의문이다. 부산시교육청의 컨설팅 프로그램은 지금도 계속되고 있으며, 운용방식도 조금씩 바뀌고 있다. 최근에는 컨설팅의 영역이 더 넓어지고 다양해지고 있다. 현재 부산시교육청에 컨설팅 담당 부서가 따로 있고, 각 교육지원청의 업무표에서도 컨설팅을 주요 업무로 배치하고 있다.

그런데 컨설팅 방식으로 교육문제에 접근하는 것이 적절하고 유효한 방법일까? 그 취지가 타당하더라도 구체적인 운용양상은 대증요법에 머무는 것은 아닐까? 교육문제를 평가하고 개선하는 일은 체계적이고 지속적인 협의를 거치고 현장에 밀착된 참여관찰이 이뤄져야 어느 정도의 성과를 기대할 수 있다. 그런 점에서 학교 컨설팅은 중장기적인 운용을 통해 교육의 내실을 기하는 데 한계를 가질 수밖에 없다. 더구나 컨설팅이 형식에 치우치게 되면 더 말할 것도 없게 된다.

교과 교수-학습 과정은 컨설팅 개념으로 접근해서는 실질적이고 의미 있는 변화를 끌어내기 어렵다. 여기서 우리는 대안으로 교과교육 전문가와 현장 교사들의 장기적인 협업을 제안하고 싶다. 대학의 연구자와 학교 현장의 교사가 만나 함께 교과 운영을 고민하고 발전시켜 나가는 방법이다.

역사교육 연구와 현장은 어떻게 만나는가, 과연 만날 수 있는가를 탐색하기 위해서는 우선 연구자가 현장에 들어가서 긴 호흡으로 역사교사들과 수업의 일상적인 양태를 논의하는 과정이 필요하다. 이것은 장학지도 방식도 아니며, 컨설팅 방식도 아니다. 이러한 문제의식으로 2018년 2월, 부산의 다행복고등학교 역사교사들과 사범대학의 연구자가 함께 2년간의 교과 운영에 관한 모임을 시작했다. 2년 동안 역사과 수업의 한 해 계획에서부터 실제 수업 진행에서 나오는 생각거리, 최종 평가까지를 찬찬히 같이 짚어보자는 것이었다. 이렇게 교사 네 명과 연구자 한 명으로 구성된 모임이 시작되었다.

1부

함께한다는 것

공립학교 교사들은 길게는 4년, 짧게는 1년을 한 울타리에서 같이 생활한다.
학생들과도 길게는 3년, 짧게는 1년을 함께한다.
같은 학교에서 같은 교과목을 가르친다는 것은 어떤 의미를 가질까?
수업을 구상하고 구성할 때 협업하고 분업하며 함께할 수 있음을 뜻한다.
협업과 분업을 생산적으로 이끌기 위해서는 무엇이 필요할까?

1장

모두 다 행복한 학교라구요?

1

다행복학교, 부산 만덕고등학교

KTX가 아니라 버스나 자가용으로 부산에 와본 사람들은 만덕터널을 지나봤을 것이다. "와~ 터널 길대요", "만덕터널에서 막혀서 한 시간을 서 있었어요"라는 이야기도 들어봤다.

만덕고등학교는 만덕터널 위 금정산의 서쪽 중턱에 자리잡고 있다. 산의 서쪽인 북구에서 만덕터널을 통과하면 동래구다. 터널을 통과해서 바로 만나는 지명은 미남(美南)으로 금정산의 아름다운 남쪽이라는 뜻이다. 2005년 만덕고가 개교했을 때는 학교만 덩그러니 있었다. 이제는 주변에 아파트들이 꽤 들어서서 휑한 느낌은 없어졌지만, 좀 갑갑한 느낌이 들기도 한다.

만덕고를 처음 방문한 사람들은 "산으로 한참 올라왔는데도 학교가 안 보이고 더 올라왔는데도 보이지 않고, 이렇게 높은 곳에 있는지 몰랐어요" 하며 놀라곤 한다. 지하철이 다니는 아랫동네와 기온이 2도나 차이 날 정도로 높은 곳에 만덕고가 있다. 겨울에 춥고 음습한 북구에서 만덕 터널을 지나 미남로터리를 만나면 포근한 기운을 느낄 수 있다.

만덕고가 위치한 동네는 부산 교육의 고질적인 문제인 '교육의 동서격차'에서 학력이 낮은 서쪽 지역이다. 부산 교육 환경을 살펴보면 동쪽으로 갈수록 학력이 높고 서쪽으로 갈수록 학력이 낮다. 해운대 등이 있는 동쪽으로 가면 사회경제적으로 안정적인 환경을 갖추고 부모에게 지원을 받는 학생들이 많은 반면, 서쪽으로 갈수록 부모의 적극적인 돌봄을 받지 못하는 학생들이 많은 편이다.

이런 동서격차 문제가 만덕고 학생들의 학력과 성향에도 그대로 반영되어 있었다. 자존감이 낮고 소극적이어서 학교생활에 긍정적이거나 적극적인 태도를 보이지 않는 학생이 많았고, 교권을 침해하는 사례도 빈번했다. 교사와 친구들에게 마음을 열지 않았고, 교사들이 열의를 보여도 학생들이 냉담하게 반응해 교사의 마음을 아프게 할 정도였다.

이런 문제들을 극복하기 위해 2015년 만덕고등학교 교사들은 부산 다행복고등학교로 전환을 도모했다. 부산 다행복학교는 부산형 혁신학교다. 만덕고가 2014년 말 부산 다행복고등학교로 지정된 후 만덕고로 자원해서 온 교사들이 많았다. 교육에 열망을 갖고 모인 교사들은 학교를 학교답게 바꾸자고 뜻을 모았다.

부산 다행복학교로 지정된 후 만덕고는 180도 변화를 경험했다. 일례로 흡연문제를 들 수 있는데, 이전에 만덕고의 흡연문제는 아주 심각했다. 수업시간에 화장실에 가서 담배 피우는 학생들이 많았고, 복도는 화장실에서 흘러나온 담배연기로 가득 차 있었다. 학생들의 교권 침해도 많아서 생활지도를 떠맡으려는 교사가 없었다. 교사들은 다루기 힘든 학생들에 대한 지도를 서로 떠밀었고, 교사들 사이의 관계도 망가진 상태였다.

이런 일도 있었다. 쉬는 시간에 화장실 담배연기가 너무 자욱해서 학생 중 하나가, 담임교사가 있는 학년실에 가서 "선생님, ○○○이가 담배를 심하게 피워서 화장실에 갈 수가 없어요. 지도 좀 해주세요"라고 호소했다. 이때 담임교사는 "2층 교무실 생활지도부장 선생님에게 말해라. 흡연 지도는 그 선생님 담당이다"라고 답했다. 담임교사들도 생활지도를 포기했고, 학생지도를 다른 교사에게 미뤘다. 이런 상황에서 수업도 제대로 되지 않았다. 수업 중 교권 침해도 비일비재했고, 수업 방해로 교실에서 쫓겨나는 아이들도 많았다.

부산 다행복학교가 된 첫 해, 2월 워크숍에서 교사들은 이런 문제를 어떻게 해결할지 논의했고 많은 교사가 학생 한 명의 성장을 위해서 모든 교사가 협력한다는 방향에 동의했다. 담임교사, 생활지도부 교사, 비담임교사 모두 흡연지도에 나서기로 결의하고, 개학을 맞이했다. 개학 이후 모든 교사가 서로에게 미루지 않고 흡연지도를 했고, 개학한 지 2주쯤 되었을 때 학교 안에서 담배연기가 싹 사라졌다.

2015년에 만덕고에서 근무했던 교사들은 이때의 감동을 잊지 못했다. 학생들이 만덕고를 원해서 오지도 않았고, 학교에 애정도 기대도 없었지만, 교사들이 뜻을 모아 함께하면 뭔가 바꿀 수 있다는 것을 실감했다. 이후 수업 종이 울렸는데도 복도에서 서성대는 아이들을 교실로 들여보내기 등 교사들의 공동 실천이 몇 차례 더 있었다. 만덕고는 몇 안 되는 부산 다행복고등학교 중에서도 수업의 변화와 그 성과를 확인한 학교다. 수업의 변화까지 나아갈 수 있었던 것은 생활지도를 통해 학생들과 교사들의 신뢰관계가 구축되고, 교사 사이에서도 동료에 대한 믿음이 생겼기 때문이다.

2

수업 혁신을 시작하다

▶ 수업이 바뀌면 학교가 바뀐다

만덕고가 부산 다행복고등학교로서 주력한 부분은 수업 혁신이다. 부산 다행복학교가 된 2015년부터 전 과목 교사들이 참관하는 수업공개를 시작했다. 다음 해에는 수업공개 및 협의회를 1년에 5회로 정례화하고, 2017년에는 '소통과 공감이 있는 수업 혁신'을 혁신 과제로 내세웠다. 일반계 고등학교로서 수업 혁신의 방향과 과정을 두고 고민, 실천, 성찰이 끝없이 이어졌다.

만덕고에 전입한 선생님들이 가장 놀라는 장면은 전체 교사를 대상으로 한 수업공개와 협의회였다. 매년 4월 한 명의 선생님이 수업을 공개하면, 과목에 상관없이 전 교사가 참관한다. 한 교실에 학생 24명이 수업을 듣는데, 40명이 넘는 교사가 들어와 모둠 옆에서 학생들의 대화를 듣고 메모도 하면서 수업의 한 장면도 놓치지 않고 관찰하는 것이다. 참관하는 교사들은 교사의 수업보다 학생들의 배움에 집중하라는 안내를 받지만 쉽지 않다. 자꾸만 교사의 수업 스킬에 눈이 간다. 또 학생들의 대화에도 끼어들고 싶다. 하지만 아무 말도 하지 말고 공기처럼 있으란 주의가 있기에 참아야 한다.

수업 참관이 끝나면 교사들은 모둠별로 앉아서 관찰한 내용을 나눈다. 학생들이 어떤 상황에서 어떻게 배웠는지, 또 서로 협력하면서 어떤 결론으로 나아갔는지 등등. 그리고 각자 배운 바를 나누면서 서로 배우는 시간을 가진다. 만덕고에 와서 처음 경험하지만 이를 통해 교사들은 수업을 관찰하고 비평하는 방법, 학생활동 중심으로 수업을 진행하는 방법 등을 배운다. 교장·교감선생님도 행정업무 이야기가 아니라 본인들이 관찰한 수업 내용을 가지고 의견을 제시한다. 수업시간에 학생들이 무엇을 어떻게 배우는지를 두고 자연스럽게 이야기를 나누게 된다. 이런 과정을 통해 만덕고 교사들 사이에 수업이 가장 중요하다는 공감대가 형성되었다.

물론 수업공개와 협의회를 부담스러워하는 교사들도 꽤 있었다. 동료 교사들이 노트와 펜을 들고 들어와 낱낱이 기록하니 자기 수업에 나쁜 평이 나올까 두려워하기도 했다. 하지만 만덕고의 수업공개와 협의회는 학교 전체의 수업 변화에 영향을 주었다.

만덕고에 전입한 국어과 원로 선생님은 모둠수업을 해본 적이 없었고 '배움의 공동체'나 수업 혁신에 대해 공부해본 적도 없었다. 그러나 수업공개를 통해 다른 선생님의 모둠수업을 참관하고 협의회를 통해 모둠수업의 장점과 의미를 여러모로 생각해보며 자연스럽게 모둠수업을 하게 되었다. 학교 수업공개의 날에 다른 다행복고등학교 선생님들이 방문해 이 선생님 수업을 참관했다. "나이가 많으신 거 같은데, 배움의 공동체 공부를 하신 분인가요? 모둠수업 진행, 학생들과 문답 모두 사토 마나부 책에서 보던 광경 그대로더군요. 너무 놀라웠습니다"라는 소감이 나왔다. 수업공개와 협의회를 통해 교사들도, 수업도 조금씩 바뀌고 있었다.

만덕고의 변화는 학부모들을 통해서도 확인할 수 있었다. 2018년 학부모 대상 공개수업을 참관한 한 학부모는 만덕고가 많이 좋아졌다는 말을 전했다.

> 첫 아이가 만덕고를 다녔어요. 4년 전에 학교에서 수업 참관 안내를 받고 아이가 어떻게 공부하는지 보고 싶어서 학교에 왔습니다. 그런데 너무 민망해서 교실에 들어갈 수가 없었어요. 선생님은 칠판 앞에 서서 땀을 뻘뻘

흘리면서 수학문제를 푸는데, 아이들은 모두 엎드려 자고 있었어요. 학부모가 들어가면 선생님이 불편하시겠구나 싶었어요. 모든 교실이 그랬어요. 그래서 복도에서 서성거리다 귀가했어요. 만덕고가 부산 다행복학교가 되었다는 건 알고 있었어도 둘째 아이를 만덕고에 보낼까 말까 고민했는데, 오늘 학교에 와서 보니 잘했다 싶네요. 어느 학년 할 것 없이 모두 모둠별로 앉아서 공부하고, 무엇보다도 자지 않고 스스로 공부하는 모습이 좋아 보였어요. 선생님들 참 수고가 많습니다.

▶ 잘 가르치기 위해 연구하는 교사들

부산 다행복학교가 되면서 만덕고에 학교 교육의 변화를 추구하는 교사들이 많이 모였지만, 교사들도 학교라는 공동체를 어떻게 바꿀지, 어떤 새로운 지향점을 설정할지 잘 몰랐다. 그래서 모여서 공부를 했다. 이즈음 교육청에서 학교에 전문적 학습공동체를 운영하라는 지침을 내렸다. 학교마다 자율적 혹은 일률적으로 전문적 학습공동체가 꾸려졌다. 어떤 선생님들은 전문적 학습공동체를 통해 교사로서의 성장을 경험했지만 어떤 선생님은 강요되는 전문적 학습공동체 때문에 진저리를 쳤다.

학교에서는 '수업'을 연구하는 전문적 학습공동체(이하 '수업 나눔 모임')가 꾸려졌다. 교사라면 누구나 하고 있지만 모든 교사에게 어려운 게 수업이다. 이전의 학교 문화는 자기 교실의 문을 닫고 동료 교사에게 수업을 공개하지 않았다. 흔히 학교에서 연례행사로 하는 연구수업은 잘 갖추어진 '쇼'다. 수업시간에 문제집만 풀던 교사가 연구수업을 할 때는 모둠토론 수업을 한다. 다른 교사들은 "연구수업 할 때에는 가지 않는 게 예의지"라는 말을 하면서 서로의 수업을 보려고 하지 않는다. 그리고 평가회에서는 수업을 한 교사의 스킬이나 발문 등을 지적할 뿐이다. 보통 학교에서 이루어지는 이런 연구수업과 달리 만덕고에서는 평소에 하던 대로 수업을 공개하고, 지적하기보다는 각자 수업 참관을 통해 배운 것을 나누었다. 이런 과정이 만덕고의 수업 나눔이었다.

만덕고 수업 나눔 모임에는 역사, 국어, 영어, 수학, 음악, 지리 등 여러 과목의 교사들이 모였다. 15명 내외의 교사들은 해마다 수업에 대한 책을 읽으면서 모임을 시작했다. 《수업이 바뀌면 학교가 바뀐다》(사토 마나부), 《수업—누구나 경험하지만 누구도 잘 모르는》(이혁규), 《가르칠 수 있는 용기》(파커 J. 파머), 《당신의 교육과정-수업-평가를 응원합니다》(천정은), 《교사, 삶에서 나를 만나다》(김태현) 등등. 책을 읽은 다음 자기 수업에 대해 이야기를 나누었다. 수업시간에 좌절한 이야기, 좌절 속에서 희망을 찾았을 때 느낀 점, 아이들과의 관계 등을 풀어내고 위로와 격려를 나누면서 동료 의식을 쌓아갔다.

수업 나눔을 좀더 긴 호흡으로 하기 위해 한 학기 동안 일상적으로 수업공개를 할 선생님을 미리 정했다. "어느 선생님부터 수업을 공개하면 좋을까요?"라는 질문에 더 많은 도움이 필요한 교사부터 수업을 공개하겠다고 손을 들었다. 교직에 첫발을 내딛은 선생님, 아이들과의 관계에서 어려움을 겪는 선생님, 고3 수학수업을 모둠식으로 해보려는데 해결 방안이 보이지 않는 선생님 등등. 해당 선생님이 수업공개 날을 공지하면 수업이 없거나 시간표를 바꾼 교사들이 수업을 참관했고, 수업 후 각자 느끼고 배운 내용을 나누었다. 수업 나눔 모임을 통해 만덕고 교사들은 함께 수업을 고민하고 처방을 찾는 동료를 얻었다. 말 그대로 수업을 연구하는 공동체가 학교 안에 생긴 것이다.

▶ 부산 다행복고등학교의 도전

만덕고는 1년 내내 방문자가 끊이질 않는다. 부산 다행복고등학교에 궁금증을 가진 이웃학교 교사들, 다른 지역 학교의 교사들, 사범대학교 학생들, 대학의 연구자 등 다양한 사람들이 학교를 방문한다. 방문자들은 수업을 보고 싶어 한다. 일반계 고등학교가 수업 혁신을 실천한다니 과연 어떤지 한번 보자 하는 사람들도 있다.

방문자가 오면, 전체 교사에게 요청해서 수업을 참관할 수 있게 했다. 교사들은 담담하게 교실 문을 열어주었다. 다른 부산 다행복학교와 비교해도 만덕고 교사들은 수업공개에 부담을 덜 가졌다. 그 이유는 수업이 학생의 배움 중심으로 바뀌고 모둠식으로 바뀌면서 학생들이 잠자는 교실이 없고, 교사들도 수업 참관에 익숙했으며, 참관자들이 교사의 수업 방식보다 학생들의 배움에 주목한다는 것을 경험했기 때문이다. 만덕고의 문턱은 낮았고, 수업을 보려는 누구에게나 문이 열려 있었다.

만덕고는 일상의 교육활동을 혁신하려고 했다. 일상적인 수업, 일상적인 생활교육 등에 교사들의 열정을 모았다. 그래서 겉으로 드러나는 이벤트가 별로 없었다. 학교는 많이 바뀌었지만, 교육청이나 업적 위주의 관점에서 보면 번드르르한 것은 없었다. 하지만 교사들이 수업을 연구하고 학생 생활교육 등 본연의 업무에 오롯이 집중할 수 있도록 교무업무를 개편했다. 담임교사는 학년의 생활교육과 학년 특색사업만 담당했고, 행정업무는 전담팀이 맡았다. 다른 시도에서는 이런 업무 분장이 당연할 수 있겠으나 부산은 아직도 담임교사가 담임업무와 행정업무를 과도하게 담당하는 경우가 많다. 하지만 만덕고에서는 담임 지원자가 넘쳤다. 다른 일반계 고등학교에서 담임할 사람이 없어서 힘들어하는 것과는 사뭇 달랐다. 담임은 학년생활위원회를 중심으로 회복적 생활교육을 공동으로 실천하려고 노력했다. 학생들의 생활문화가 안정되면 수업 혁신이 더 탄력받을 수 있음을 뚜렷하게 확인할 수 있었다.

만덕고에는 교사들이 서로 배우는 문화가 안착했다. 많은 교사가 만덕고에서 동료 교사로서 연대감을 확인하고 서로 배우고 함께 연구하고 성장하는 경험을 했다. 그리고 만덕고에서 성장한 교사들이 다른 학교로 이동하여 다행복고등학교를 두 개나 더 만들었다.

부산 다행복학교는 기존 교육계의 문제점을 해결할 교사들을 길러내는 학교다. 학생들을 학습 주체로 세우고, 학생들과 교사들이 함께 배우고 성장하는 경험을 쌓고 있다.

3

네 역사교사의 첫 만남

만덕고에 만들어진 여러 수업 나눔 모임 중에 감히 역사과 수업협의회가 가장 지속적이고 전문적이었다고 말할 수 있다. 수업 나눔 모임을 통해 함께 고민하고 꿈꾸는 동료 교사들을 얻었지만, 역사과 수업의 본질적인 부분, 즉 역사수업의 지향점, 수업시간에 읽힐 텍스트의 수준, 교사 발문에 대한 검토를 영어과나 수학과 교사들과 의논하기는 힘들었다. 그래서 역사과 교사들끼리 2018년, 2019년 수업협의회를 정례화했다. 역사과 수업협의회에서는 연간계획 세우기, 수업에 쓸 학습지 만들기, 역사과 수업공개 및 촬영, 수업 평가 등을 함께했다. 다른 학교의 교과협의회라고 할 수 있는데 형식적인 모임이 아니라 실질적으로 계획하고 실천하고 성찰하기를 반복했다.

만덕고 1층에는 산만디라는 이름을 가진 카페가 있다. 특수교육대상 학생들이 직업교육을 하는 장소인데, 그곳에서 늘 역사과 수업협의회를 했다. 방과 후 네 명의 역사교사와 연구자 한 명이 만나 협의회를 하고 있으면, 지나가던 교장이 문을 열고 들어와 말을 붙였다. "만덕고에서 역사과가 제일 열심히 연구하네요. 수업에 대해 이렇게 열심히 연구하다니 보기 좋습니다."

다른 교과 교사들도 역사과 수업협의회를 부러워했다. 영어, 수학 등 다른 교과의 젊은 교사들은 자기 교과를 잘 가르치고 싶어 했다. 다른 일반계 고등학교처럼 문제풀이만 하면 어려움이 적을 텐데, 학생 배움 중심 수업을 구상하고 실천하려니 만만치 않았다. 수능 등급이 목적이 아니라면 무엇을 과목의 목표로 삼아야 하며, 그에 도달하려면 어떤 학습 경험을 어떤 순서로 배열해야 하는지, 만덕고 학생의 수준에 맞는 배움을 어떻게 제공할지 등등 함께 연구할 같은 교과 동료 교사가 필요했다. 그런데 함께 수업을 연구할 동료를 찾는 일은 쉽지 않았다.

교과별 수업협의회가 구성되는 교과와 아닌 교과의 차이는 무엇이었을까? 만덕고의 특정 교과는 수업과 관련한 실력이 뛰어나다고 소문난 선생님들이 많았다. 하지만 그 교과 선생님들은 역사과처럼 교과별로 모임을 구성하거나 함께 연구하는 모임을 만들지 않았다. 역사과 수업협의회가 가능했던 것은 여러 요인이 있었다. 수업을 잘하고 싶은 열망, 수업이 부족해도 나눌 수 있다는 마음, 서로 배울 때 더 성장하리라는 믿음이 결합되어 있었다. 만덕고 역사과 수업협의회처럼 한 학교에서 한 교과가 오랫동안 일상적으로 협의회를 한 사례는 찾기 힘들다. 2년간의 도전이 가능했던 것은 서로 배우고 성장하고 싶은 마음이 있었고, 또 실제로 성취감을 맛보았기 때문이었다.

▶ **생각이 같아야만 함께할 수 있을까?**

만덕고 역사교사 네 명이 함께 수업협의회를 한다고 하니 학교 안팎에서 많은 관심을 보였다. 특히 일상적으로 수업을 공개한다고 하니 놀라워했다.

모든 교사는 매일매일 수업을 한다. 하지만 학생이 아닌 다른 사람들에게 보여주길 가장 꺼리는 게 수업이다. 수업을 잘하고 싶은 마음은 있는데 제대로 되지 않아서 교사로서의 자존심에 상처 입거나 좌절감을 경험하기도 한다. 수업은 교사들에게 가장 큰 숙제다. 하지만 교사들은 숙제를 혼자 해결하려고 끙끙댄다. 공식적으로 연구수업이 진행되지만 잘 연출하는 쇼라고 생각하기 때문에 이를 통해 도움받으려 하지 않는다. 요새 유행하는 수업 컨설팅에도 기대를 걸지 않는다. 교사들은 다른 교사가 수업하는 교실 옆 복도를 지나칠 때 교실 안을 들여다보지 않는다. 교사들은 자신과 동료의 수업에 대해 말하기를 꺼린다. 그게 한국의 학교 문화다.

그런데 만덕고 역사과 교사들이 서로 수업을 열고 관찰하고 협의회를 한다고 하고, 수업도 비슷한 내용으로 학습지를 만들어서 한다고 하니 궁금해진 것이다. 대개는 교과서 내용을 교사들이 각자 가르치고 시험 볼 때 약간의 협의회를 하기 때문이다. 우리는 각자 가르치는 일을 놓고 생산적인 협의가 가능한가라는 질문을 받았다.

"어떻게 네 명이 그렇게 수업을 '같이'할 수 있어요?"

"함께 실천하고 배우려고 하는 사람들이 모였기 때문이죠."

"그렇죠? 생각이 같으니까 그게 가능하죠. 수업공개와 협의회는 생각이 다르면 함께하기 힘들 것 같아요."

동문서답 같았다. 우리는 배우려는 의지만 있으면 된다고 답했는데, 질문을 한 사람은 생각이 같기 때문에 가능하다고 받아들였다.

사실 역사와 역사교육에 대해 같은 생각을 가진 교사는 없다. 다들 각자 지향하는 바가 다르다. 물론 만덕고 역사교사 네 명이 공유하는 부분이 없지는 않았다. 수업을 잘하고 싶다는 마음, 수업공개가 수업 전문성 신장에 도움이 될 것이라는 생각, 학생들과 잘 지내고 싶은 마음은 공통이었다. 또 역사나 사회를 바라보는 관점도 한국사회 속 좌우 편차만큼 크지 않았다.

하지만 다른 점이 더 많았다. 이제까지 수업한 방식이 달랐고, 학생관과 역사수업의 가능성에 대한 생각도 달랐다. 오히려 우리는 서로 다른 관점을 가지고 있었기 때문에 협의회를 계속할 수 있었다고 생각했다. 만약 모두 같은 생각을 하고 같은 관점에서 해석을 한다면 수업을 평가할 때 같은 의견만 나왔을 것이다. 그런데 수업에 대한 해석과 견해가 사람마다 달랐다. 다른 시각이 존재했기 때문에 서로 배울 수 있었다.

2018년 2월, 새 학기가 시작되기 전에 만덕고 역사교사들과 연구자가 학교 근처 찻집에서 만났다. 공식적인 첫 만남이었다. 두 명은 만덕고에 근무하고 있었고, 나머지 두 명은 3월 만덕고로의 전보 이동을 앞두고 있었다. 연구자는 사범대학 역사교육과에서 예비교사들을 가르치고 있었다.

처음 만나 어색한 자리. 서로에 대해 모르는 것이 많았다. 대개 학교에서 같은 교과 선생님을 처음 만나면 인사만 하고 교과 운영에 대해 따로 협의하거나 계획을 논의하지 않는다. 1년을 두고 서서히 알아가고, 사안이 있을 때 협의하는 방식이다. 그러나 수업을 함께 연구하고 실천하자고 약속한 상태였기 때문에, 서로가 가진 생각을 알아야 했다. 그래서 첫 대면 이후 2월 중 두 번째 모임을 가졌다. 연구자가 '내가 꿈꾸는 역사교실의 풍경'이라는 주제로 글을 써보자는 제안을 했다. 역사교사로서 어떤 지향점을 가졌는지를 글로 정리해보면, 각자 본인의 특성과 동료 교사의 특성을 함께 파악할 수 있을 것이며, 앞으로 어떤 방향으로 계획을 세울지에 대한 아이디어를 얻을 수 있으리라는 판단이었다. 각자 써올 글에서는 주로 다음의 질문들을 다루기로 했다.

"역사수업을 통해 바라는 바는?"
"역사교육의 목표에 따라 달라질 수업 형태는?"
"지필평가와 과정평가의 비율 및 지향점은?"
"학생은 역사수업에서 무엇을 배워야 하는가?" 등등

대개 고등학교에서는 새 학년을 준비할 때, 시수 배분, 진도와 평가 정도만을 논의한다. 그런데 우리 역사과 모임에서는 좀처럼 하지 않는 역사교육에 관한 본질적인 논의를 나누었다. 전국교직원노동조합 참교육실천대회 같은 자리에서나 할 법한 이야기들이었다. 참석자 중 경력이 상대적으로 많았던 두 명도 교직 경력 20년 동안 처음 있는 일이었다.

이렇게 역사교실에 대한 생각을 함께 정리하고 논의한 일은 '1년간 역사수업을 어떻게 할까'에 대한 방향성을 잡아가는 과정이었다. 이 자리에서 경력이 상대적으로 많은 교사 두 명은 자기 생각을 많이 드러냈고 상대적으로 경력이 적었던 교사 두 명은 선배 교사들의 이야기를 수용하는 편이었다. 처음 모임을 시작했을 때는 서로 생각이 비슷하다고 느꼈다. 그러나 3월에 수업이 시작되고 서로 수업을 관찰하다 보니 교사로서 다른 점이 많았다.

2년간의 수업협의회를 통해 교사들은 각자 자신이 가진 특색을 이해하게 되었다. 그리고 함께 수업 준비와 수업공개, 협의회를 진행했지만, 어떤 모범적인 수업을 염두에 두고 서로 닮아가려 하지 않고 각자 자신이 원하는 교사가 되기 위해 노력했다.

'따로 또 같이'라는 말처럼, 서로 다른 지향점을 가진 채 함께 공동 실천을 통해 성장했다. 실천은 공동으로 했지만 지향은 달랐다. 2년간의 수업협의회는 따로 또 같이를 지향하며 진행되었다.

▶ 4인 4색, 내가 꿈꾸는 역사교실의 풍경

'내가 꿈꾸는 역사교실의 풍경'을 써서 돌려 읽은 이후에도 자신이 원하는 수업과 역사교사의 모습이 어떤지 여러 차례 글을 썼다. 또 동료의 수업을 보고 분석하는 글을 쓰면서 우리는 각자 자기만의 색깔을 확인했다. 서로를 바라보면서 자신을 상대화·객관화하는 과정을 통해서 역사와 학생에 대한 자기 생각이 선명해졌다. 동료들에게 자신을 비춰보면서 자신을 찾아가는 과정이었다.

역사교육 전반에 관해 서로의 생각은 비슷하기도 했고 다르기도 했다. 교사 네 명 모두 공통된 부분은 역사수업의 목표로 사고력과 역사의식을 설정하고 있다는 점이었다. 즉 역사수업을 통해 학생들의 생각을 키운다는 점에서는 일치했다.

그러나 세부적으로 들어가면 생각의 차이가 컸고, 그에 따라 수업도 확연히 달랐다. 역사적 사고력을 중요하게 여긴다는 점은 같았지만, 역사적 사고력을 무엇으로 보는지, 왜, 어떻게 기를지에 대해서는 다른 점이 많았다.

역사교육에 대한 생각

	A교사	B교사	C교사	D교사
역사교육의 목표	사회를 보는 시야 등 다양한 사고력을 기르는 것	어떻게 살아갈까에 대해 끊임없이 고민하게 하는 것	과거 사람들의 삶에 관심을 가지고, 역사학의 특성을 배우는 것	자신의 삶을 역사 속에 놓고, 역사적 실천을 하는 사람으로 성장하는 것
학생들에게 바라는 바	역사교사가 올바르다고 생각하는 사실이나 관점을 배우고 익히는 모습	올바른 길을 선택할 수 있는 모습	역사를 배우는 재미를 느끼는 것	주체적으로 생각하는 모습
학생관	미성숙하고, 수동적인 존재	미성숙하고, 수동적인 존재	존중받아야 할 인격체, 능동적인 존재	스스로 성장할 수 있는 존재
가치 판단	바람직한 가치를 학생들에게 넣어 주어야 한다고 생각함.	교사와 수업은 가치중립적이어야 함.	가치 주입은 불가능하고, 가치 갈등을 통해 사고력을 성장시켜야 함.	평화, 인권 등 지향할 가치를 내면화해야 한다고 생각함.

A교사는 교사가 알려주는 역사 인식을 학생들이 습득하면 된다고 생각했다. 예를 들어 박정희 시대를 수업할 때 교사가 박정희를 비판하는 시선으로 설명해준 역사 인식을 학생들이 수용하면 수업이 성공했다고 생각했다. 그래서 강의식 수업을 통해서도 학생의 사고력을 키울 수 있다고 생각했다. C교사는 학생들이 자기 스스로 판단할 수 있는 사고력을 길러야 한다고 생각했다. 그래서 학생들이 자기 시선으로 박정희 시대를 평가한다면 교사의 평가와 달라도 된다고 생각했다. 박정희 시대를 긍정하든 부정하든 근거와 논리가 있어야 하고, 자기와 생각이 다른 사람들과 토론할 수 있는 태도를 배워야 한다고 생각했다. 그래서 토의·토론 같은 학생의 학습활동을 중심으로 사고력을 기르는 수업을 지향했다. 역사과 수업협의회는 역사적 사고력 같은 용어를 교사들마다 다른 의미와 맥락으로

사용했음을 확인하는 과정이기도 했다.

수업 운영에서도 당연히 차이가 있었다. 교사가 주도하는 수업과 학생들의 활동이 중심이 된 수업이 있었다. A교사 수업은 학생들을 모둠형태로 앉혔지만 강의식 수업과 별반 다르지 않았다. B교사는 학생들에게 설명을 많이 하는 편이었다. 그러다 보니 역사 글쓰기나 모둠학습을 할 수 있는 시간이 늘 모자랐다. A교사와 B교사는 학생들을 수동적인 존재로 여겼다. A교사는 "학생들을 믿을 수 없어서" 강의식 수업을 한다고 했다. 학생들은 미숙한 존재이니 교사가 올바른 사실이나 관점을 알려주어야 한다고 생각했다. B교사도 학생들이 올바른 길을 선택하길 바라는 점에서 A교사와 비슷했다. 그래서 두 교사는 올바른 관점을 알려주는 강의식 수업의 장점을 놓지 못했다.

C교사와 D교사는 교사의 설명보다 학생들의 모둠활동에 더 많은 시간을 할애했다. 1년이 끝날 무렵 두 교사의 교실은 상대적으로 활기를 띠었다. 학생들은 궁금한 것을 서로에게 묻거나 교사에게 묻는 데 스스럼없었다. C교사와 D교사는 학생들에게 스스로 판단할 수 있는 능력이 있다고 생각했다. 그래서 학생들이 스스로 주체적으로 표현할 수 있는 기회를 많이 가져야 한다고 생각했다. 두 교사는 수업에서 교사의 역할은 학생들의 학습을 안내하고 촉진하는 것이라고 판단했다.

역사학은 가치지향적인가 하는 논란이 수업에서 그대로 재현되었다. 가치지향을 어떻게 다루어야 할지를 두고는 B교사와 D교사가 크게 달랐다. B교사는 역사수업과 역사교사는 가치중립이어야 한다는 신념을 가지고 있었다. 그래서 한쪽으로 치우치지 않는 것이 중요했다. 하지만 D교사는 인권, 민주주의 같은 가치는 적극적으로 가르쳐야 한다는 입장이었다. 내면화라는 표현을 사용하기도 했고, 수업시간에 학생들이 누군가의 인격을 비하하면 엄격하게 대했다. 그런 면에서 두 교사의 지향점은 정반대였다.

역사수업이 가치를 지향해야 한다는 생각은 A교사와 D교사가 같았다. 하지만 두 교사의 수업 방식은 정반대였다. A교사는 교사가 올바르다고 판단한 가치를 학생들에게 주입시켜야 한다는 입장이었다. 학생들은 교사들만큼 많이 알지 못하니, 많이 알고 있는 교사의 판단을 따라야 한다고 생각했다. D교사는 더불어 살아가는 데 필요한 배려, 인권, 존중을 가치로 삼아 수업을 꾸렸고, 판단은 학생들에게 맡겼다. 논란이 되는 역사쟁점에서도 학생들의 의견을 수용했다. D교사의 입장은 수업시간에 학생들의 자유로운 발표와 토론을 가능하게 하여 학생들의 사고력과 가치관을 키우는 데 도움이 되었다.

가치지향과 관련하여 또 하나 중요하게 토론이 된 사안은 교사가 지향하는 바와 실제 수업의 차이였다. B교사는 가치중립을 중요하게 여겼으나, 학습지를 만들거나 수업을 진행할 때 본인의 가치지향을 강하게 드러냈다. 수업 관찰과 협의회를 여러 차례 거치면서 B교사는 본인의 수업이 가치지향적이었다는 것을 인정하게 되었고, 역사수업에서 가치중립이 가능한지에 의문을 가지게 되었다.

이렇게 우리는 학생, 수업, 가치판단에 대해 서로 다른 생각을 가지고 있음을 알게 되었다. 그리고 무엇이 옳은지를 두고 끊임없이 토론했다. 2년간의 협의회를 거치며 자기 수업을 숙고하고 성찰했지만, 각자의 견해와 생각은 고유하게 남아 있다.

4
각자의 도전과 성장

우리는 이상적인 수업을 설정하거나 서로 닮아가지 말고 각자의 도전을 서로 격려하자고 했다. 각자가 설정한 목표도 달랐고 도달한 지점도 달랐다. 하지만 2년간의 실천은 모두를 성장시켰다.

▶ 도전할 수 있는 용기를 얻은 A교사

만덕고에 오기 전 A교사는 강의식 수업만 하는 교사였다. 만덕고에 오게 되면서 배움 중심 수업, 수업 나눔 등 낯선 단어를 접하고 당황하기도 했다. 2년 동안 A교사는 이전에 해보지 못한 경험을 했다. 모둠수업에 도전하고, 학습지를 만들고, 전체 수업공개도 해보고, 수업협의회를 하면서 많은 성장을 했다.

그는 아직 역사교사로서 자기 모습에 만족하지 않는다고 말했다. 하지만 2년간의 경험으로 자기가 성장했다는 부분에는 자부심을 느꼈다.

> 지난 2년간 만덕고에서 경험한 일들은 나에게 역사교사로서 가장 큰 자극이 되었다. 이전에는 수업에 대해 이렇게 다양하고 진지하게 고민한 적이 거의 없었다. 하지만 만덕고등학교에서는 수업과 관련된 고민을 수시로, 진지하게 나눌 수 있었고, 이는 어디서도 경험할 수 없는 자극이었다. 여러모로 역사교사로서 나의 성장에 영향을 미친 기간이었다. …… 서툴지만 다른 사람에게 이런 경험을 했다고 얘기할 수 있다. 뿌듯하다. …… 일단 토론수업을 하는 것이나 모둠활동을 하는 것, 그리고 수업을 공개하고 나누는 것에 대한 두려움이 사라졌다. 이것만으로도 이전의 나와 분명히 달라지지 않았는가?

▶ **자기를 객관적으로 바라보기 시작한 B교사**

이제까지 수업은 교사 1인의 것이었기 때문에 자기 수업을 객관적으로 보기 어려웠다. 내가 생각하는 나의 수업 모습과 실제 촬영된 수업 모습이 달라서 놀라는 교사들도 많을 것이다. 교사의 설명에 주어와 서술어가 호응이 되지 않을 때도 있고, 학생들과 상호작용을 잘하고 있다고 생각했는데, 교사 혼자 설명하고 아이들은 흥미 없는 모습으로 앉아 있기도 하고……. 이럴 때 교사들은 당황하면서 열었던 수업을 닫고 혼자만의 공간으로 숨기도 한다. 하지만 수업 개선에 열의가 있다면, 자신의 모습을 조금씩 바꾸어갈 것이다.

B교사는 후자의 모습을 보여주었다. B교사는 본인이 학생들의 사고력을 키우는 수업을 하고 있다고 생각했는데, 학생들이 생각할 시간을 주기보다는 역사용어 설명에 많은 시간을 쓰는 자신의 모습을 보았다. 아이들과의 소통이 어긋나는 경우도 많았다. B교사는 긴 시간이 걸렸지만 자신의 모습을 인정하게 되었다.

> '나는 열려 있고, 변화하는 사람이다'라고 생각했지만 자기 암시에 불과했던 것 같다. 나는 가치중립을 지키는 교사라고 생각했다. 그런데 수업공개에서 관찰된 모습은 달랐다. 학습지나 수업에서 아이들에게 전하고자 하는 가치가 분명하게 드러났다. 교사가 수업 중 "나는 이렇게 생각해"라고 말만 하지 않을 뿐이었다. 처음에는 이런 모습을 인정하지 못했다. …… 2년간의 협의회를 통해 이런 모습을 인정하게 되면서 내가 많이 변한 것 같다.

B교사는 동료들이 관찰한 바를 청취하고, 자기 수업을 녹화·채록하면서 서서히 자신의 모습을 인정했다. B교사는 이 과정이 교사로서 정체성

을 찾는 시간이었다고 소회를 밝혔다.

▶ 교사들의 협력을 배우고 싶었던 C교사

C교사는 만덕고에 오기 전에도 학생활동 중심 수업을 해왔다. 혁신학교 운동에서 말하는 수업과 교육의 공공성에 공감했다. C교사에게 교육의 공공성은 중요한 화두였다. 전국교직원노동조합의 참교육실천대회에 참여하는 교사들을 보아왔고, 한국 교사들이 사토 마나부의 배움의 공동체가 유행하기 전부터 교육의 공공성을 지향했다고 생각했다.

C교사는 부산 다행복학교인 만덕고로 옮기면서 교사들끼리 서로 수업을 열고 더 나은 교육을 모색하는 문화를 경험할 것이라며 낭만적인 기대감에 부풀어 있었다. 그러나 부산 다행복학교의 교사들이 지향점이 같지 않다는 것을 알게 되었다. 또 교사들은 수업의 사유화를 비판하면서 토론했지만, 수업의 공공성 회복을 위해 어떤 방식으로 협력해야 하는지 모르고 있었다. 전국의 수많은 혁신학교에서 수업 나눔 연수를 하지만, 그 방식을 모르고 성과가 분명하지 않아서 시들해지는 경우가 많았다. C교사는 역사과 수업협의회를 통해 교사들이 서로 협력해서 배우는 방법을 찾고 싶었다. 그리고 해답을 얻었다.

> 수업협의회를 통해 내가 배운 바는 서로의 수업 의도를 묻고, 수업 디자인에 대해 의견을 나누고 실제 수업 운영방식에 대해 의견을 나누는 것이었다. 이 과정을 통해 수업을 성찰하는 능력이 교사의 전문성에 포함되어야 한다는 것을 알게 되었다. 다른 사람과 의견을 나누는 과정을 통해 명료하지 않은 부분들을 명료화시킬 수 있었고, 이를 바탕으로 스스로 성장했던 것 같다. 교사는 나눔을 통해 성장한다고 생각하게 되었다.

▶ **지속적인 성장에 집중한 D교사**

D교사는 만덕고에 오기 전 부산 다행복학교에서 근무한 경험이 있었다. 또 그 이전부터 배움의 공동체에 속해서 수업을 공개하고 나누는 경험을 해보았다. 그런데 만덕고에 와서 수업을 공개하고 자기 수업을 성찰한다고 했을 때 자신의 불편한 마음과 마주해야 했다. D교사는 만덕고에 와서 더 잘하고 싶은 마음이 커졌고, 자기 수업을 성찰하면서 고쳐야 할 점을 깨달을 수 있었다.

> 같은 과 교사들이 수업을 참관한다고 하는 상황이 마음 편하게만 다가오지 않는다. 무엇 때문일까 생각해보면 자기만족을 추구했다는 것, 또 내 수업을 누군가가 관찰하고 있다는 시선으로부터 자유롭지 못하다는 것이었다. 아마 대부분의 사람들이 그러하겠지만 더 여유롭게 받아들이고 싶다. 사실 내 수업에 연구자가 참관하는 것도 부담스러웠다. 하지만 내 수업을 함께 본 것이 내 성장에 도움이 되었다고 생각한다.

교사를 포함해 모든 사람들은 자기 몸에 익숙해진 '습(習)'을 고치기 힘들다. D교사 역시 능숙하지 않은 자기 모습을 마주하면서 조바심을 냈고 이런 마음을 쉽게 바꾸기 어려웠다. 하지만 부담감을 극복했고 자기 수업에 좀더 개방적일 수 있었다. 2018년 수업공개를 통해 D교사는 자기 수업을 동료와 함께 집중적으로 분석했고, 2019년에는 수업 관찰자로서 수업 분석의 역량을 길렀다. 수업의 다양한 국면과 교사의 역할, 학생의 배움에 대해 전문적인 식견을 기를 수 있었다. 수업 관찰을 통해 수업 전문성을 발전시킬 수 있었고, D교사는 자신감을 얻었다.

2년간 우리는 수업을 보고 분석하고 보고 분석하는 일을 반복했다. 그러면서 수업을 잘 보는 것도 중요하지만 서로 나누는 과정이 더 중요한 일임을 깨달았다. 서로에 대한 신뢰를 바탕으로, 학생들의 배움만을 보던 것을 넘어 교사의 수업 설계, 교사와 학생의 상호작용까지 샅샅이 분석하고 분석한 바를 나누었다. 어떤 부분도 꺼리거나 숨기지 않고 터놓고 토론하며 더 많이 배울 수 있었다.

2장

한 해의 역사수업을 어떻게 구성할 것인가?

1

2월 교과협의회, 1년의 시작

2월, 새 학년이 시작되기 전에 교과협의회가 열린다. 이때 새로 전입한 교사들과 인사도 나누고, 학년별 담당 과목과 시수 배정, 학년별 평가 반영 비율을 협의한다. 이 과정은 보통 한두 시간 정도면 끝나는데, 이 시간에 1년간의 교육과정이 결정된다. 이때 결정된 사항은 결재를 받아 공시되기 때문에 2월 교과협의회는 1년의 배움과 평가를 결정하는 중요한 회의다.

2월 교과협의회를 충실하게 운영하려면, 학교 학생들의 학업능력도 평가하고 거기에 준해 진학이나 진로문제, 수업 방법에 대해 논의해야 하고, 좀더 길게 보고 1년 또는 3년 동안 학생들이 뭘 배워야 할지 폭넓게 이야기를 나누어야 한다. 초등학교에서는 2월 봄방학 때 교사들이 학교에 모여 말 그대로 교육과정을 재구성한다. 하지만 고등학교 교사들은 그렇게 크고 깊이 있게 논의할 필요가 없다고 생각한다. 고등학교에서는 대학수학능력시험 준비가 중요하기 때문에 교육과정 재구성같이 어려운 일을 하지 않아도 되기 때문이다.

교사들은 고등학교 교육과정을 대학 입시를 위한 준비과정이라고 생각한다. 입시는 곧 수능이라고 생각하는 경향도 강하다. 고등학교 선생님들은 "토론수업, 발표수업 하고 싶은데, 진도와 수능 부담 때문에 여유가 생기지 않아요"라고 어려움을 호소하기도 하는데 빈말이 아니다. 시험의 목적은 교육과정 이수를 평가하는 것인데, 오히려 평가(수능)가 교육과정 구현을 가로막고 있다. 2018년 2월 만덕고 역사과 교과협의회도 수능, 아니 입시에 대한 이야기부터 시작할 수밖에 없었다.

2

수능 필수과목인 한국사, 어떻게 가르칠까?

A교사는 1학년과 3학년 한국사를 맡게 되었다. 보통 대도시 대규모 학교라 하더라도 고등학교 사회과 교사는 최소 두 과목을 맡아야 했다. 고등학교 근무 첫해인데, 고3 한국사 과목을 맡게 되니 부담이 되었다. 물론 수능 때문이었다.

A교사 한국사 과목 수능 준비를 어떻게 해야 할까요? 고등학교 수업, 고3을 처음 가르치는 입장이라 걱정되네요.

C교사 작년에 3학년 1학기에는 현대사 수업을 했고, 진도 다 나가고 나면 입시 대비 문제풀이를 했어요. 그렇게 하면 수능 최저 맞추는 것은 어렵지 않아요.

A교사 그렇게 해서 시험을 칠 수 있나요? 문제풀이를 많이 해야 하지 않을까요?

A교사는 "한국사는 수능 필수과목이기 때문에 시험 준비를 해야 한다"는 이야기를 들어왔다. 그래서 입시 준비를 철저히 하는 것이 학습자의 요구를 충족시키는 것이라고 생각했다. 하지만 고등학교 근무 경력이 가장 많은 C교사의 생각은 달랐다. 2015교육과정의 수능 한국사 문제는 달달 외워야 할 정도가 아니라고 생각했다.

> 지금 출제되는 수능 문제는 A선생님이 수능 볼 때랑 많이 달라요. 6차 교육과정 때 국사가 수능 필수였는데, 사회탐구 과목 중에 제일 어려웠어요. 7차 교육과정 때는 국사가 수능 선택과목이었지만, 서울대 입시에 필수과목이어서 각 학교에서 1, 2등 하는, 교과서를 통째로 암기하는 그런 학생들이 선택하는 과목이었죠. 수능 문제는 6차 교육과정 때보다 더 어려웠어요. 이때 국사 문제는 역사선생님들도 만점 받기 어려웠어요, 그래서 문제풀이도 많이 해줘야 했고, 교과서 날개단 보충내용까지 설명해줘야 좋은 등급을 받았죠. 그런데 지금 학생들이 필수로 시험 볼 한국사는 쉬운 수능이라 3월부터 문제풀이를 시킬 필요가 없다고 생각해요.

C교사의 제안은 1학기에는 교과서와 학습지로 다양한 학습활동을 하고, 2학기에 수능 준비 문제풀이를 하자는 것이었다. 교과서로 수업을 할 때 참여하던 학생들이 문제풀이식 입시 준비 수업을 하면 엎드려 잔다는 것이었다. 만덕고에서 근무한 2016, 2017년 두 해의 경험도 그러했다. 문제풀이 수업을 듣는 학생은 네다섯 명 정도지만, 문제풀이가 아닌 역사를

2019학년도 시행계획 주요 특징

학년도	수시모집	정시모집	계(명)
	모집인원(비율)	모집인원(비율)	
2018	259,673 (73.7%)	92,652 (26.3%)	352,325
2019	265,862 (76.2%)	82,972 (23.8%)	348,834

구분	전형 유형	2019 학년도
수시 모집 (76.2%)	학생부(교과)	144,340(41.4%)
	학생부(종합)	84,764(24.3%)
	논술	13,310(3.8%)
	실기 위주	19,383(5.6%)
	기타	4,065(1.2%)

출처: 한국대학교육협의회, www.adiga.kr

가르치는 수업을 하면 모든 아이들이 엎드려 자지 않고 앉아서 공부했다. C, D교사는 만덕고에서 3학년을 가르쳐본 경험을 이야기하며 A교사를 설득했다.

입시제도가 달라진 것도 중요한 변수였다. 교사들이 대학에 진학할 때와 많이 달라졌다. 2019년 전형을 살펴보면, 수시전형이 75%를 넘었고 수능이 필요한 정시는 약 24% 정도밖에 되지 않았다. 수시 비율이 늘어난 것보다 중요한 것은 지방의 일반계 고등학교인 만덕고 학생들은 거의 모두가 수시전형으로 대학에 진학한다는 점이었다. 간혹 정시 100%를 선택한 학생이 있긴 했지만 아주 적은 숫자였다. 만덕고의 많은 학생들은 학생부종합전형과 교과전형으로 진학했고, 이런 상황을 고려할 때 수능 문제풀이보다 학생부의 교과성적란, 즉 과목별 등급과 교과 세부능력 및 특기사항(이하 교과세특)란을 무엇으로 채우는지가 더 중요했다.

고등학교에 근무한 적 없었던 A교사는 불안했지만, 다른 교사들의 의견을 따르기로 했다. 1학기에는 역사 글쓰기, 모둠토론 형태로 진행하기로 했다. 그래도 학생들과 학부모들의 부담감, 문제풀이에 대한 요구 등이 염려되었다. 그래서 3학년 모든 반에 안내자료를 만들어서 나눠주었다. 안내

자료에는 한국사 수능 최저 등급을 요구하는 대학교 리스트, 각 대학교별로 수시와 정시 모집 인원표를 만들어 넣었다. 여기에 만덕고 3학년 한국사 1년 수업계획표와 과정중심평가 항목과 반영 비율을 포함시켰다. 그리고 만덕고는 교과전형과 학생부종합전형에 맞춘 입시전략을 채택하고 있어 내신등급과 교과세특이 중요하다는 설명을 하기로 했다.

3
한국사 수능에 대한 오해와 이해

2월 교과협의회를 통해 역사과 교사들은 입시와 수능에 대한 입장을 정리했다. 그러나 한국사 수능시험에 불안감을 가진 사람들이 또 있었다. 3학년 담임들이 읽기와 모둠토론, 글쓰기로 진행되는 한국사 수업에 걱정을 쏟아내기 시작했다.

2월에 열린 고3 담임교사 연수에서 한국사 수능 등급이 아주 중요하다는 안내가 있었다. 모고교 학생이 국영수를 1·2·1등급을 받았는데 한국사 8등급을 받아서 원하는 대학에 진학하지 못했다는 이야기가 전달되었다. 3학년 부장 이하 몇몇 담임들은 "우리 학교 학생이 한국사에 발목 잡혀서 대학진학에 실패할까 봐" 걱정을 늘어놓으며 문제풀이식 수업을 요구했다. 역사과 교사들은 마음이 불편했지만 대응하지 않았다.

이런 일도 있었다. 2018년 6월 모의평가 이후, 3학년 부장이 교내 메신저로 6월 모의고사 성적 파일을 전체 교사에게 전송했다. 파일에는 3학년 학생들의 국영수와 한국사 등급이 기록되어 있었다. 그리고 한국사 성적이 4등급이 되지 않는 학생들 칸에 붉은 글씨로 '不合'이라고 적혀 있었다. 마치 한국사 성적 때문에 학생들이 원하는 대학에 합격하지 못할 것이라고 강조하는 듯했다. 학생들의 국어와 수학 등급은 주로 4~7등급으로 그리 좋지 않았다. 그러나 국어와 수학 등급에 대한 분석이나 코멘트는 없었고, 단지 한국사 등급만 검토한 것이었다.

역사과 교사들은 3학년 담임의 입장을 이해하면서도 무례하다고 생각했다. 한국사 때문에 '不合'이라는 주홍글씨의 예언을 받은 학생들이 수능에서는 어떤 등급을 받았을까? 다음은 한국사 '不合' 딱지를 받았던 학생들의 6월 모의평가와 수능 등급이다.

	국어		수학		영어		한국사	
	모의평가	수능	모의평가	수능	모의평가	수능	모의평가	수능
김○○	3	3	1	3	2	2	5	4
김○○	3	3	6	5	3	3	5	1
곽○○	3	4	3	4	4	3	6	1
박○○	2	3	5	6	4	2	5	1
최○○	3	4	7	4	2	1	5	3

일부이긴 하지만 학생들의 등급을 보면 국어와 수학 등급은 대체로 떨어졌다. 그에 반해 한국사 성적은 대개 올랐다. 한국사가 절대평가이고 쉬운 수능을 지향하기 때문에, 일반계 고등학교 다니는 학생들은 대체로 좋은 등급을 받을 수 있었다. 일부 대학에서만 한국사 최저 4등급을 요구한 정도이고 대부분의 대학에서는 한국사 최저 등급을 요구하지 않았다. 이것은 만덕고만의 사례가 아니다. 부산의 많은 고등학교에서 수능 대비가 걱정된다며 역사과 교육과정과 수업 내용에 불평과 간섭이 잇따랐다.

서울과 경기도 교육청은 토론과 학생 참여 수업을 위해 한국사를 1학년에 배치하라고 권고했다. 반대로 부산교육청은 교육과정 편성 예시에서 한국사를 3학년에 배치하라고 권고했다. 부산의 몇몇 학교에서는 역사 교사들이 한국사를 1학년에 배치하려고 했는데, 교장이 입시를 명분으로 3학년에 배치했다고 한다.

3학년에 한국사를 배치하여 가르치면 학생들이 좋은 점수를 받을 수 있을까? 전혀 그렇지 않다고 단언할 수 있다. C교사는 2019년 수능 감독을 하면서 한국사 문제 푸는 모습을 보았다. 그 시험장은 국제고, 외고 재학생들이 시험을 치고 있었는데 아래 문제를 맞히는 학생이 몇 명 되지 않았다.

19. (가) 민주화 운동에 대한 설명으로 옳은 것은? [3점]

① 급진 개화파가 일으켰다.
② 조선 형평사가 주도하였다.
③ 대통령 직선제 개헌을 이끌어 냈다.
④ 신군부 세력의 권력 장악에 반대하였다.
⑤ 3·15 부정 선거에 항의하여 발생하였다.

2020학년도 대학수학능력시험 한국사 출제 문항

학생들은 ③④⑤ 중 하나를 찍은 후 다음 과목 시험 준비를 하고 있었다. 한국사는 응시만 하면 되니까, 말 그대로 '올림픽 정신'으로 답안을 찍어대고 있었다. 몇 개의 학교를 제외하면 부산 시내 거의 모든 학교에서 한국사를 3학년에 배치했는데, 이렇게 쉬운 문제도 못 푸는 학생들이 많았다. 헌법 전문에 명시된 4·19혁명을 몰라 저렇게 쉬운 문제도 풀지 못하고 고등학교를 졸업하고 대학에 진학하는 것이다. 문제풀이를 통해 역사적 소양을 가진 사람으로 키울 수 있는지, 그게 아니라면 어떤 역사교육을 해야 하는지 진지하게 고민해봐야 한다.

4

학생에게 맞춘 역사과 교육과정 편성하기

C교사는 수능과목으로 한국근현대사, 동아시아사를 가르친 적이 있다. 한국근현대사는 사회탐구 과목에서 학생들이 가장 많이 선택하는 과목이었다. 그때는 학생들이 문제풀이 수업에 집중했다. C교사가 가르친 학교 학생들이 부산시에서 한국근현대사 1등급을 가장 많이 받은 적도 있었다. 정시 비중이 훨씬 높았던 그때 C교사의 교육과정은 교과서→EBS 수능특강→EBS 수능완성→자체 제작 수능 기출문제지였다.

하지만 이제는 상황이 달라졌다. 2015교육과정에서 선택과목 수 증가, 수능 위주의 입시체제에서 비롯된 한계 등으로 역사과목을 선택하는 학생들이 점점 줄었다. 세계사와 동아시아사는 사탐 선택과목 중 가장 선택이 적은 과목 1, 2위다. 만덕고에서 동아시아사를 수능과목으로 선택한 학생은 10~20명 남짓이었다. 역사과는 수능과목으로 선택받지 못하는 상황에서 학교 단위 교육과정을 편성해야 했다.

만덕고 역사과 교육과정 편성표

학년	입학 연도 별 교육과정		
	2016	2017	2018·2019
1	한국사(4)	한국사(4)	한국사(6)
2	동아시아사(4)	동아시아사(4) 세계사(4)	동아시아사(4)
3	한국사(4) 동아시아사(4)	한국사(4) 동아시아사(4)	현대 세계의 변화(4)

※밑줄은 인문 계열 내 선택과목, 2~3개 정도의 학급. ( )는 이수단위

수능과목으로 선택하지 않았지만 역사과목을 이수하겠다고 선택한 학생들이 있었다. 역사를 좋아하는 학생도 있었고, 1학년 때 공부해보니 할 만해서 역사과목을 선택하기도 했다. 이 학생들이 수능과목으로서 역사를 선택한 것이 아니라는 전제 아래, 역사수업의 체계와 배움의 계열을 고민해야 했다. 만덕고에서는 2015교육과정의 학생 선택권을 명분으로 3개 학년에 걸쳐서 다양한 역사과목을 개설했다.

C교사는 2016년부터, D교사는 2017년부터 만덕고에서 역사를 가르치며 1학년의 배움과 2, 3학년의 배움은 달라야 한다고 생각했다. 내용뿐만 아니라 학년이 올라갈수록 사고력과 표현력을 더 성장시킬 수 있게 학습 경험이 배열되어야 한다고 생각했다. 1학년 때는 역사에 대해 자기 생각을 솔직하게 말하고 남의 이야기를 들을 수 있게 수업 내용이 구성되어야 하고, 2, 3학년이 되면 학생들이 배운 내용을 토론, 에세이, 소논문 등의 형식으로 자기 언어로 풀어낼 수 있기를 바랐다. 그래서 C, D교사는 2016, 2017년에 만덕고 학생들과 수업한 것을 바탕으로 다음의 단계를 제안했다.

학년	학기	중점학습활동	구분		단계
1	1	• 나의 역사 쓰기 • 역사 텍스트 읽고 모둠 안에서 의견 발표하기 • 역사 쟁점에 대해 개인 글쓰기	개인 모둠 개인	⇨	1단계 역사 맛보기
		• 역사 UCC 만들기/뉴스극 만들기	모둠	⇨	2단계 함께 역사하기
	2	• 한국 근현대사 쟁점에 대한 CEDA 토론 • 일본군 위안부 문제 해결을 위한 프로젝트 학습			
2	1	• 동아시아 쟁점에 대한 CEDA 토론			
	2	• 동아시아 역사 갈등 해소를 위한 프로젝트 학습			
3	1	• 동아시아사 주제의 역사 소논문 쓰기 • 한국 현대사의 라이벌 카드 뉴스 만들기 • 한국의 민주화를 주제로 역사 글쓰기	개인	⇨	3단계 내가 역사가
	2	(수능 준비)			

'1단계 역사 맛보기'는 말 그대로 역사학습의 다양한 면을 맛보는 입문 과정이라고 할 수 있다. 만덕고에 입학한 학생들은 중학교 때 주로 강의와 필기 위주의 수업을 받았다. 그래서 1학년 때 역사 사건에 대해 자기 머리로 생각하고 이해하며 표현하는 법을 배웠다. 이 시기에는 쉬운 주제를 제시하고 모둠 안에서 자유롭게 자기 생각을 말하게 했다. 쉬운 주제를 다루고 정답이 없는 발문을 제시해 갑론을박하는 기회를 가지게 했다. 자기 생각을 말이나 글로 표현할 수 있도록 학습활동을 기획했다. 이 단계에서 역사가 하나의 정답을 찾는 과정이 아니라 다양한 해석들이 존재하며 자기 머리로 생각하는 학문이라는 것을 배우게 했다.

입문단계이다 보니 학생들이 모둠활동, 글쓰기, 발표, 경청 등을 잘하지 못하는 게 당연하다. 1학년 1학기 때부터 학생들이 능숙하게 하길 바라는 교사들이 있다. 그러나 학생들의 입장에서는 처음이기 때문에 쉽지 않다. 그래서 교사가 필요하다. 이때 교사들은 모둠 내 의견 나눔이 잘될 수 있도록 해야 하고, 전체 공유하기와 잘 쓴 글을 예시로 자기 머리로 생각하는 역사, 다양한 관점과 해석이 각축하는 역사의 재미로 학생들을 이끌어야 한다.

'2단계 함께 역사하기'는 주로 모둠활동을 통해 협력해서 역사를 배우는 과정이다. 주제 탐구, CEDA(Cross Examination Debate Association) 토론, 프로젝트 학습 등 모둠이 함께 역사를 공부하고 표현하는 방식이었다. 모둠별로 진행되지만 각자의 역할도 분명했기 때문에 '무임승차'는 불가능했다. 모둠원이 함께 주제를 결정하고, 분담하고, 추진 과정을 관리하고, 표현하는 법을 배웠다. 그러면서 역사 주제에 대해 폭넓게 공부할 수 있었고 공부를 발전시키는 법도 배웠다. 무엇보다 역사공부를 회피하는 아이들, 역사 배우기를 거부하는 아이들이 함께 역사하기를 통해 역사공부에 마음을 열게 하는 동기도 제공했다.

'3단계 내가 역사가'는 직접 역사가가 되어 역사 서술을 배우는 단계다. 학생들은 인물이나 주제를 설정하는 것에서부터 배움을 시작한다. 학생들은 사전지식이나 흥미를 바탕으로 수많은 갈등과 시행착오를 거치면서 주제를 설정했다. 그 후 자료를 더 찾고, 이야기를 구성하고, 표현하는 것 모두 스스로 해야 했다. 3학년들은 3단계에서 재미를 느꼈다. 1, 2단계에서 친구들과 의견을 맞추느라 자기 관심사를 양보하기도 했는데, 이제는 오롯이 자기 관심과 흥미에 따라 탐구할 수 있기 때문이다. 그리고 상당히 힘들어했다. 자료를 찾고 이해하고 긴 글로 표현하는 일은 상당한 사고력과 성실성을 요구하기 때문이다. 자신이 원하는 소논문, 카드 뉴스, 에세이를 쓰고 나서 학생들은 뿌듯함을 느꼈다. 이 과정에서 자신의 한계도 느껴봤지만 성취감을 맛볼 수 있었고, 무엇보다 더 알고 싶은 욕구가 생겼다.

만덕고에서 역사과목을 배우는 학생들은 '1단계 역사맛보기-2단계 함께 역사하기-3단계 내가 역사가'의 과정을 거치도록 했다. 단계의 순서에 대해서도 질문과 응답이 오갔다. "1학년들에게 소논문 쓰기나 주제 글쓰기를 시켰으면 가능했을까요? 아마 못했을 거 같아요. 1, 2학년 때 역사수업을 통해 역사에 대해 자기 의견 말하기, 다른 해석 인정하기, 비판하면서 새로운 관점과 논리 만들어내기를 해봤기 때문에 3학년 때 탐구 주제를 설정하고 긴 글을 쓰는 것이 가능했을 거예요."

5

입시? '교-수-평-기' 일체화로 수시전형에 집중

역사과 교육과정을 수능 준비 위주로 편성하지 않았지만 입시를 무시할 수 없었다. 오히려 적극적으로 준비해야 한다는 데는 아무 이견이 없었다. 수시전형에 대비해서 학생활동 중심 수업과 이를 반영한 과정중심평가에 집중하자는 의견이 나왔다. 근래 강조되고 있는 '교(교육과정)-수(학생활동 중심 수업)-평(과정중심평가)-기(학생부 기록)의 일체화'를 입시전략으로 삼자는 제안이었다. 만덕고등학교는 2016년부터 거의 모든 과목에서 과정중심평가 반영 비율을 늘리고 지필평가의 반영 비율과 횟수를 줄였다. 학기당 중간, 기말 2회의 지필평가를 치르는 과목은 서너 과목 정도였다. 국영수 과목도 과정중심평가가 50~70%로 배정되었다.

새로 만덕고에 전입한 A, B교사는 이런 상황이 낯설었다. "평가의 객관성을 확보하려면 지필평가 비중이 더 많아야 하지 않을까요?", "과정평가는 주관성이 강한데, 학생들이 점수를 수긍하나요?" 지필평가의 비율

만덕고등학교 평가 반영 항목과 비율

과목	학년	학기	과정중심평가(단위:%)	지필평가(단위:%)
한국사	1	1	주제 탐구(30), 역사 글쓰기(20), 모둠과제(10)	기말고사(40)
		2	프로젝트 학습(30), 토론(20), 글쓰기(10), 모둠과제(10)	기말고사(30)
	3	1-2	주제 탐구(35), 에세이 쓰기(15), 모둠과제(10)	기말고사(40)
동아시아사	2	1	토론(30), 역사 글쓰기(20), 모둠과제(10)	기말고사(40)
		2	프로젝트 학습(30), 글쓰기(20), 모둠과제(20)	기말고사(30)
	3	1	소논문 쓰기(40), 모둠과제(10)	중간·기말고사(50)
		2	역사 글쓰기(40), 모둠과제(10)	중간고사(50)

이 높았던 이전 학교 경험을 바탕으로 우려를 표했다. 그러나 C, D교사는 선다형 지필평가도 '객관성'을 확보할 수 없다고 생각했다. "교사가 무엇을 중요하게 여기는지에 따라 선택형 문제의 사례가 달라져요. 중요한 것은 수업시간에 열심히 역사를 배운 학생들이 좋은 성적을 받는 거라고 생각해요. 지필평가도 수업시간에 주로 다룬 데서 출제되어야 하고, 과정평가 반영 비율이 높아야 학생들이 수업에 적극적으로 참여했던 것 같아요." 이런저런 이야기가 오고 갔다. 과정평가의 반영 비율을 다른 과목처럼 60% 이상으로 하고, 지필평가도 1회만 시행하기로 합의했다.

과정중심평가를 늘리는 대신, 교사들 간의 협력이 더욱 요구되었다. 주제 탐구나 프로젝트 학습은 지필평가와 비슷한 비중이었고, A, B교사처럼 과정중심평가를 비중 있게 해보지 않은 입장에서는 부담이 되었다. 특히 평가의 공정성이나 신뢰성에 대해 부담이 컸다. 그래서 협의회를 통해 평가 영역과 반영 비율, 평가 기준을 정하고 학생들에게 사전 공지하기로 했다. 채점도 같은 과목을 가르치는 교사들이 모여서 함께하기로 했다. 한 개 학년에 두세 명의 교사가 들어가는 경우가 있었는데, 함께 모여서 채점하면 혼자 채점할 때보다 채점 기준도 객관적으로 정할 수 있어서 부담을 덜 수 있었다. 또 함께 기준을 세우고 함께 채점하는 경험을 통해 수업과 평가에 대한 안목과 역량이 길러지리라는 기대도 있었다. 기존의 평가가 암기력을 확인하는 것이었다면 앞으로는 역사수업에서 무엇을 배우고 익히는지, 어떻게 성장하는지를 함께 찾기로 했다.

만덕고 한 교실 벽에는 이런 낙서가 있다. "만덕고에는 귀신이 있다. 수행평가 귀신." 과정중심평가 반영 비율이 높은 것은 역사과만이 아니었기 때문에, 학생들은 학기 말이 되면 과정중심평가를 하느라 고역이었다. 물론 만덕고만의 상황이 아니라 전국의 모든 학교가 비슷할 것이다. 역사과는 될 수 있으면 평가와 수업을 연계시키고 학기말 과정평가 시기를 다른 과목과 겹치지 않게 신경을 썼다. 그래도 학생들에게 부담이 전혀 없었다고 말할 수 없지만…….

만덕고 학생들은 3년간 역사를 배우면서 수많은 주제를 심화학습의 형태로 배웠다. 다른 학교에서는 하지 않는 토론, 프로젝트 수업, 소논문 쓰기 등의 특별한 수업이었지만, 이 과정을 충실히 이행한 학생들은 좋은 성적을 받을 수 있었다. 암기력이 좋은 친구가 탐구력이나 표현력이 좋은 친구들에 비해 좋은 성적을 받지 못했다. 오히려 역사에 대해 깊이 고민하고 진지하게 표현하는 학생들이 좋은 성적을 받았다. 그리고 그 성적과 교과세특을 바탕으로 대학에 진학했다. 만덕고 교사들은 이상과 현실의 조화를 추구하며 설계한 만덕고 역사과 교육과정이 학생들 진학에 도움이 되리라 기대했다.

한 지방 국립대 입학사정관이 "만덕고 학생부가 특이하다. '교과세특'에 다른 학교와 전혀 다른 게 적혀 있는데 이게 실제로 학교 수업에서 한 내용이 맞는지 확인해달라"고 말했다는 풍문이 있다. 학생들은 학년에 따라 다양한 방식으로 공부하는 경험을 했고, 학생부에 충실히 기재되어 입시에서 불이익이 아니라 추가점을 받았다. 만덕고의 입시전략은 '교수평기' 일체화다. 2월 교과협의회에서 입시, 평가, 교육과정에 대해 솔직하고 심도 깊은 이야기를 나누었기 때문에 서로 긴밀하게 협조하며 교육과정을 운영할 수 있었다.

3장

함께하는 수업 준비, 학습지 제작

1 학습지로 하는 수업

수업시간, 모둠별로 학습지의 내용을 아이들이 번갈아가며 읽었다. 다 읽은 후에는 텍스트에 딸린 질문의 답을 찾기 위해 줄도 긋고 이야기도 나누었다. 모둠원이 함께 머리를 맞대고 문장을 다듬어서 답을 만들었다. 벌써 답을 정리한 모둠도 있고, 아직 다 하지 못한 모둠도 있었다. 그러다 한 학생이 불쑥 물었다.

학생 1 이 학습지, 샘이 만들었어요?

교사 응.

학생 2 인터넷에서 다운받는 거 아녜요?

학생 3 어? 뒷반에도 이 학습지던데요?

교사 우리 학교 선생님들이 같이 만든 거야. 1학년에 한국사를 가르치는 선생님이 세 명이잖아. 그래서 번갈아가면서 학습지를 만들어. 한 명이 만들어오면 같이 검토해서 완성하는 거야.

학생들 우와! 우리 학교 역사샘들 진짜 열심이네요.

교사들이 직접 학습지를 만든다는 얘기에 학생들이 반색했다. 요즘은 초등학교부터 학습지로 수업을 하곤 한다. 대개 사설 학습지 사이트나 각종 학습지원센터 등에서 다운받아서 사용한다. 그런데 만덕고에서는 수업도 다르고 학습지도 뭔가 달라 보여 물어본 것이다. 그리고 선생님들이 직접 만들었다고 하니 감탄하고 좋아한 것이다.

대개 수업은 교과서의 체계를 따르면서 설명식 수업을 한다. 학습지로 수업을 하는 경우, 교사 자신의 수업 특성과 학생들의 흥미 및 이해 정도를 따져서 직접 제작하기도 한다. 직접 학습지를 만들어서 수업을 하면 교사 자신만의 스타일을 반영할 수 있어 좀더 충실하게 수업을 할 수 있고 수업도 특별해진다. 만덕고 역사과는 수업을 공동으로 준비하고 연구하기로 했고, 먼저 학습지를 같이 만들기로 했다.

네 교사는 학습지를 만들어본 경험이 제각각이었다. 본인이 공부한 내용을 바탕으로 학생들의 특성에 맞춰 학습지를 만들어 수업한 교사도 있었고, 학생들의 흥미나 관심을 반영해서 다른 교사들이 만든 학습지를 재구성해서 사용한 교사도 있었고, 주로 교과서로 수업을 하다가 특별한 주제를 다루고 싶을 때 학습지를 만들어 사용한 교사도 있었고, 학습지를 한번도 만들어보지 않은 교사도 있었다. 그래서 어떤 교사는 학습지로 수업하는 것이 너무도 당연했고, 어떤 교사는 학습지를 만드는 것 자체가 새로운 시도였다.

먼저 굳이 학습지를 만들어야 하는지를 두고 의견을 교환했다. 직접 만든 학습지의 장점이 이야기되었다. "교과서 서술이 딱딱해서 학생뿐만 아니라 교사들의 흥미에도 어긋난 경우가 많잖아요. 좀 재미있게 읽을 수 있는 사례를 학습지에 담으면 학생들이 읽어요. 그리고 교과서 서술이 많이 좋아지고 예쁘게 만들었다고 하지만, 내 수업 흐름과 맞지 않는 경우가 많더라구요. 학습지를 만들면 내가 이야기하고 싶은 순서대로 내용을 구성할 수 있고, 또 강조하고 싶은 내용에 대해서는 더 깊게, 별로 중요하게 여기지 않는 부분은 간략하게 안내하는 방식으로 할 수 있어서 좋은 것 같아요."

다음으로 교사마다 수업이 다른데 과연 학습지를 함께 만드는 것이 좋은가 하는 의문도 제기되었다. 각자 자기에게 맞는 학습지를 만들어서 자기 개성이 있는 수업을 하는 게 낫다는 의견이었다. 하지만 수업을 학생들의 활동 중심으로 하고 수업협의회를 지속적으로 진행하기 위해서 공동으로 학습지를 만들면 도움이 되겠다 싶어 함께하기로 했다. 또 혼자 매 차시 학습지를 만드는 것보다 함께 만드는 편이 부담이 덜하겠다는 계산도 있었다.

그래서 일주일에 만들어야 할 세 시간 분량을 한 시간씩 나누었다. 하지만 결과적으로 학습지 제작에 들어가는 시간이 줄지는 않았다. 학습지를 만들기 위한 협의회를 일주일에 1회 이상 가지며 두세 시간씩 검토했고, 수정도 여러 차례 했기 때문이었다.

학습지를 함께 만들어서 좋았던 점은 수업 디자인을 함께하며 피드백을 주고받았던 점이었다. 혼자서 수업을 구상할 때보다 풍성해졌다. 또 막연하게 구상한 내용을 함께 검토하면서 수업에 적합한 활동인지 가늠해 볼 수 있었다. 텍스트 문장과 발문도 명확하게 다듬어졌다. 혼자 학습지를 만들 때는 수업이 성공하든지 망하든지 그냥 눈감으면 되었는데, 함께하면서 더 많은 책임감이 부여되었다. 하지만 학습지 사용 경험이 달라, 학습지 완성도에 대한 기대치가 달랐고 피드백에 대한 마음가짐이 달랐던 점은 어려운 부분이었다.

2
함께 학습지 만들기

혼자서 학습지를 만든다면 자기 계획을 가지고 하나씩 하면 된다. 그러나 함께 학습지를 만드는 과정은 훨씬 복잡하고 많은 시간이 필요하다. 계획을 세우고 분담하고 협의하는 일이 끝없이 반복되었다.

▶ 연간계획 수립

2월 교과협의회에서 1년의 학습계획을 세웠다. 같은 학년 수업을 맡은 세 명의 교사가 각자 1년 계획표를 작성하고 서로 비교·검토하면서 하나로 만들었다. 전년도에 학습했던 주제와 활동을 점검하면서 방향을 정했다. 1년 전에 3·1운동 100주년에 맞춰서 수업했던 부분을 올해는 어떻게 할지, 그리고 교사들이 새롭게 관심을 가진 주제를 어떻게 가르칠지 이야기를 나누면서 거칠게나마 틀을 잡았다. 또 글쓰기 횟수와 프로젝트 수업 주제에 대해서도 논의했다.

연간계획을 세우고 학습지를 만들 때, 학생들이 1년간 배우고 성장하는 과정을 고려했다. 먼저 학생들이 익숙해서 쉽게 할 수 있는 것을 학년 초에 배치했다. 3, 4월에는 자기 의견을 말할 수 있는 학습활동, 인포그래픽 만들기나 함께 판결문 작성하기 등 쉬운 모둠활동을 배치했다. 2학기에는 낯선 주제나 더 깊이 있는 생각을 해서 긴 글을 쓰게 하도록 계획을 세웠다.

▶ **주제 분담하기**

연간계획이 완성되면, 동일 학년을 맡은 교사들이 일을 분담했다. 분담 방식은 세 가지 정도였다. 첫 번째는 한 사람이 학습지를 만들어서 교과협의회에서 검토하는 방식이었다. 다음 참고표의 A가 이에 해당하는데, 그 전해 학습지의 주제와 내용을 그대로 하고 발문 등 약간의 수정이 필요한 경우 이렇게 했다.

두 번째는 참고표의 B처럼 주제에 대해 함께 공부하고 학습지를 만드는 경우였다. 3·1운동 100주년을 맞아 출간된 서적을 함께 읽으며 새롭게 학습지를 만들었다. 역사교육연구소의 회보에 실린 수업 사례를 통해 3·1운동 참여자들의 재판기록과 판결문이 국가기록원에 번역되어 있다는 것을 알았다. 여기서 아이디어를 얻어서 수업을 구상했다. 3·1운동으로 재판을 받은 사람들의 판결문에서 해당 인물의 이름을 지운 상태로 학생들에게 제시하고, 판결문에 명시된 그들의 행위를 분석해서 3·1운동에 참여한 동기와 역할을 분류하게 했다.

《역사와 교육》 12호(2015)

김민정, 〈3·1운동 수업 공동 실천의 성찰과 교사의 성장〉

이은주, 〈3·1운동 대표자 선정 수업〉

송치중, 〈3·1운동 수업 : "누가 주도했는가?"에서 "누가 참여했는가?"로〉

윤종배, 〈3·1운동 수업 참관기〉

〔참고표〕 2019년 한국사 1학년 수업 계획

1학기

		주제	수업 형태	학습지 제작
	1	수업 안내 및 설문조사		
A	2	나의 역사 쓰기	개인 글쓰기	B교사
A	3	역사란 무엇인가?	첫 모둠수업	C교사
A	4	대원군의 개혁을 어떻게 평가할 것인가?	논쟁식 모둠토의	B교사
A	5	조선의 강제 개항, 기회다! VS 자주성 훼손이다!	모둠활동	A교사
A	6	내가 고종이라면? 개화파와 위정척사파, 도시빈민들(구식군인들)의 주장 중 누구 이야기를 듣겠나?	모둠학습 후 개인 글쓰기	C교사
	⋮	⋮		
	9	개항 이후 외세의 경제 침투 – 개항 이후 힘들어지는 농민들의 모습	인포그래픽 만들기	
	⋮	⋮		
B	19 20 21 22	**주제 탐구 〔3·1운동〕** 1차시: 3·1운동의 기획자들 2차시: 3·1운동에 참여한 사람들은 누구였을까? – 체포자의 3·1운동 참여 이유와 형량 알아보기 3차시: 3·1운동의 의미 – 3·1운동은 참여자의 이후 삶에 어떤 영향을 미쳤나? 4차시: 3·1운동, 뉴스극 발표	모둠활동 + 뉴스극 대본 쓰기와 발표	B교사 C교사
	⋮	⋮		

2학기

		주제	수업 형태	주의
	1 2	세계냉전과 한반도 분단 1차시: 단독정부 수립 움직임과 통일정부 수립 노력 2차시: 분단은 누구에게 이익이었나?	논쟁식 모둠학습	
	3	민주공화국의 탄생 – 제헌의회와 5·10총선거	모둠학습	
	4	헌법 제1조의 지향점과 이승만의 개헌	모둠학습	
	⋮	⋮		
C	7 ~ 9	**〔전쟁과 평화 ①〕** 1차시: 6·25전쟁 2차시: 6·25전쟁과 민간인 학살 3차시: 전쟁을 어떻게 기억해야 할까? – 전쟁기념관 만들 아이디어 내기	모둠학습	A교사
C	10 ~ 11	**〔전쟁과 평화 ②〕** 1차시: 또다른 전쟁, 베트남전쟁 2차시: 베트남전쟁 민간인 학살을 어떻게 기억해야 할까? – 베트남전쟁 시기 한국군에 의한 민간인 학살 진상규명을 위한 시민 평화법정 판결문 다시 쓰기	모둠학습	B교사
C	12 ~ 13	**〔전쟁과 평화 ③〕** 1차시: 6·25전쟁은 끝났을까? 2차시: 평화비용과 전쟁비용 비교하기	모둠학습 역사 글쓰기	C교사
	⋮	⋮		

또 《만세열전—3·1운동의 기획자들·전달자들·실행자들》(조한성, 2019), 《3월 1일의 밤—폭력의 세기에 꿈꾸는 평화의 꿈》(권보드래, 2019)을 읽고, 3·1운동에 참여한 사람들을 어떻게 분류하고 의미를 부여할지에 대한 아이디어를 얻었다. 같이 책을 읽고 수업에 대한 아이디어를 구상한 후 한 사람이 학습지를 만들고, 함께 검토하면서 수업 준비를 했다.

세 번째는 특정 주제를 놓고 담당을 나누어 각자 맡은 부분에 대해 더 많이 공부하여 학습지를 만들고, 이를 연결해 하나의 주제 학습이 되게 하는 방법이었다. 사실 교사 한 명이 해당 분야의 연구성과를 공부하고 확인하면서 새로운 학습지를 만드는 것은 힘든 일이다. 그래서 먼저 수업에 대한 기획을 회의하고 각자 맡을 부분을 나눠 분담했다. 이때는 주제에 대한 서로의 생각을 공유하고 학습목표를 어떻게 설정할지 충분히 논의해야 했다. 읽을 책 목록도 함께 추천했다. 2019년 2학기 현대사를 이렇게 가르치기로 했다. '전쟁과 평화'를 주제로 택해 총 7차시로 구성했다. 그래서 참고표의 C처럼 한국인이 참여한 전쟁에 대해 조금 더 긴 호흡으로, 풍부하게 공부할 수 있도록 학습지를 구성했다.

▶ 1차시 학습지를 만드는 과정

학습지를 함께 만들기 위해 역사과 교사 세 명은 일주일에 2회 이상 모여 협의회를 가졌다. 수업에서 어떤 주제를 어떻게 다루고, 학습활동을 어떻게 할지에 대해 공유할 수 있었다. 학습지를 만들고 검토하는 협의회의 순서는 다음과 같았다.

① 학습목표의 설정

협의회에서 생각보다 오랫동안 토의한 부분이 학습목표의 설정이었다.

해당 주제의 수업을 통해 학생들이 달성할 학습목표를 명확히 잡아야 했다. 학습을 통해 학생들의 성장을 어떻게 이끌어갈지, 해당 주제를 교사 개인은 어떻게 생각하는지 확인했다. 가끔 학습지를 만든 교사가 어떤 학습을 할지 명확하지 않은 경우도 있었는데, 협의회를 거치며 정리할 수 있었다.

1차 협의회 학습목표	친일파 문제와 친일잔재 청산
2차 협의회 학습목표	현재 우리 사회에서 친일과 관련한 논란을 파악하고 이에 대해 바른 시각을 가진다.
3차 협의회 학습목표	해방이 되고 70년 넘게 오랜 시간이 지난 상황에서 친일청산에 대해 자신의 생각을 정립하고 말할 수 있다.

친일파 문제를 깊이 탐구하기로 결정했다. 해당 학습지를 만든 교사는 이 주제로 학생들에게 제시할 학습목표와 형태를 명확하게 정하지 못했다. 2차 협의회 때 정리해온 학습목표에서는 '바른 시각'이라는 단어가 문제가 되었다. 역사 서술에서 바른 것이란 무엇인가, 누가 결정하는 것인가를 논의한 후 세 번째 수정본 학습지에서 '학생들이 자신의 생각을 말하는 것'으로 학습목표를 정했다.

② 자료 선정과 텍스트 구성

될 수 있으면 해당 주제와 관련하여 학생들이 흥미를 가질 만한 자료를 선정하기로 했다. 남북통일 비용과 관련해서는 남북한이 공동으로 만들어낸 캐릭터 뽀로로나, 개성공단에서 제작한 교복 이야기처럼 학생들이 가깝고 친숙하게 느낄 만한 사례를 찾았다. 또 될 수 있으면 인물의 이야기를 담으려고 했다. 객관적이고 건조하게 정리한 교과서식 서술이 아닌, 구체적이고 생생한 사람들의 이야기로 다가갈 때 학생들이 흥미를 가지기 때문이다.

텍스트도 교사들이 직접 썼다. 될 수 있으면 단문으로, 호흡이 짧고 읽기 쉽게 구성하려고 노력했다. 시험문제 검토할 때처럼 같이 읽어보고 오탈자를 찾고 중복되거나 잘못된 문장을 함께 고쳤다.

③ 발문의 적절성과 학습활동 안내 확인

학습지의 발문은 학생들의 학습활동을 안내하는 역할을 한다. 묻는 바가 명확해야 하고, 사실 습득이 목표인지 스스로 사고하게 하기가 목표인지 분명해야 한다. 학생들이 읽기자료를 통해 사실 습득을 해야 하는 경우에는 이해하고 알아야 할 내용이 무엇인지 명확한 지시어를 써서 정리해줘야 한다. 또 정해진 답이 없는 경우에는 학생들이 역사 해석의 다양성에 대해 생각하고 친구들과 의견을 나눌 수 있도록 발문을 작성해야 한다.

학습지를 만들면서 원하는 발문을 만들기 위해서 수많은 시행착오를 겪어야 했다. 교사는 학생들이 이해할 수 있다고 판단했는데 학생들이 답을 못하는 경우 대개 발문이 잘못된 경우가 많았다.

어떤 경우는 새로운 자료를 찾다가 수업의 맥락을 잃기도 했다. 다음은 친일청산과 관련한 학습지의 초안이다.

(가) 반민특위의 친일청산 좌절

(나) 친일파 후손들의 현재 — 사회경제적 지위

(다) 시민사회의 친일청산 노력과 정부의 무관심

(라) 사과하고 머리 숙이는 친일파 후손

(발문) 친일파 후손의 사죄가 가지는 의미를 생각해보자.

초안을 작성한 교사는 친일파 후손 중에 사죄한 사례가 있어 화해를 위해 중요한 사례라고 생각해서 학습지에 넣었다. 하지만 협의회에서 검토하면서 여전히 사죄하지 않는 후손들의 이야기가 빠지면서 맥락이 이상해졌다는 의견이 나왔다. 이런 과정을 거치며 학습지는 친일파 후손들의 다양한 사례를 다루되, 청산되지 않은 과거사를 생각해보는 방향으로 조정되었다. 이렇게 협의회를 통해 정교하지 않은 발문은 걸러지고 수정되었다.

④ 학습지에 대한 피드백

수업 후 학습지에 대한 피드백이 수시로 이루어졌다. 수업을 먼저 한 선생님이 학생들이 머뭇거리는 발문이나 오류를 발견하면 아직 수업을 하지 않은 선생님들에게 알렸다. 그러면 다음 사람은 이를 고쳐서 수업했다. 학생들이 흥미 있어 하거나 어려워하는 발문에 대해서도 정보를 나누었다. 이렇게 발문의 오류, 학습지에 대한 학생들의 반응을 즉각적으로 나누었고 그때그때 학습지를 수정해서 수업했다. 교사의 의도와 다르게 학생들이 너무 어려워하거나 흥미 없어 하는 주제가 있으면 다음 해에 반영했다.

3

만덕고 학습지의 특징 — 수업계획서로서의 학습지

그렇게 만들어진 학습지는 만덕고 역사수업의 특징을 고스란히 담았다. 또 학습지를 함께 제작하는 과정을 통해 수업시간에 중요하고 비중 있게 다룰 주제에 대해 논의하고, 발문을 다듬으면서 학생들의 배움을 어떻게 이끌지 이야기를 주고받았다. 만덕고 역사수업은 학생활동 위주, 모둠 중심 수업을 하고자 했고, 학습지는 이런 수업을 하기 위한 수업계획서였다. 만덕고 학습지 특징을 몇 가지 말하자면 다음과 같다.

▶ 학습 과정이 담긴 안내서

학습지를 만들기 위해서는 먼저 모둠학습을 어떻게 꾸릴지 방식을 정해야 했다. 학생이 역사학습을 하며 자기 생각을 심화시킬 수 있게 하려면 모둠학습 과정을 어떻게 설계해야 할지 고민이 되었다. 수업 초반에 교사가 강의를 20~25분 정도 하고, 수업 후반에 모둠학습을 하는 방법이 있었다. 이 경우 수업 초반부에 학생들의 수업 집중도가 느슨해지면서 모둠학습을 할 때쯤 내용에 대한 관심도가 떨어져 있었다. 거꾸로 강의식 수업 방식인데 학생들이 미리 공부한 것을 서로 가르쳐주게 하는 방법도 있었다. 이 경우는 학습내용을 습득하는 데는 도움이 되었으나, 모둠 내 토론과 사고력 신장에는 도움이 되지 않는다고 판단되었다.

그래서 역사과는 한 시간 수업 안에서 모둠활동을 다양한 형태로 여러 차례 경험할 수 있게 하기로 했다. 수업 초반부에는 그날 배울 주제와 관련된 내용을 읽고 정리하는 모둠활동을 배치하고, 후반부에는 심화된 모둠활동을 할 수 있게 했다.

2 6차시	조선공업화 정책

1. 1930년대 공업화 정책

> 1930년대 공업화 정책에 대한 자료

〔질문 1〕 일본기업이 공급받은 원료 ○표하기

〔질문 2〕 한국인과 일본인 기업 규모 비교하는 표 작성

〔질문 3〕 '조선공업화' 징책 한마디로 정리하기

1면

2. 1930년대 조선공업화 정책 평가 비교하기

> 자료 1 – 일제의 대륙침략과 조선공업화
> 《고등학교 한국사》(검정) 교과서 서술, 흥남질소비료 공장 일부 발췌
>
> 자료 2 – 식민지의 경제개발
> 《(대안교과서) 한국 근·현대사》에서 발췌

2면

〔모둠활동〕

⑴ 자료 1, 2에서 말하는 공업화 정책의 긍정적/부정적 평가 정리(모둠활동)

⑵ 자료 1, 2에 대한 나의 평가(개인활동)

⑶ 자료 1, 2 중 지지하는 글에 대해 모둠원에게 이야기하기(모둠활동)

⑷ 모둠의견 결정하기(모둠활동)

⑸ 모둠발표 후 '조선공업화의 결과 한국인은 잘살게 되었는가' 글쓰기(개인활동)

3면

수업 1차시 학습지는 3면으로 구성했다. 1~2면은 읽기자료로 구성했고, 3면은 모둠활동만으로 구성했다.

1~2면의 텍스트는 교과서의 주제를 교사들이 새롭게 서술했다. 집중적으로 탐구할 주제에 대해서는 좀더 자세히 서술했다. 조선공업화 정책은 교과서(천재교육) 본문에 12행 정도 서술되어 있는데, 조선공업화 정책을 바라보는 두 시각을 다루기로 했기 때문에 교과서 서술로는 부족했다. 논문과 관련 서적을 참고하여 한국인과 일본인의 자본금 규모, 회사 수, 종업원 수 등을 제시했고, 공업화에 따른 도시 풍경의 변화도 서술했다. 교과서에서 경제사와 사회사로 흩어져 있던 내용을 한 페이지로 모은 것이었다. 2면에는 당시의 공업화와 도시화를 긍정하거나 비판하며 상반되게 해석하는 각각의 입장을 실었다. 한 주제를 이렇게 자세히 다루는 대신 교사가 생각하기에 중요하지 않은 것은 과감히 줄여야 했다.

1~2면은 학생들이 내용을 잘 이해할 수 있도록 발문을 구성했다. 이렇게 역사 지식을 배우는 학습이 끝나면 정답이 없는 발문을 통해 학생들이

자기 생각을 정리하고, 친구들과 의견을 나누는 활동을 제시했다. 학습지는 먼저 역사 지식을 습득하고 그에 대해 사고력을 기르는 과정을 안내하는 지침서였다.

▶ 논쟁을 담은 학습지 만들기

만덕고 네 교사는 역사수업에서 단순히 역사 지식만을 전수하는 게 아니라 논쟁을 통해 학생 스스로 배울 수 있게 하자고 합의했다. 기존의 해석을 비판하면서 새로운 해석이 등장하고, 기존 해석과 새로 등장한 해석이 서로 논쟁하며 더 설득력 있고 의미 있는 해석으로 발전하는 과정 자체가 역사공부라고 생각했다. 역사 사건이나 인물을 놓고 논쟁을 하면서 자기 생각을 키우는 것이 멋진 일이라고 생각했다.

하지만 학생들은 역사공부를 지식 암기라고 생각했다. 학교에서 논쟁하는 법을 배워본 적도 없었다. 2018년 모둠수업을 진행하면서 "자유롭게 의견을 말해볼까?", "모둠 안에서 각자 자기 생각을 친구들에게 설명해보라"고 했는데, 학생들은 말이 없었다. 스스로 생각해본 경험도 없었고, 수업시간에 자기 의견을 친구들에게 말해본 적도 없었기 때문이었다.

학생들에게 말하고 경청하는 것부터 가르치기로 했다. 교사나 공부 잘하는 학생의 말에 주눅 들거나, 다수의 의견에 따르는 것이 아니라 자기 생각을 말할 수 있는 활동부터 하게 했다. 정답이 없는 발문을 던졌고, 모든 모둠원이 한마디씩 말할 수 있게 학습지를 구성했다.

예를 들면, 5·18민주화운동에 대해 역사 부정을 일삼는 지만원의 주장, 그에 대한 팩트체크, 법원의 판결 등을 배운 후 역사를 공부할 때 주의해야 할 점을 적고, 모둠원들에게 발표할 수 있게 다음과 같이 〔모둠활동 2〕 항목을 고안했다.

(모둠과제 1) 다음 질문에 답해보자.

1. 위 사건은 역사 사실과 해석 중 무엇을 둘러싼 논란인가?
2. 5·18민주화운동을 둘러싼 지만원의 주장과 법원의 주장 중 무엇이 더 믿을 만한가?
그 이유는 무엇인가?

(모둠활동 2) 앞으로 역사를 공부할 때 주의해야 할 점이 무엇인지 모둠 안에서 의견을 내보자.

모둠원	역사를 공부할 때 주의해야 할 점
나	① ②
	① ②
	① ②
	① ②

(정리) 역사를 공부할 때 주의해야 할 점으로 우리 모둠에서 많이 나온 의견은?.

①

②

③

학습지에 자기 생각을 먼저 쓰고, 친구들의 이야기를 들으면서 받아쓰게 했다. 이런 절차를 통해 친구들과의 생각 차이를 확인하게 했다. (모둠활동 2)는 3, 4월에 집중적으로 사용했다. 학생들이 자기 생각을 말하고 상대의 의견을 듣는 데 익숙해지면 이 항목을 없애기로 했다.

다음으로 논쟁다운 논쟁이 되려면 상대방의 이야기를 경청하고, 반박하거나 지지하는 훈련이 필요했다. 그래서 "서로 의견을 나누고, 친구 생각을 반박해보자"라고 교사가 안내했지만, 학생들은 쭈뼛거렸고 논쟁하지 않았다. 학생들은 비판적인 의견을 제시하거나 상대방의 의견에 반박하는 것을 배우지 못했고 타인에 의견에 '토 다는 것은 나쁘다'는 인식을 가지고 있었다. 논쟁이 필요한 순간에도 끄덕거리거나 타인의 의견에 동의하는 방식으로 논쟁을 회피했다.

이런 문제점을 수업 참관과 협의회를 통해 공유했다. 논쟁식 수업을 하기 위해, 다음의 ①번 학습지를 제작했다. 광복 직후 정부수립 방안을 둘러싼 논쟁을 재현하는 수업이었다. 수업 관찰을 하다 보니, 학생들은 자기 생각을 말하는 정도로 학습활동을 끝냈다. 교사가 기대한 대로 자기주장과 반박이 활발한 토론은 이뤄지지 않았다.

수업 후 협의회에서 어떻게 하면 역사 논쟁 재현이나 치열한 토론을 통해 각 주장에 대한 이해를 넓힐 수 있을지 논의했다. 이때 학생들이 논쟁 단계를 배울 수 있도록 학습지 형태를 ②번으로 바꾸자는 제안이 나왔다. 이 제안대로 학습지를 바꾸어서 다음 반 수업을 진행했더니 학생들이 목소리가 조금 더 커지고, 토론이 이뤄졌다.

이후 논쟁적 주제를 다룬 학습지는 〔텍스트 이해〕-〔모둠원들과 견해 공유〕-〔갑론을박〕-〔최종 입장〕의 4단계로 구성했다. 최종 입장은 모둠별로 의견을 정해서 발표하거나 개인 생각을 정리하는 글쓰기 형태 두 가지 중 적절히 사용했다. 4단계를 설정한 후 아이들은 친구들의 의견에 질문하기와 반박하기를 곧잘 했고 이를 통해 자기 생각을 키워갔다.

〔모둠활동〕 여러분이라면 정부수립 시기 단독정부와 통일정부 중 어느 안을 선택하겠습니까?

1. 모둠원이 돌아가면서 이야기를 나누어보자.
   나는 통일에 대해 (찬성, 반대) 한다. 이유는?

2. 정부수립에 대한 단독정부안과 통일정부안 중 하나를 선택하고 그 이유를 제시하자.
   다른 모둠원의 의견을 간단하게 정리해보자.

모둠원	이유
나	

☞ 우리 모둠은 단독정부안 (   )명, 통일정부안 (   )명으로 나왔다.

3. 토론 결과를 바탕으로 자신의 생각을 최종적으로 정리해보자.

① 최초 학습지

〔모둠활동〕 여러분이라면 정부수립 시기 단독정부와 통일정부 중 어느 안을 선택하겠습니까?

1. **〔텍스트 이해〕** 정부수립에 대한 단독정부안과 통일정부안 중 하나를 선택하고 그 이유를 제시하자.(개인활동, 5분)

나의 의견	이유

2. **〔모둠원들과 견해 공유〕** 각자의 생각을 다른 사람에게 말해보자.(모둠활동, 5분)

3. **〔갑론을박〕** 서로 자신의 생각을 말하고 상대방의 주장을 듣고, 자신의 생각과 다른 점을 자료를 바탕으로 근거를 들어 논박하며 자기주장을 말해보자.(모둠활동, 5분)

4. **〔최종 입장〕** 토론 결과를 바탕으로 자신의 생각을 최종적으로 정리해보자.(개인활동, 5분)

② 수업협의회 후 수정한 학습지

▶ 매시간, 매년 수정되는 학습지

수많은 시간을 할애해서 만든 학습지였지만 만족스럽지 못한 경우도 있었다. 학생들이 흥미를 보이지 않기도 하고, 작년에는 반응이 괜찮았는데 올해는 그렇지 않기도 했다. 그래서 수업하고 나면 "그 발문에 애들이 답을 잘 찾던가요? 흥미 있어 하던가요?"라고 확인하며 발문을 수정할 필요가 있으면 급하게 고치기도 했다.

그때그때 보완하기도 했지만, 1, 2년을 두고 보면서 고치는 경우도 있었다. 교과협의회를 하기 전 해에는 역사 글쓰기를 집중적으로 많이 시켰는데 학생들은 글을 쓰느라, 교사들은 채점하느라 너무 힘들었다는 평가가 공감을 얻었고, 그다음 해에는 말하기 위주로 학습지를 만들었다. 수정했다가 되돌아가는 경우도 있었다. 근대 단원이 끝날 때 종합적 평가 글쓰기로 "망국의 책임은 누구에게 있는가"를 주제로 제시했는데, 학생들이 아주 힘들어했으면서도 잊지 못할 과제로 손꼽았다. 3개월 동안 배운 내용을 뒤적이면서 대한제국이 식민지로 전락한 것을 누구에게 책임을 물어야 하는지 따져야 했기 때문이다. 그런데 1년을 마무리하면서 현재의 관점에서 근대를 평가하기보다 그 시대 사람의 시각에서 적극적으로 사고하게 하기 위해 주제를 수정하기로 했다. "독립을 유지하기 위해 누구의 주장을 선택하는 것이 최선일까?"라는 주제로 고종, 최익현, 안창호, 전봉준, 박영효의 주장을 늘어놓고 선택해서 글을 쓰게 했다. 학생들은 교사들의 기대와 달리 누구의 주장이 현재와 비슷한 사회를 지향하는가로 몰렸다. 그래서 이 주제가 근대 단원을 종합적으로 평가하는 데 적합하지 않다는 평가를 했고, 다음 해에는 다시 "망국의 책임은 누구에게 있는가"로 돌아가기로 했다.

이렇게 학습지를 만들어서 수업하고 평가를 해서 학습지를 수정해갔다. 완벽하고 이상적인 수업 장면이 없듯이, 학습지도 계속해서 수정하고 발전시켰다.

학습지를 함께 만드는 과정을 통해 교사는 성장했을까? 많은 시간과 에너지를 쏟아부었기 때문에 이 질문이 절로 떠올랐다.

간단히 생각하면 공동으로 학습지를 만들며 다른 사람의 학습지를 자기 수업에 활용하는 방법을 배웠고, 또 주제별로 긴 호흡을 가지고 새로 자료를 찾으면서 학습지를 만드는 과정도 경험했다. 또 수업의 세부 계획을 좀더 정교하게 짜는 방법도 배울 수 있었다. 혼자서 학습지를 만들면 교실에 들어가서 학생들에게 읽혀보기 전에는 오류가 잘 보이지 않았다. 그러나 동료 교사가 매의 눈으로 학습지를 검토해주면, 나의 수업에서 오류가 줄어든다는 당연한 사실도 경험했다.

학습지를 같이 만드는 것은 역사수업을 함께 설계하고 준비하는 과정이었다. 지난 2년은 함께 준비하는 것의 시너지 효과를 배우는 시간이었다.

4장

수업 속으로: 한두 번의 시도로 교사도 학생도 바뀌지 않는다

1

어떻게 시작할까?

만덕고 선생님들의 수업 나눔 이야기를 듣고 왠지 모를 울컥함이 올라왔다. 역사교사로 살아가기 위한 노력, 좌충우돌 속에서 함께하는 동료가 있다는 것에 대한…….

수업하고 집으로 돌아갈 때 울었던 일, 홀로 교무실에 남아 수업 준비하면서 누군가에게 물어보고 싶었으나 그럴 사람이 없어서 좌절했던 일, 실패했던 수업들, 수업 후의 허무함들이 스쳐 지나갔다. '나만 그랬던 게 아니구나' 하는 공감과 울컥함이 밀려왔다.

저 선생님들한테는 함께할 사람들이 있구나 부러우면서, 왜 우린 이런 것까지 부러워해야 하나 안타까움이 생겼다.

부산의 역사과 1급 정교사 연수에서 만덕고의 수업협의회 사례를 들은 교사가 쓴 글이다. 이 글에는 교사의 외로움이 짙게 배어 있다. 수업에 대해 열정을 가지고 치밀하게 준비하고 다양하게 시도해봤지만 잘되지 않을 때, 동료 교사의 도움을 받고 싶은데 주변을 둘러봐도 손 내밀 곳이 없어 좌절한 경험을 담고 있다. 인터넷 강의도 듣고 연수도 받고 대학원에 가서 공부해봤지만, 혼자서 감당해야 할 교실 수업은 여전히 버거웠다.

대다수 교사들은 동료 교사와 협력해본 적이 없다. 수업에서 어려움을 겪고 교사로서 자괴감이 생겨도 혼자서 감당한다. 한국의 교직 문화가 그렇다. 동료들과 대화할 때도 수업을 주제로 삼지 않는다. 자기 수업을 정면으로 응시하려니 마음이 힘들다. 그래서 '이 정도면 됐지. 다들 이렇게 수업하잖아. 애들이 수업을 잘 듣지 않는 건 애들 문제야'라는 핑계 속으로 숨는다. 또 수업을 잘해보려고 노력해봤지만 성과가 없을 때는 혼자서 포기하면 된다. '할 만큼 했어'라고 스스로를 위로하면서……. 하지만 교사는 늘 수업을 해야 하고, '어떻게 하면 수업을 잘할 수 있을까?'라는 질문 앞에 다시 설 수밖에 없다.

부산 다행복학교, 특히 고등학교에서 수업협의회는 아주 중요하다. 한국사회의 고질적인 입시문제로 밀려나 있는 교육의 본질을 회복하기 위해서는 문제풀이로 점철된 수업을 학생의 배움이 일어나는 수업으로 바꿔야 하기 때문이다. 만덕고에서는 정성을 들여 전체 교사 대상으로 수업공개 및 협의회를 진행하고 있다. 전체 교사 대상의 수업공개와 협의회에서 배우는 바도 있지만, 개별 교사들이 자기 과목의 전문성을 키우기에는 한계가 있었다. 그래서 교과별 수업협의회가 절실했다.

역사교사 네 명이 모여 역사과 수업협의회를 하려니, 참고할 사례가 없었다. 역사교사 네 명에 역사교육 연구자가 합류해 수업협의회를 시작했다.

"수업협의회를 어떤 형식으로 진행할 것인가?"

"수업에서 주로 무엇을 관찰할 것인가? 학생의 배움인가? 교사의 수업 디자인인가?"

"수업하고(관찰하고) 나서 어떤 형식으로 복기하고 성찰해야 할까?"

"수업협의회를 통해 교사의 지속적인 자기 발전을 이룰 수 있을까?"

부산 다행복학교에서는 수업 관찰과 협의회를 배움의 공동체 방식대로 했다. 수업을 관찰할 때 교사의 가르침이 아니라 학생들의 배움에 주목하고, 학생의 배움이 일어나는 지점에 주목해서 관찰하는 방식이다. 또 어디에서 머뭇거리면서 배우지 못하는지 그 요인도 관찰하고, 학생-학생, 학생-교사의 상호작용을 미세하게 관찰한 뒤, 각 교사가 느낀 것을 위주로 소감을 나누며 서로 배우는 방식이다. 기존의 연구수업 협의회가 교사의 수업을 품평하고 잘잘못을 지적하는 형태였다면, 배움의 공동체에서는 수업을 참관한 사람이 배운 것을 나누면서 교사들 사이의 신뢰와 협력관계를 쌓아가는 방식이었다.

수업공개는 평상시 수업을 그대로 보여주기로 했다. 진정한 수업의 변화를 만들기 위해서는 '공개수업'을 할 때처럼 평소와 다르게 보여주기식으로 하는 게 아니라, 평소 그대로의 모습을 공개하고 서로 도움을 주고받아야 한다는 것이었다. 이렇게 하면 학생들의 평소 수업태도를 관찰하여 수업자에게 피드백을 줄 수 있다는 장점이 있었다. 또 수업을 상시로 공개하면 수업자가 수업을 더 잘하기 위해 꾸준히 노력하게 할 수 있다. 한번의 획기적인 시도가 아니라, 상시 수업을 하나하나 개선하는 모습을 기대하며 수시로 수업을 공개하기로 했다.

연구자는 이와 같은 교사들의 논의과정을 지켜보다가 굳이 배움의 공동체 방식만 고집하지 말자고 제안했다.

> 생동감 있는 현장에서는 구체적으로 이야기할 만한 부분들이 있다. 교과교육에는 다양한 관점과 안목이 존재한다.
> 배움의 공동체에서 배울 부분이 있으나, 이 방식만 고집하지 말고 우리가 어떻게 수업을 볼 것인지 초점을 잡아보자. 학생의 배움이 일어나는 국면을 관찰하고 이를 통해 학생 배움을 염두에 두고 수업을 디자인하는 문제는 3~4회 수업공개와 협의회를 하면 어느 정도 해소될 것 같다. 그다음에는 교사들이 수업하는 모습을 보면서 서로 조언해주는 방법도 찾을 수 있을 것이다.

학생의 배움이 일어나는 국면을 관찰하는 데서 시작해 교사의 수업 디자인까지 보는 방식으로 발전시키자는 제안이었다. 사실 배움의 공동체에서도 교사의 수업 디자인과 발문을 중요하게 여긴다. 하지만 부산 다행복학교에서는 배움에만 집중하고 교사의 수업은 말하면 안 되는 금기처럼 대했다. 연구자의 제안은 이런 금기를 넘어 또 다른 방식을 찾아보자는 것이었다.

연구자의 제안에 교사 네 명의 입장은 조금씩 달랐다. A, B교사의 경우 수업공개와 협의회를 경험해보지 못했기 때문에 배우겠다는 의미로 수용했다. C, D교사는 역사과 수업협의회를 통해서 교사로서 전문성을 강화하고자 한 갈망이 커 교사의 수업 디자인, 발문 등을 세밀하게 들여다보고 서로 조언하자는 제안에 동의했다.

2018년 수업협의회를 시작하면서 세운 지향점은 세 가지였다. 첫째, 학생의 배움을 관찰하는 것에서부터 시작한다. 둘째, 만덕고 역사과에 적합한 수업협의회 형식을 모색한다. 셋째, 수업을 관찰하면서 느낀 점을 통해 동료 장학을 진행하여 수업 전문성을 신장시킨다.

어떻게 시작할까, 어떤 방식으로 시작할까 고민하다가, 일단 네 명 모두 수업을 열고 보기로 했다. 수업을 열고 협의회를 하면서 이야기를 주고받고 분석하다 보면, 수업협의회 방식과 공동의 과제를 찾을 수 있겠다 싶었다.

2
"일단 보자"

수업공개(Round 1)는 1학년과 3학년 한국사, 2학년 세계사, 3학년 동아시아사 수업으로 진행하기로 했다. 사전협의회도 진행했다. A, B교사는 만덕고로 전입하기 전에는 수업공개와 협의회를 경험해본 적이 없었다. 약간의 긴장감과 설렘을 안고 수업을 준비하면서 고민되는 부분들을 털어놓았다. 특히 한번도 해보지 않은 모둠수업에 대한 걱정이 많았다. 모둠수업을 어떻게 준비하고 어떻게 운영할지도 난감한데, 수업공개까지 해야 한다니 막막했다.

A교사는 다른 교사들의 수업을 직접 보고 배우고자 했다. 수업을 공개하기로 한 날은 아니었지만, A교사는 "선생님, 수업을 좀 봐도 될까요? 제가 해본 적이 없는 수업이라……" 하며 다른 교사에게 도움을 청했다. 수업을 보고 나서는 "어떻게 하는지 감 잡았어요"라고 감사를 표했고, 다른 수업에서 보고 배운 것을 자기 수업에서 재현하면서 만덕고의 수업 방식에 적응해갔다.

2018년 4월, "일단 보자"라는 취지로 첫 수업공개가 진행되었다. 네 명의 교사가 각각 수업공개 시간을 정하면 다른 교사들이 수업을 참관했다. 평소 수업할 때 힘들었던 반 수업을 공개했다. 사전협의회에서 수업공개자가 가진 어려움을 공유했다. 수업에 관심이 없는 아이들, 학습에 참여하지 않는 아이들, 잡담하는 아이들 등 학생들을 관찰해달라는 부탁이 이어졌다.

수업을 관찰하는 교사들은 필기구와 녹음도구를 챙겨서 수업자가 부탁한 학생이나 모둠을 관찰했다. 모둠 옆에 의자를 두고 앉아서 학생들이 말하는 모든 것을 관찰하고 기록했다. 교사 말을 듣고 있는지, 협력하는지, 잡담은 몇 번이나 언제 하는지……. 하나하나 기록했고 이를 바탕으로 참관록을 작성한 후 협의회를 진행했다.

▶ 수업을 열면서 달라진 것들 – 아이들과 교사의 변화

역사과 선생님들이 우르르 들어와 녹음기를 켜고 무언가 적기 시작하자 아이들이 영향을 받기 시작했다. "역사수업, 하기 싫어요. 공부 안 할래요"라고 말했던 학생들조차 옆자리에 앉은 선생님을 의식해서 바른 자세를 갖추고 앉아서 수업에 참여했다. 토론하는 목소리들이 높아졌고, 모둠활동의 답을 함께 찾고 정리하는 모습을 연출했다. 선생님들이 옆에 바짝 붙어서 공부하는 걸 지켜보니 부담스러웠나 보다.

아이들은 수업공개를 특별한 이벤트로 여기며 '한번 하고 말겠지'라고 생각했다. 그런데 다음 달도, 그다음 달에도 수업공개가 이어졌다. 그중 "왜 우리 반만 수업공개를 이렇게 많이 해요?" 하며 불평을 늘어놓는 아이도 있었다. 하지만 수업을 공개하면 할수록 그 반의 수업 분위기가 좋아졌다. 모든 반이 그렇지는 않았지만, 수업을 공개하면 학생들의 수업태도

수업 공개 모습과 모둠수업을 지켜보는 관찰자

가 달라졌다. 선생님들이 어떻게 공부하나 지켜보는 데 엎드려 자거나 잡담을 할 정도로 대담한 아이들은 그리 많지 않았다. 또 선생님들에게 특별한 관심을 받는다고 여겨서인지 수업태도도 좋아졌다.

하지만 수업공개를 통한 학습태도 개선은 대증요법 차원의 접근이고 학생들이 몰두하는 수업을 하려면 근본적인 변화가 필요했다. 교사의 전문성과 수업 역량의 변화였다. 수업공개는 학생들만이 아니라 교사들에게도 변화를 가져왔다. 수업의 일상적 모습이 고스란히 공개되었다. 판서에 열의를 불태우거나, 정확하지 않은 발문으로 학생들과 소통하는 데 혼선을 빚어 쩔쩔매거나, 학습분량을 조절하지 못해서 한 시간 수업이 두 시간으로 늘어나기도 하고, 학생들의 흥미를 끌어내지 못해 끙끙대고 있었다.

수업협의회에서 자기 수업의 문제점을 인정하고, 왜 이런 상황이 발생했는지 이야기를 나눴다. 예를 들면 A교사는 학생들의 필기 자체가 학습이라고 생각했다. A교사는 칠판을 3등분으로 나누고 강의하면서 판서를 했다. 수업을 마칠 때쯤이면 칠판에 한가득 수업 내용이 정리되어 있었다. 학생들은 모둠별로 앉아 있었지만, 정면의 칠판을 보면서 교사의 판서를 열심히 베꼈다.

수업협의회에서 A교사는 이제까지 해왔던 자기 수업 방식을 보여주면서부터 시작하고 싶었다고 밝혔다. 참관한 교사들은 수업시간이 정해져 있으니 판서와 필기 위주로 갈지 모둠에서 토론으로 이끌어갈지 결정해야 한다고 조언했다. 학생들의 배움에 대해 이야기가 이어졌다. A교사는 다른 교사들의 이야기를 들으면서 판서에 대한 자신의 강박 혹은 압박으로부터 벗어나 보겠다고 선언하며 학생활동 중심으로 수업하는 방식을 생각해보겠다고 말했다.

네 교사의 수업은 각자의 지향점과 경험에 따라 각자의 특색을 드러냈다. 하지만 교사 각각의 특색은 대다수 교사들의 수업에서도 볼 수 있는 장면이었다.

▶ 교사의 의도와 수업의 진행

① 수업 장면—3학년 동아시아사, '침략전쟁의 확대와 민중의 피해'

학생들은 삼광작전과 난징대학살, 도쿄대공습과 원자폭탄 투하에 대한 자료를 읽고, "일본인은 가해자인가? 피해자인가?"라는 발문에 따라 모둠토론을 진행했다. 3학년들은 1, 2학년 때 모둠학습을 많이 해본 터라 활발하게 토론에 참여했다.

학생 1 이 자료 보니까 일본인도 피해를 많이 입었네. 몰랐어.

학생 2 하지만 앞 쪽 자료는 가해자잖아…….

어떤 학생들은 일본인들도 전쟁에서 피해를 입었다는 이야기를 접해보지 못해 도쿄대공습과 원폭에 관한 자료를 보고 생각이 흔들렸다. 하지만 가해자로서 일본에 대한 비판을 거둘 수 없다는 학생들도 있어 갑론을박이 이어졌다. 어떤 학생은 "너는 왜 그렇게 생각해? 나를 설득해봐"라고 하면서 상대의 논리를 들어보려 했다.

수업협의회에서 학생들의 수업태도를 두고 이야기가 오고 갔다. 자기 생각을 적극적으로 말하는 모습이 신선했다는 소감도 있었다. 해당 교사는 3학년 학생들이라 만덕고에 입학해서 1학년 때부터 모둠수업을 꾸준히 해왔기 때문이라고 평가했다.

> 수업자는 목소리를 높이지 않고 모둠학습 안내만 했는데 학생들의 몰입도가 높았어요. 교사가 전쟁에 대한 자신의 문제의식을 담아 교과서에 없는 자료를 포함해서 과감하게 내용을 재구성했고, 그게 교사의 수업 장악력으로 이어진 것 같습니다.

관찰자들은 수업한 교사의 선명한 문제의식, 그와 결합된 자료, 그리고 수업 운영 방법에 주목했다. 수업자는 수업 의도가 전쟁을 일으킨 가해자와 피해자 모두 전쟁의 피해자라는 점을 학생들이 생각하기를 바란 것이었다고 하며 그대로 잘 이뤄졌다고 평가했다. 하지만 이와 반대로 교사의 수업 의도가 제대로 구현되지 않는 경우도 있었다.

② 수업 장면—3학년 한국사, '장면내각 정부와 5·16군사정변'

학생들은 6·25전쟁 이후 한국군의 처우를 다룬 자료와 5·16군사정변 자료를 읽고 "군인들의 정치 개입은 정당한가?"라는 주제로 모둠토론을 하고 있다. 3학년 학생들은 활발하게 자기 의견을 펼쳤다. 그러나 5·16군사정변에 대해 입체적이고 비판적으로 사고하길 바랐던 수업자의 의도와 다른 양상이 펼쳐졌다.

학생 1 (6·25전쟁 후) 군인들의 처우가 이렇게 나빴다고?

학생 2 억울했겠다.

학생 1 인정! 인정!

학생 3 군인들의 정치 개입은 정당한가에 대해 이야기해보자.

학생 4 굳이 군인이 대통령이 될 필요가 있어? 그럴 필요 없다.

학생 3 군인들의 정치 참여는 어느 정도 필요하지 않을까?

학생 5 군인도 정치적 입장이 있고 그렇게 보면, 못 할 게 뭐 있어?

학생들은 6·25전쟁 이후 한국군 장교들의 처우가 나빴다는 자료를 보고 군인들이 억울했겠다고 생각했다. 군인들의 정치 개입에 대해서도 교사의 의도와 다른 방향으로 이야기했다. 수업자는 반 전체를 보고 있었기 때문에 모둠 내에서 이런 대화가 오가는 줄 몰랐다. 관찰자들은 학생들의 이야기를 꼼꼼하게 기록했고 협의회에서 함께 머리를 맞대고 논의했다.

수업자는 박정희의 5·16군사정변에 대해 학생들이 다각적으로 생각하고 비판하길 바랐다. 그래서 6·25전쟁 이후 한국군의 처지에 관한 자료를 제시했다. 늘어난 군인 수, 미국의 원조 감소로 인한 경제적 어려움, 그에 따른 군인들의 불만 등에 관한 자료였다. 또 5·16군사정변을 비판하게 하기 위해 군인들이 발표한 자료를 가공해서 제시했다.

수업자는 "군인들의 처지를 모르는 상태에서 판단하기 힘들 거라 생각했어요. 학생들의 사고력을 넓히기 위해 자료를 제시했는데, 왜 애들은 다른 결론을 내렸을까요?"라고 의문을 제기했다.

제가 관찰한 모둠 학생들은 교사가 준 자료를 열심히 읽고, 발문에 대해 열심히 토론했어요. 그런데 수업자의 의도와 다른 결론으로 가는 것 같았어요. 군인들의 힘든 처지에 대한 자료만 있었기 때문에 학생들이 군인들의 쿠데타를 그럴 만했다고 받아들였어요. 이건 자료가 골고루 제시되지 못했기 때문이라 생각해요. 교사는 자신이 5·16군사정변을 비판적으로 바라보고 있어서, 그걸 의식해서 반대 자료만 제시했고, 그 자료를 열심히 읽은 학생들은 정변을 일으킨 군인들의 마음에 공감해버렸어요. 또 학생들은 군인들의 정치 개입이 아니라, 단순히 군인이 대통령이 될 수 있는가의 문제로 받아들였어요. 주어진 발문이 그렇게 읽혔던 거 같아요.

이후 교사의 의도와 수업 디자인이 논의의 중심이 되었다. 다른 교사의 수업에서도 비슷한 장면이 자주 관찰되었다. 그래서 교사의 수업 의도를 분명하게 하기, 의도를 수업으로 구현하기 위한 텍스트 구성과 발문 만들기에 중점을 두고 수업공개와 협의회를 진행하기로 했다.

▶ 교사의 발문, 수업을 이끌어가는 내비게이션

모둠활동 수업에서 교사가 구성한 발문은 수업을 이끌어가는 장치로서 기능했다. 학습지 안에 읽기자료와 학생들의 생각을 묻는 발문이 포함되어 있는데, 특히 교사의 안내와 발문이 학생들의 학습에 강한 영향을 미쳤다. 학생들은 모둠 친구들과 이야기하는 중에도 교사의 말에 귀를 기울였다. 교사의 발문은 학생들의 학습에 길잡이가 되었다.

① 수업 장면—3학년 동아시아사, '침략전쟁의 확대와 민중의 피해'

군인으로 전쟁터에 나가서 죽은 일본군과 오키나와전투에서 자의타의로 죽은 민간인 사례를 안내한 글을 읽고, '무엇이 사람들로 하여금 목숨을 버리게 했는가'에 대해 모둠토론을 진행했다. 학생들은 많은 이야기를 나누었으나 명확하게 답을 내리기 힘들어했다.

이때 교사가 모둠활동을 중단시키고, 반 전체 학생들에게 "무엇이든 좋으니, 생각을 정리해보자. 다른 반의 경우 '강요된 자율'이라는 답변이 나왔는데, 이 답변은 강요를 강조하는 것 같아? 자율을 강조하는 것 같아? 각자 중요하게 여기는 게 다르니 자기 모둠에서 나온 이야기로 정리해서 발표해보자"라고 발언했다. 그러자 학생들은 일본인들의 죽음을 국가 책임으로 볼지 개인의 선택으로 볼지에 대한 토론을 시작했다.

수업협의회에서 이 학급의 참여가 높았던 것은 교사의 안내가 적절했기 때문이라는 평이 나왔다. 모둠학습 중 학생들이 머뭇거리는 순간이 있었는데 교사가 답을 알려주지 않고, "이건 왜 이럴까?", "어떻게 정리하고 싶으니?"라는 말과 함께 다른 반에서 나온 의견을 안내하면서 학생들의 사고범위를 확장시킨 것 같았다는 소감도 나왔다. 교사의 안내와 발문이 중요하다는 것에 모두 공감했다.

어떤 발문은 학습방향을 안내했지만, 어떤 발문은 학생들의 배움에 혼선을 빚기도 했다. 이런 순간들이 관찰자들의 눈에 포착되었고 협의회에서 토론 대상이 되었다.

② 수업 장면—2학년 세계사 수업, '인도 국민회의의 반영 운동'

수업자는 모둠수업에 익숙하지 않아 강의 위주로 수업했다. 교사는 세포이항쟁 발생 원인을 학생들에게 생각하게 하고 싶었다. 그러나 발문이 명확하지 않았다.

교사 세포이항쟁이라는 말에서 드러나듯이, 영국에 대해 어떻게 했죠?

학생들 (무응답)

교사 친해지려고 하는가요? 싸우려고 했는가요?

아이들 친해지려고 했다. 싸우려고 했다. (제각각)

교사 의견이 분분한데, 친해지려고 했으면 왜 그랬을까요?

학생들 살려고요.

수업협의회에서 수업자는 이 순간을 떠올리며 식은땀이 흘렀다고 했다. 발문을 했는데, 학생들의 숨소리도 들리지 않고 눈만 깜박이던 모습을 보면서 '망했다'라고 생각했다. 관찰자는 "아이들이 대답하고 싶어 하는 마음은 느껴졌어요. 하지만 뭘 묻는지 몰라 당황해했어요."라고 관찰한 바를 전해주었다. 협의회 참석자들은 해당 교사에게 발문의 중요성, 명확성에 대해 좀더 유의해야 한다는 조언을 건넸다.

첫 수업 나눔과 협의회를 통해 교사의 발문과 학생들의 학습 사이의 상호작용이 중요하다는 것을 확인했고, 앞으로 수업에서 모두가 주의를 기울이는 요소가 되었다.

▶ 모둠학습, 어떻게 할까?

① 서로 가르치고 배우는 모습

교사들은 모둠활동을 관찰하며 배운 것이 많았다. 첫 번째, 모둠에서 학생들이 서로 가르치고 배우고 있었다.

3학년 한국사, '장면내각 정부와 5·16 군사정변' 수업 중

학생 1 상명하복이 뭐야?

학생 2 위에서 명령하면 아래에서 따르는 거. 까라면 까라는 거.

1학년 때부터 모둠학습을 해왔던 학생들은 교사에게 물어보기 힘든 질문을 모둠 안의 친구에게 물었다. 모둠의 친구는 가르쳐줄 수 있는 내용이면 이해하기 쉬운 아이들의 언어로 설명을 해주었다.

이날 수업은 교사가 모둠수업 경험이 많지 않은 상태에서 진행되었다. 하지만 학생들이 모둠수업에 익숙한 상태였고, 적절한 자료와 발문이 주어지면서 척척 진행되었다.

반대로 같은 시기 1학년 한국사 수업의 모둠학습은 잘 진행되지 않았다. 입학한 지 한 달 정도밖에 되지 않은 시기였고 학생들은 모둠에서 협력하는 방법에 서툴렀다. 1학년 한국사와 3학년 한국사 수업을 동시에 관찰하면서, 3학년은 잘하는데 왜 1학년은 잘 안 될까 하는 의문이 제기되었다. 만덕고에 3년 동안 근무했던 교사의 답변은 다음과 같았다.

> 지금 3학년이 1학년이었을 때는, 지금 1학년보다 모둠학습을 더 못했어요. 당시 만덕고 교사들은 모둠수업을 할지 말지 우왕좌왕했고, 모둠수업으로 수업혁신 방향을 결정한 것도 1학기가 지나서였어요. 지금처럼 모둠학습을 잘하게 되는 데 2년이 걸렸어요. 그런데 올해 1학년 학생들은 신입생 오리엔테이션에서 모둠수업에 대한 안내도 받았고 모둠수업에 능숙해진 교사들에게 수업을 받고 있으니, 3학년이 되면 모둠학습을 더 잘할 거예요. 모둠학습을 잘하는 학년이 따로 있는 게 아니라 교사들이 가르쳐서 학생들이 모둠학습을 잘하게 된 거라고 생각해요.

② **학습 속도의 차이를 어떻게 해결해야 할까?**

관찰의 초점을 학생들의 배움에 두었더니 네 교사의 모든 수업에서 모둠 안 그리고 모둠 간의 학습 속도 차이가 관찰되었다. 먼저 모둠 안에서 학습 속도 차이는 학생들의 학습능력과 관련이 있었다.

> 3학년 동아시아사, '침략전쟁의 확대와 민중의 피해' 수업 중
>
> 세영이는 읽고 쓰는 속도가 빠른 학생이었다. 읽기도 정확했고, 이해력과 표현력에 있어서 우수한 학생이었다. 수업시간 중 멍때리는 경우가 꽤 있었지만 역사선생님들이 수업을 참관하자 본래 능력을 드러냈다. 교사의 지시가 없어도 먼저 자료를 읽고, 텍스트에 줄을 긋고 동그라미도 치면서 답을 찾았다. 친구들이 답을 모르면 가르쳐주었다. 개인 글쓰기도 빠른 속도로 완료했다. 그러고 나서 개인 글쓰기를 하는 친구들을 기다리면서 지루해하다가 뒤 페이지를 넘겨서 읽었다. 그래도 할 일이 없으면 멍때리거나 낙서를 했다.

수업협의회에서 세영이와 비슷하게 다른 친구들보다 학습과제를 빨리 해결하고 딴짓을 하는 학생에 대한 이야기가 나왔다. 2학년 세계사 수업, 1학년 한국사 수업에도 비슷한 학생들이 있었다. 다른 친구들에 비해 아는 것이 많고 생각하는 속도가 빨라서 과제를 하고 나면, 친구들이 다 할 때까지 가만히 기다리고만 있어야 하는 아이들이었다.

또 모둠 간에 존재하는 학습 속도와 능력 차이도 문제가 되었다. 어떤 모둠은 아직 과제를 해결하지 못하고 있는데 벌써 과제를 다 하고 시간이 남는 모둠도 있었다. 모둠활동을 다 한 모둠은 잡담하거나 딴짓을 했다. 이때 교사는 모둠 간의 속도 조절을 어떻게 하고 어떤 안내를 해야 하는

지에 대해 배운 바가 없었다. 그래서 모둠활동을 안내하는 교사의 역할을 구체적으로 정리할 필요성을 느꼈다.

③ 교사의 개입은 어디까지?

교사가 학생들을 학습으로 이끌기 위해 어떻게 개입해야 하는지 토론을 했다. 교사의 안내는 학생들이 마주한 어려움의 정도 및 종류에 따라 달라져야 하는데, 대개 교사들은 학생들이 쉽게 알 수 있도록 친절하게 설명해준다. 그런데 친절하고 길게 설명을 해주면 학생들의 집중력이 흐트러지기도 했다. 또 이런 친절은 교사의 의도가 드러나면서 학생들의 생각에 영향을 미치게 된다.

하지만 학생들이 문제 해결을 하지 못하고 머뭇거리고 있으면, 무엇 때문에 머뭇거리고 있는지 확인해서 그에 맞는 안내를 해줘야 한다. 어떤 경우는 자세해야 하고, 어떤 경우에는 간결해야 하니 그걸 결정하기 어려웠다.

B교사 아이들은 제 생각이 궁금하대요. 제 생각을 말하면 정답처럼 여기는 것 같은데요. 수업 중 교사는 어디까지 자신의 의견을 말해야 할까요?

D교사 저도 아이들에게 교사로서의 내 생각을 어느 정도 노출시킬 것인가 매번 고민이 들어요.

C교사 그건 수업의 목표에 따라 다를 수밖에 없어요. 교사가 지식을 알아야 한다고 생각하면, 답을 알려주면 되고요. 하지만 학생들로 하여금 생각하게 하는 것이 수업 목표라면, 교사가 답을 알려주어선 안 되겠죠. 생각이 막혀서 머뭇거리는 친구가 있다면 생각의 실마리를 주는 것은 필요할 거 같아요.

연구자 역사수업이라는 것은 학생들의 사고력을 기르는 것이고, 학생들이 자기 수준에서 생각을 키울 수 있게 교사가 발문해야 한다고 생각합니다.

교사에 따라서는 역사수업을 역사를 잘 모르는 학생들에게 역사 지식을 전달하는 것이라고 생각하기 때문에 학생들이 머뭇거리고 있으면 답을 바로 알려주었다. 그러나 역사적 사고력을 기르는 수업은 설명을 지양해야 한다는 의견이 제시되었다. 교사는 학생들의 학습단계를 살피고, 더 높은 사고력을 가질 수 있도록 발문해야 한다는 것이었다.

수업공개와 협의회 방식을 결정하기 위해 일단 수업을 공개하고 살펴봤는데, 수많은 과제들이 제기되었다. 우리는 하나씩 해결책을 찾아가기로 했다.

3
2년간 이어진 수업 나눔과 협의회

만덕고 역사과 수업협의회는 자주 그리고 오랫동안 진행되었다. 교사 1인이 학기당 3회 수업을 공개했는데, 총 4인이니 학기당 12회의 수업공개와 협의회가 실시된 셈이다.

첫 단계 수업공개(Round 1)에서 제기된 과제들을 깊이 탐구하기 위해 매번 새로운 관점과 문제의식을 갖고 수업공개와 협의회를 진행했다. 각 시기별로 Round를 나누고, 집중하고 분석하는 분야를 달리해서 협의회를 해보았다.

연도	학기	주제
2018	1	Round 1 일단 보자(수업공개)
		Round 2 교사의 발문과 학생 모둠활동에 주목
		Round 3 같은 학습지, 다른 수업
	2	Round 4 학생 탐구활동을 촉진하는 수업 방안
		Round 5 동일 주제, 다른 수업
2019	1	Round 6 모둠활동에서 교사의 역할 정교화하기
	2	Round 7 3단계 수업 컨설팅

▶ **서로 다른 점, 배울 점 찾기** (Round 3, 5)

수업협의회를 하기 전 함께 확인할 것이 있었다. 수업협의회를 왜 해야 하는가 하는 문제 제기였다. 좀더 노골적으로 말하면 남의 수업을 보고 분석하는 것이 역사교사로서 자신의 전문성을 향상시키는 데 과연 도움이 될까 하는 의문이었다.

모든 교사들은 각자의 수업을 한다. 세상에 같은 수업은 없다. 한 명의 교사가 교과서를 들고 같은 학교 학생들을 대상으로 수업을 해도, 반마다 내용과 설명이 달라진다. 교사들마다 중요하게 여기는 역사 사실이 다르고, 관점도 다르다. 역사교사들은 객관적으로 가르친다고 말을 하지만, 그것은 사실을 왜곡하지 않겠다는 뜻이고, 실상 교사들은 각자의 주관대로 가르치고 있는 것이다.

수업협의회를 하기로 했지만 서로의 수업에서 무엇을 배워야 하는지 몰랐다. 그래서 교사마다 수업이 진짜 다른가, 얼마나 다른가를 확인하기로 했다. 먼저 공동으로 제작한 학습지를 사용한 세 교사의 수업을 촬영하고 분석했다. 차이점들이 보였다. 그래서 각각의 교사가 가진 차이를 더 선명하게 확인하기 위해 공동의 주제를 설정하고 협의 없이 각자 학습지를 만들어서 수업했다. 각각의 교사가 가진 차이점과 장점이 명확하게 드러났다.

이 과정을 거치면서 수업협의회의 방향이 정해졌다. 교사마다 가진 장점이 다르니, 하나의 정형화된 모범 수업을 설정하고 맞춰가는 것이 아니라 각자 자기가 하고 싶은 수업을 하도록 하자는 것이었다. 수업 전문가로서 지향하는 모습은 각자 달리하더라도 협력하면서 할 수 있는 것을 찾기로 했다.

▶ 모둠학습에 대한 지속적인 관찰과 분석 (Round 2, 4, 6)

첫 단계 수업공개와 협의회를 통해 모둠학습에서 교사의 안내와 발문, 그리고 수업 운영이 중요하다는 점을 확인했다. 장기적으로 모둠학습의 A에서 Z까지를 관찰·분석하고 대안을 제시하겠다는 원대한 뜻을 품었다.

모둠수업에서 교사의 역할과 학생들의 배움을 관찰했고 이를 바탕으로 모둠수업의 여러 측면을 유형화하고, 교사의 역할과 그에 따른 학습 효과에 대해 분석한 후 역사과에 적합한 모둠수업을 디자인했다. 수업 후 디자인을 수정하고, 다시 수업하고 다시 디자인을 수정하는 과정이 이어졌다.

이 과정을 통해 네 교사는 모둠수업을 디자인하고 진행하는 방법을 더 잘 알게 되었다. 능숙하고 안정적으로 모둠수업을 디자인하고 운영할 수 있는 역량을 발전시켰다.

▶ 3단계 수업 컨설팅 (Round 7)

2년간의 수업협의회를 통해 깨달은 또 하나는 수업을 열고 협의회를 한다고 모든 교사가 전문가가 되지는 않는다는 점이었다. 사토 마나부는 한 학교에 소속된 모든 교사가 1년에 1회 수업을 열고 협의회를 하면 수업과 학교가 혁신된다고 했다. 우리는 수업을 녹화·채록해서 협의하는 과정을 거치면서 자기 수업의 장점과 한계를 알게 되었지만 그것만으로 수업이 혁신적으로 변화하지 않았다. 그럴 것이라고 생각하지도 않았다.

뭔가 다른 조치가 필요하다고 생각했다. 3단계 수업 컨설팅을 해보기로 했다. 동료 교사가 수업자의 의도를 검토하고, 학습지와 수업으로 구현되는 과정을 샅샅이 관찰해서 피드백했다. 이 과정을 통해 교사의 성장을 지원하는 컨설팅과 수업협의회에 대해 방향을 잡을 수 있었다.

이 모든 일이 가능했던 것은 동료에 대한 신뢰가 있었기 때문이었다. 누구나 자신의 허물을 남 앞에 내놓기 부끄럽다. 그런데 혼자서 앓는다고 수업이 좋아지지 않는다. 우리는 서로를 향해 마음을 열고 수업을 열었다. 이러한 과정을 거치며 교사로서 자기만의 전문성을 얻고, 자기가 바라는 수업에 다가갈 수 있었다. 이것이 만덕고 역사과 수업협의회가 이룬 바였다.

2019년 2학기 부산대학교 사범대학 2학년 학생들이 부산 다행복학교를 체험하기 위해 만덕고에 1주일 머물면서 수업과 학급조회를 참관했다. 학교의 변화에 호기심을 가졌던 대학생들은 교사들의 수업협의회에도 관심을 보였다.

마침 역사과 수업협의회가 있었고 국어교육과 학생이 참관했다. 참관을 마치고 "교사들이 수업에 대해 이렇게 깊이 있게 이야기하는 것을 처음 봤습니다. 수업을 이렇게 연구해야 하는 거라는 생각이 드네요. 이런 협의회를 보는 것은 돈을 주고도 하지 못할 것 같아서 계속 앉아 있었습니다. 저에게 이런 기회를 주셔서 정말 감사합니다"라고 소감을 남겼다. 수업을 함께 연구하는 것이 낯설다는 대학생의 말에 교사들은 공감했다.

2년간의 수업공개와 협의회는 너무나 많은 시간을 요구한 일이었다. 스스로 성장하고 있다는 느낌이 없었다면 그 많은 시간을 쏟을 수 없었을 것이다. 돈 주고 하는 연수가 아니라 열린 마음, 열정, 시간, 신뢰를 수업협의회에 쏟아부으면서 각자가 바라는 방향으로, 전문성을 가진 교사로 한 발짝씩 나아갔다.

2부

따로 또 같이

역사교사는 어떻게 단련되는가?
동료 교사의 수업을 열심히 참관하고 비평하면 자신의 수업도 좋아질까?
다른 사람의 수업을 품평하는 것과 자신의 수업을 하는 것은 다른 차원의 일이다.
자기 수업을 동료 교사에게 열고, 다른 사람의 시선으로 자기 수업을
들여다볼 때, 비로소 자기를 객관적으로 볼 수 있는 계기가 마련된다.
수업을 열고 함께 논의하는 과정이 서로 닮아가는 과정이 되어서는 발전에
한계가 있다. 각자 자신의 스타일과 색채를 유지하면서 서로의 수업을 살피고,
다시 자기 수업을 반추할 때, 서로에게 도움이 되는 진정한
동료가 될 수 있다. 자신의 색채가 선명하고 뚜렷하면서
개방적인 태도로 수업을 공유할 때, 새로운 변화가 가능하다.

5장

같은 학습지, 다른 수업

1

함께 수업을 설계한다고 교실 수업이 같아질까?

연구자는 같은 학년의 수업을 분담하고 있는 세 명의 교사에게 같은 주제로 하는 수업을 비교해보자고 제안했다. 세 명의 교사가 같은 주제를 같은 학습지를 활용하여 수업을 진행할 때 어떻게 같고 어떻게 다른지, 차이가 있다면 어느 정도이며 어떤 특성을 보이는지를 확인해보자는 것이었다. 그리고 같은 점과 다른 점에 어떤 의미를 부여할지도 따져보기로 했다.

한국의 일반계 고등학교에서는 단일한 국가 교육과정, 크게 다르지 않은 검정교과서, 그리고 동일한 문제로 치르는 중간·기말고사와 대학수학능력시험, 이 세 가지 장치가 긴밀하게 연동되어 작동하고 있다. 따라서 교사와 학생이 다르더라도 교실 수업은 크게 다르지 않을 것이라고 생각할 수 있다. 과연 그럴까?

국가는 교육과정, 교과서 발행제도를 주관하며 공식적인 학교 역사지식을 생산, 공급한다. 국가는 교육과정을 개발, 고시하고, 출판사·저자는 국정 또는 검정 절차를 거쳐 교과서를 발행, 공급한다. 제도적으로 보면 교육과정 개발이나 교과서 집필에 참여하는 극소수의 교사를 제외하고는 중등학교 역사 지식 생산에 일반 교사가 개입할 여지는 거의 없다고 할 수 있다.

교사는 교수·학습 국면에서 교과서를 재구성하거나 별도의 학습자료를 제작하면서 교실 역사 지식을 생산한다. 이 과정에서 역사교사들은 각자가 생각하는 역사교육 목표에 따라 내용을 재구성한다. 교사들이 구성하는 교실 역사는 국가 교육과정이나 교과서의 틀에 일정하게 규정받는다. 역사교사는 국가 교육과정이나 교과서를 가이드라인으로 삼지만, 전적으로 거기에 얽매이거나 의존하지는 않는다. 이 국면에서 역사교사의 전문성이 구현된다.

교사는 교실 역사를 생산할 때 수업의 흐름에 따르는 하나의 서사 구조를 구성한다. 사건이나 인물의 선정 및 배치, 그리고 학생활동 등을 하나의 이야기 구조로 구성한다. 동일한 교과서나 학습지로 수업을 진행하더라도 교사에 따라 역사 내러티브 구조가 다르다. 다를 수밖에 없다. 다르게 나오는 게 자연스럽다.

세 교사가 수업에서 중요하게 여기는 것이 달랐기 때문에, 공동으로 학습지를 만들고 검토하는 과정은 무엇을 가르칠지 논의하는 것부터 시작했다. 대개 학교에서 범위만 정하고 각자 가르치는 것과 달리, 각자의 경험과 가치관을 바탕으로 의논하면서 생각의 폭을 좁혀갔다.

신간회와 6·10만세운동을 주제로 학습지를 만들고 수업을 했다. 이 주제를 수업할 때, 세 교사의 수업을 촬영해 분석해보았다. 같은 학습지는 같은 수업을 하게 하는지를 확인하기 위해서였다. 신간회와 6·10만세운동에 대한 수업의 초점은 두 가지였다.

- 신간회에 참여한 세력을 말할 수 있다.
- 1920년대 6·10만세운동에 참여한 학생들의 마음을 이해한다.

이 주제에 대한 학습지는 D교사가 만들기로 했고, 함께 검토한 후 완성된 학습지는 다음과 같았다.

29차시 | 신간회와 6·10만세운동

1. 신간회, 일제강점기 최대 독립운동단체

가) 사회주의자와 비타협적 민족주의자 연합

> 자치론 등장, 치안유지법, 6·10만세운동 준비

〔질문 1〕 두 세력의 연합 이유 찾기

나) 신간회의 창립(1927)

> 신간회 강령, 가입자 구성과 인원(원그래프), 신간회 활동과 해산

〔질문 2〕 신간회 참가자와 자치론자의 차이점 찾아서 줄 긋기

1면

2. 6·10만세운동(1926)

가) 만세운동을 하기까지

> 만세운동 준비와 체포, 학생들 중심의 만세운동

〔질문 3〕 학생들이 주도하게 된 까닭은?

나) 학생들, 항일운동의 주체로

> 6·10만세운동의 격문, 구호, 재판과정, 의의

〔질문 4〕 학생들의 참여 목적?

〔질문 5〕 사회주의 사상이 반영된 격문 및 구호를 찾고, 이유를 써보자.

2면

다) 6·10만세운동을 국가기념일로 만들자?

> 서울 중앙고등학교의 6·10만세운동 기념식 소개

〔모둠활동〕

6·10만세운동을 기념하며 사람들의 관심을 일으키기 위해 거리행진을 한다면, 어떤 내용을 담아 외쳐야 할까?

조건: 왜 거리에 나왔는지, 왜 배워야 하는지, 6·10만세운동의 의미를 담아서, 구호 세 가지 이상 쓰기

3면

학습지를 어떻게 구성하느냐에 따라 수업의 대체적인 형식이 결정되는데, 위 학습지는 학생들의 활동에 큰 비중을 두고 만든 것이었다. 읽기자

료와 학생들이 스스로 답을 찾을 수 있는 발문을 제시하고, 마지막에 모둠활동을 배치했다.

학습지 내용의 흐름은 교과서와 달랐다. 검정교과서에서 신간회와 6·10만세운동을 다루는 방식은 크게 두 가지로 구분되었다. 첫 번째는 시간순을 고려한 연대기적 서술방식이었고, 두 번째는 학생운동과 사회주의 유입과 민족운동을 주제별로 나눠 다루는 방식이었다. 두 특성을 대표하는 교과서의 구성은 다음과 같다.

《고등학교 한국사》(천재교육)	《고등학교 한국사》(미래엔)
(중단원) 민족분열정책과 민족운동의 분화 주제 4. 신간회와 항일운동 • 6·10만세운동 • 신간회의 창립 • 신간회의 활동과 해소 • 광주학생항일운동	(중단원) 나라 안에서 전개된 민족운동 주제 4. 6·10만세운동과 광주학생항일운동 • 청년·학생운동이 활발해지다. • 6·10만세운동이 일어나다. • 광주학생항일운동, 전국적으로 확산되다. 주제 5. 민족유일당운동과 신간회 • 민족혁명의 유일한 전선을 만들라. • 일제강점기 최대 항일단체, 신간회 • 사회주의 진영, 신간회 해소를 주장하다.

천재교육 교과서는 각 사건을 시간 흐름에 따라 배열해 자연스럽게 인과관계나 관련성을 알 수 있게 했다. 하지만 각기 다른 운동의 흐름을 범주화하거나 사건의 의미를 이해하기는 어려웠다. 미래엔 교과서는 학생운동과 민족운동을 범주화해서 사건의 의미를 알 수 있게 하는 장점이 있었으나, 인과관계나 관련성을 알기 어려운 구조였다.

만덕고에서는 천재교육 교과서를 채택하고 있었다. 하지만 '신간회와 6·10만세운동' 주제에 대해서는 미래엔 교과서에서 학생운동과 민족유일당운동을 범주화한 체제를 바탕으로 변형해서 학습지를 만들었다. 신간회와 6·10만세운동을 한 차시로 구성하고 광주학생항일운동을 한 차시로 구성하기로 했다. 교사들은 "당시 항일운동에 고등학생들이 적극적으로 나선 것에 대해 충분히 생각할 수 있게 수업을 구상하자"고 협의했고, 분량도 학생운동과 민족유일당운동을 1 대 1이 아니라 3 대 1의 정도로 배분했다.

2

수업의 개성 1 — 내러티브 구조와 모둠활동 운영

세 교사는 함께 학습지를 만들었다. 수업의 흐름과 모둠활동을 함께 구상했지만 실제 수업에서는 교사들마다 다른 수업이 전개되었다. A교사와 D교사는 학습지의 순서대로 수업을 진행했다. 신간회→6·10만세운동→모둠활동 순서였다. 읽기자료를 제시한 다음 '만세 시위 구호 쓰기' 모둠활동을 했고 시간도 10분 정도로 넉넉하게 주었다.

다) 6·10만세운동을 국가기념일로 만들자?

조선총독부는 6·10만세운동을 가리켜 '학생들이 잘못된 사상에 물들어 감정적으로 나온 불미스런 사건'이라고 규정했다. 해방 후에도 지도부가 조선공산당이라는 이유만으로 반공을 주장하던 이승만 정권에 의해 폄하되었다.

6·10만세운동 기념식은 해마다 서울 중앙고등학교에서 진행하고 있으며 올해로 92주년을 맞았다. 중앙고 1학년 류상범 학생은 "더운 날에 행진을 하게 되어 힘들었지만 그 당시 독립운동을 하던 사람들에 비해선 아무것도 아닌 것 같다! 우리의 노력을 통해 많은 사람들이 관심을 가져주면 좋겠다"라고 말했다. 학생들이 민족운동의 주체로 나선 사건이므로 국가기념일로 지정하자는 주장도 있다.

(모둠활동) 6·10만세운동을 기념하며 사람들의 관심을 일으키기 위해서 거리행진을 한다면, 어떤 내용을 담아 외쳐야 할까?

① 우리가 왜 거리에 나왔는지를 쓰기

② 우리가 배워야 하는 내용, 6·10만세운동의 의미를 담아서 구호 세 가지 이상 쓰기

수업 말미에 학생들은 6·10만세운동의 의미를 찾아가면서 모둠활동을 했다. 학생들은 충분히 시간을 사용했다. A교사는 전체 발표를 하던 중 수업을 종료했다. D교사는 학생들에게 시간을 넉넉하게 주었고, 발표를 다음 시간으로 미루었다.

C교사는 학습지의 순서를 조정해서 수업했다. 6·10만세운동→모둠활동→신간회 순서였다. 모둠활동도 A, D교사에 비해 적은 시간을 주었다. C교사는 사회주의에 대해 배우지 않은 학생들이 좌우합작운동인 신간회 결성을 이해하기 어려워할 것이라고 생각했다. 사회주의에 대해 설명하는 대신, 모둠활동 시간을 5분 정도로 줄였다.

> **(모둠활동)** 6·10만세운동을 기념일로 지정해야 할까?
>
> **A**: 6·10만세운동을 국가기념일로 지정해야 한다. 왜냐하면 사회주의자들과 천도교 계열의 민족주의자들이 모두 마음을 합쳐서 독립운동을 했기 때문이다.
> 게다가 조선공산당과 천도교 지도자가 잡혀간 후 학생들이 주도했기 때문에 더욱 의미 있는 운동이라고 생각한다.
>
> **B**: 6·10만세운동을 국가기념일로 지정해서는 안 된다. 왜냐하면 우리나라는 북한과 분단되어 있어서 사회주의자들을 인정하기 힘들기 때문이다.
> 학생들의 항일운동을 기리는 날로는 광주학생항일운동이 있다. 학생들이 참여한 독립운동이라고 모두 기념하면 아주 많은 날을 기념해야 한다.
>
> ☞ 6·10만세운동을 기념일로 만들자는 의견에 대해 우리 모둠은 (A/B)를 지지한다.
> 왜냐하면 ____________________

모둠활동은 이 주제 학습에서 추구하는 수업 의도 중 두 번째 "1920년대 6·10만세운동에 참여한 학생들의 마음을 이해한다"를 구현하기 위한 방법이었다. 하지만 이 학습활동에 대해 교사마다 중요하게 생각하는 정도가 달랐고 수업 구상도, 실제 수업도 달랐다.

3

수업의 개성 2 — 설명의 맥락

교사마다 역사 사실을 설명하는 맥락과 내용이 다르다. 세 교사도 학습지를 함께 만들었지만 실제 수업은 다 달랐다. 이 주제와 관련해서는 중요한 학습요소인 사회주의를 설명하는 시점과 맥락이 다 달랐다.

학습지에는 사회주의에 대한 설명이 없었다. 그래서 교사마다 수업의 어느 시점에 무엇과 연관시켜 설명할지 정해야 했다. 이는 사전에 협의되지 않았기 때문에, 교사의 주관이 많이 반영되었다. 먼저 설명 시점이 제각각이었다.

A교사	C교사	D교사
전시 학습 확인	전시 학습 확인(2분경)	신간회 질문 1
신간회 질문 1(8분경)	6·10만세운동 질문 3	질문 2(18분경)
질문 2	질문 4	6·10만세운동 질문 3
6·10만세운동 질문 3	질문 5	질문 4
질문 4	모둠활동	질문 5
질문 5	신간회 질문 1	모둠활동
모둠활동	질문 2	

※밑줄: 사회주의를 설명한 시점

▶ 사회주의 – 비타협적 민족주의자와 결합한 세력

A교사는 먼저 전시 학습 확인에서 민족분열정책 속에서 등장한 자치론을 언급했다. 다음 단계인 질문 1에 가서 신간회 결성에 참여한 세력을 이야기하기로 구상하여 먼저 자치론자들을 강조한 것이다. 학생들에게 텍스트를 읽힌 후 칠판에 가서 아래 그림을 그렸다. 자료를 읽던 학생들이 사회주의에 대해 질문하자 간단히 답했다. 그리고 모든 아이들에게 칠판

을 보라고 했다. A교사는 다음의 설명을 하면서 그림을 완성해갔다.

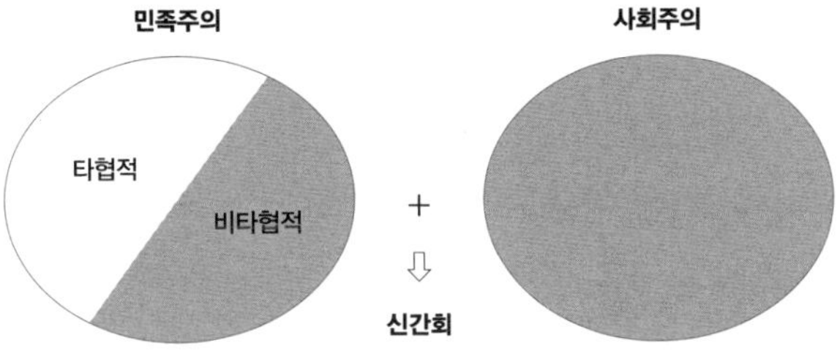

독립운동가들 중에 크게 세력을 형성한 게, 민족주의자와 사회주의자였습니다. 민족주의가 뭔지 아는 사람? (학생 답변[이하 동일]: 민족이……) 민족을 가장 우선시하는 사람들이라고 할 수 있겠죠? 민족이 독립하는 게 중요하다는 거잖아요. 이들은 민족 안에서의 신분, 계급에 대해서 크게 신경 쓰지 않았어요. 그러다 보니까 민족주의자들 안에는 어떤 계층이 많이 들어가게 될까? (양반) 또? 권력을 가지고 있는 지주들이 많이 들어갑니다.

반대로 사회주의는 뭘까? (다 평등한 거) 다 평등하게 생각하는 거……. 사회주의는 무엇을 우선시할까? (평등) 사회, 사회가 안정적이어야 한다고 생각하는 겁니다. 쉽게 말하면 사회주의, 사회 속에는 다양한 계층이 있고, 사회가 안정적이려면 평등해야 한다고 생각한 거죠. 그래서 사회주의자 안에는 어떤 사람들이 많이 들어갈까요? (돈 없는 사람) 돈 없는 사람들이 많이 들어가죠. (노비) 사회주의를 배운 학생들도 많이 들어가 있어요.

자, 저번 시간에도 말했지만, 문화통치기에 일본의 가장 중요한 정책은 우리 민족을 분열시키는 것입니다. 일본이 친일파를 만들어 분열시키려면 (민족주의, 사회주의를 가리키며) 어느 쪽에 접근하는 게 좋을까요? ……

그래서 민족주의자들에게 접근했고, 실제로 민족주의자들 쪽에서 일부가 일본의 지배를 인정하고, 그 안에서 자치하자는 사람들이 나옵니다. 민족주의자들 안에서 분열이 일어나요. 최린이나 이광수 같은 사람들은 어떻게 되는 거죠? (친일) 친일, 자치론 주장하고, 일본의 지배를 인정해요. 반대로 우리는 독립해야 한다, 일본을 믿을 수 없다, 인정할 수 없다는 사람들은 타협할까요, 안 할까요? (안 해요.) 그래서 이 사람들이 비타협적 민족주의자가 돼요. 자치론자들이 생기고 나서 민족주의자들이 약해지나요, 강해지나요? (약해져요.) 그리고 일본이 치안유지법이라는 것을 만들어서, 사회주의자들을 잡아넣기 시작했고, 사회주의자들도 기존의 세력에 비해 어떻게 되나요? 커지나? 약해지나? (약해져요.) 약해집니다. 그래서 사회주의자들과 비타협적 민족주의자들이 함께 신간회라는 단체를 만듭니다.

A교사의 설명의 맥락은 일본의 민족분열정책으로 민족주의 일부 세력이 타협적으로 흐르자, 타협하지 않은 민족주의자와 사회주의자가 힘을 합쳐서 신간회를 만들었다는 것이었다. A교사의 설명에서 사회주의는 평등을 지향하는 사람들이었다. 그리고 독립을 위해 비타협적 민족주의자와 결합한 측면에 주목해서 설명했다.

▶ 사회주의 – 자본주의, 제국주의를 없애고 새 세상을 만들려는 사상

C교사는 전시 학습 확인에서 3·1운동을 언급했다. 3·1운동 이후 민족운동이 활발히 전개되었고, 사회주의가 유입되었다고 설명했다. 사실상 사회주의에 대한 설명으로 수업을 시작했다.

C교사는 3·1운동 이후 민족운동의 분화, 6·10만세운동, 신간회로 이어지는 연결고리가 사회주의라고 설명했다.

1919	1926	1927	1929
3·1운동 고종	6·10만세운동 순종	신간회	광주항일학생운동

3·1운동 이후 우리나라 독립운동하는 사람들 중에 사회주의를 받아들인 사람들이 등장해요. 사회주의가 뭔지 아는 사람? (북한, 공산주의) 맞아요. 북한도 공산주의를 지향합니다.

사회주의는 자본주의 문제를 지적하면서 새로운 시대를 만들겠다고 등장했어요. 자본주의 사회에서 어떤 사람들이 우대받거나 권력을 행사할까? (돈 많은 사람요.) 돈 많은 사람, 그걸 경제학적으로 자본가라고 이야기해요. 자본주의 사회는 빈부격차가 너무 심한 거야, 이 빈부격차를 없애자고 해서 사회주의를 만들었어요. 사회주의운동을 이끌어가는 것은 노동자, 농민 등 일하는 사람들이었고, 이들은 새로운 사회를 만들자고 주장했어요.

우리나라에는 3·1운동 이후에 사회주의가 들어오는 데, 독립운동을 하기 위해서였어요. 사회주의자들이 반대한 것이 자본주의인데, 일본은 자본주의 국가일까? 사회주의 국가일까? (자본주의) 자본주의 국가가 남의 나라를 침략하는 데까지 가는 걸 제국주의라고 해요. 그래서 사회주의자들은 제국주의와 자본주의를 반대하는 사람들이죠. 6·10만세운동은 독립운동가들과 사회주의자들이 순종의 죽음을 계기로 기획한 거예요.

C교사는 자본주의와 제국주의를 반대하고 새로운 세상을 지향하는 것이 사회주의라고 설명했다. C교사는 학생들이 질문 5의 "사회주의 사상이 반영된 격문 및 구호를 찾"으라는 문제의 답으로 "우리의 철천지 원수는 자본주의, 제국주의 일본이다"를 찾을 때까지 기다렸다. 이는 A, D교

사가 질문 5를 설명한 방식과 달랐다. A, D교사는 사회주의가 평등을 강조한 것에 주목했기 때문에 자본주의와 제국주의에 반대한다는 글귀를 찾지 않은 상태에서 다음 학습내용으로 넘어갔다. C교사는 자본주의의 대안으로 제기된 사상으로서 사회주의를 강조했고, 사회주의자들은 침략적 자본주의로서 일본을 반대하고 저항했다는 맥락으로 설명했다.

▶ 사회주의 – 노동자와 농민의 편에서 권익을 보호한 운동

D교사는 수업을 시작한 지 18분경에 "사회주의가 무엇일까요?" 하는 질문을 제시했다. 그 이전에 모둠활동을 하면서 몇몇 학생들이 사회주의가 무엇이냐고 물어봤지만, 교사는 "다음 글을 보고 난 후에 한번 살펴보자" 하며 뒤로 미루고 설명하지 않았다. D교사는 신간회에 참여한 계층을 설명하면서 사회주의를 설명했다.

> 사회주의자들은 어떤 사람들이 중심이 되었을까? 3·1운동 이후 사회주의가 유입되었다, 러시아혁명 이후 사회주의가 나왔다는 등 이야기가 여러 번 나왔지? 사회주의란 뭘까? (평등) 누구나 다 평등하다. 무엇이 평등하다? 경제적으로 평등하다. 경제적으로 평등하려면, 누가 중심이 되면 좋을까? (시민) 시민? 이때 시민이라는 건 아직까지……. 누굴까요? (백성? 상인?) 여기(민족주의를 가르키며) 상인 있는데? 그럼 똑같네? 평등하려면 어떤 사람들이 중심이 되면 좋을까? 사회주의가 주장하는 '경제적으로 불평등하다'고 느낀 사람들이 관심을 가지지 않았을까? (백성) 농민들이라고 해야 하지 않을까? (……) 그다음에 공장에서 일하는 사람은? (노동자) 그럼 이 사람들이 생각하기에 일제강점기는 평등하다고 생각했을까? (아뇨.) 그다음에 평등한 세상에서 사는 게 필요해라고 생각한 지식인들도 있었어.

러시아에서 혁명이 일어난 후 이런 것들이 우리나라 사람들에게 알려지는 게 좋을 거 같아, 노동자·농민이랑 함께 경제적으로 불평등한 것을 해소하면 좋을 거 같아, 골고루 나누는 게 좋을 거 같아, 이렇게 노동자와 농민의 권익을 키웠으면 좋겠다고 생각한 게 사회주의야. 그래서 신간회가 만들어진 거야. 그럼 농민이랑 노동자를 중요하게 여겼으니, 어떤 운동을 지원했을까? 소작쟁의와 노동쟁의를 지원했어.

D교사는 사회주의자들이 노동자·농민의 권익을 신장시키는 운동을 전개했다고 강조했다. 수업 초반부터 사회주의 단어가 등장하고 학생들이 질문했지만, D교사는 사회주의운동의 지향점을 신간회의 노동자·농민 지원 활동과 연계하기 위해서 뒤에서 설명한 것이었다.

세 교사가 사회주의운동을 설명한 방식과 내용을 살펴보면 각자 학생들에게 강조하고 싶은 바가 달랐다. 이외에도 미디어 활용, 판서, 설명에서의 강약 등 교사들이 수업할 때 각자의 개성에 따라 달라지는 부분이 많았다. 같은 주제, 같은 학습지로 수업한 것을 분석하면서, 모든 교사는 다른 수업을 하고 있고, 각자 무엇에 비중을 두어 가르치는지도 다르다는 것을 확인했다.

6장

교과서를 덮어두고,
같은 주제로 각자 수업하기

1

3인 3색, 각자의 수업 빛깔

신간회를 주제로 수업공개와 협의회를 하면서, 아무리 교재가 같아도 수업이 달라질 수밖에 없다는 것을 확인했다. 수업은 교사가 가진 특성에 따라 학생들에 따라 다르게 진행된다. 교사의 컨디션에 따라 수업이 잘되기도 하고 망하기도 하고, 체육시간 뒤 또는 점심시간이 지난 5교시에 수업이 있으면 또 달라진다. 그런 면에서 수업은 유일무이한 만남이다. 한번의 찰나 속에서 교사와 학생이 만나서 서로 배우는 게 수업이다.

신간회 수업협의회를 하고 나서, 연구자는 다음 단계의 제안을 했다. 각자 교사로서 가지고 있는 특성, 장점을 더 부각시켜서, 서로 얼마나 다른지를 확인해보자고 했다. 수업 디자인부터 내용 선정, 학생활동을 세 교사가 하고 싶은 대로 기획하고 수업하기로 했다. 같은 주제를 정해도 다르게 수업하리라는 것은 명약관화했다. 뭐 다른 학교에서도 늘 있는 일이었

3인 3색 수업 계획

단계	내용	방식
수업 계획	• 3인 3색 수업 취지에 대해 공유 • 주제 선정: 3선 개헌과 1971년 대선	사전협의회
수업 디자인	• 주제 설정 및 자료 검토 • 11월 12일: 학습지 제작 완료	개인적 구상
수업공개	• 11월 19일: C교사 • 11월 21일: A교사, D교사	참관
수업협의회	• 11월 28일: A교사 수업협의회 • 12월 5일: C, D교사 수업협의회	수업협의회

다. 이렇게 개개인의 특성을 강조하지 않아도 보통 교사들은 자기 스타일대로 수업을 하니까…….

이번에는 각자의 특성이 최대한 발휘되기를 바랐고, 교사들에게 낯선 주제를 선정하기로 했다. 익숙한 주제에는 아무래도 설명이나 학습방법에서 익히 알려져 있거나 공유하는 방식이 있기 때문에, 교사들의 역사관, 학생관, 수업 방식의 차이가 드러날 수 있도록 좀 낯설지만 중요한 주제를 선택했다. 그래서 교과서 분량은 적지만 의미를 부여할 수 있는 3선 개헌과 1971년 대선을 주제로 정했다.

주제를 정한 후 시간적 여유를 가지면서, 수업을 구상하고 학습지를 만들기로 했다. 서로 상의하지 않고, 각 교사가 하고 싶은 대로 하기로 했다.

수업 구상에서 마무리 협의회까지 꽤 긴 시간이 소요되었다. 준비과정과 수업, 그리고 수업 후 각 단계마다 교사들은 자기 고민을 구체화하기 위해 다음과 같이 ①~⑤에 해당하는 글을 썼다. 글을 쓰면서 수업에 대한 문제의식이 분명해졌고, 수업 이후에는 자기 수업을 성찰하는 기회를 가질 수 있었다.

〔수업 디자인 단계〕

① 수업을 준비하면서 가진 문제의식, 고민

② 학습지 제작

③ 학습지 제작 후 ―수업 주제에 대한 문제의식을 학습지로 구성하면서 고민한 부분

〔수업협의회 단계〕

④ 자기 수업 성찰 일기

가. 다시, 내가 바라는 역사교실, 역사수업은?

나. 내 역사의식, 현대사 인식에서 3선 개헌과 1971년 대선은?

다. 주제를 통해 교사가 말하고 싶었던 바는?

라. 학습지의 구성 의도와 구조는?

마. 내 의도는 수업에서 어떻게 구현되었는가?

바. 3인 3색 수업을 마친 후 드는 소회?

⑤ 다른 사람 수업 참관기

가. 학습지로 추론해본 수업자의 의도

나. 수업자의 의도는 학생들의 배움과 어떻게 만났는가?

수업 디자인 단계에서 작성한 ①~③은 서로에게 공개하지 않았다. 서로에게 영향을 받지 않고 자기가 원하는 대로 수업을 구상하기 위해서였다.

수업을 공개한 후 ④, ⑤를 작성했고, 함께 읽으면서 수업협의회를 진행했다. 세 교사는 이 과정을 통해 자기 수업을 돌아다보고, 다른 동료가 가진 장점을 확인했다. 이 과정은 아주 흥미진진했다. 세 교사의 차이를 확인하고

서로 가진 것이 다르니 서로 협력하는 게 필요하겠다는 논의로 이어졌다.

2

수업 디자인에 가장 영향을 미친 역사 인식과 학습관

3인 3색 수업 디자인을 각자 혼자서 하려니 만만치 않았다. 수업의 목표부터 내용 선정, 학습활동을 포함한 한 시간 분량의 학습지를 만들기 위해 얼마의 시간이 필요할까? 평소에 자세히 다루지 않는 주제이다 보니 자료 읽기부터 해야 했고, 혼자 학습지를 완성하기까지 아마 20시간이 넘게 끙끙댔을 것이다. 세 교사는 '그동안 학습지를 나누어서 맡고, 함께 검토하는 게 효율적'이었다는 생각을 하기도 했다.

배움의 공동체에서는 수업 디자인을 할 때 국가 교육과정만 참고하면 된다고 했지만, 역사과 교육과정은 주요 체계가 대강화되어 있어서 그 말에 부합하지 않았다. 그래서 세 교사는 각자의 수업 의도와 학습의 초점을 확인하기 하기 위해 사전에 글로 작성해 밀봉한 상태로 제출했다. 그리고 수업공개 후 수업협의회에서 개봉해 그 내용을 공개했다.

3선 개헌과 1971년 대선은 한국사 교과서에서 적은 분량으로 다루고 있다. 또 대학에서도 깊이 있게 가르치지 않는다. 그래서 세 교사가 평소에 읽었던 책과 현대사 인식에 바탕해서 수업을 디자인했다. 세 명 모두 박정희의 장기집권을 비판적으로 바라보고, 3선 개헌과 1971년 대선에서 박정희의 당선이 유신독재로 이어졌다는 생각도 비슷했다. 그 시대를 바라보는 시각은 같았지만, "당신의 현대사 인식에서 3선 개헌과 7대 대선은 어떤 의미가 있느냐?"라는 질문에는 조금씩 다르게 답했다.

A교사	C교사	D교사
현대사는 **독재와 민주주의의 대결**. 이는 나라의 주인이 누구인가와 연결된다. 박정희는 독재체제를 만들기 위해 지역감정을 만들고 불법적 예산남용을 했다. 이를 비판하고자 한다.	**역사를 승리자의 관점으로만 볼 것이 아니라 패배자가 가고자 했던 길의 의미를 따져볼 필요가 있다.** 1971년 대선에서 박정희가 당선되었지만, 패배한 김대중의 정책은 박정희 정책에 맞선 대안으로서 의미가 있었다.	**3선 개헌과 7대 대선은 박정희가 장기집권으로 가기 위한 발판**이었다. 민심이 박정희로부터 떠나고 있었는데 왜 3선 개헌과 유신을 막지 못했을까? 그랬더라면 독재권력에 의한 희생을 막았을 텐데…….

▶ 나라의 주인이 국민이 아니었던 박정희 시대

A교사는 현대사를 독재와 민주주의의 대결이라고 생각했다. 민주주의라면 국민이 나라의 주인이어야 하는데, 박정희 시대는 그렇지 않았다고 보았다. 그래서 1971년 대선보다 박정희 독재, 그리고 그 잔재가 현재에 미치는 영향을 중요하게 여겼다. A교사는 학생들이 수업을 통해 배워야 할 것을 다음과 같이 밝혔다.

> 박정희에 대한 신화나 환상을 깨트려서, 그가 나쁜 사람이라는 것을 알려주고 싶었다. 박정희에 대해 경제성장의 공만 알고 있는 학생들에게 그가 우리나라에 끼친 해악을 알려주어야 한다고 생각하고 수업을 구상했다.

A교사에게 가장 중요한 수업 목표는 박정희 신화 깨기였다. 학습내용도 박정희 시대의 부정부패를 중심으로 선정했다. 장기집권을 위한 초석으로서 3선 개헌, 국회의원·대통령 선거에서 관권·부정 선거, 지역감정, 이어서 교련교육과 국민교육헌장 등 학생들이 쉽게 이해할 수 있는 내용을 선택했다. A교사는 이 시대와 관련된 내용을 학생들에게 전달하기 위

해 학습지 3면을 모두 설명으로 가득 채웠다. 모둠활동은 교련 등과 연계해 당시 고등학생들의 삶에 대해 생각하는 발문이 전부였다. 지식 전달을 우선시하는 A교사의 특성이 반영된 학습지였다.

▶ 승자의 관점이 아닌, 선택받지 못한 길에 대한 관심

C교사는 역사에서 의미 있는 패배도 배울 필요가 있다고 생각했다. 승리자에 의해 실현된 역사를 두고 찬반을 논하는 것은 역사에서 승리자의 정책만 기억하는 것이라고 생각했다. 그래서 학생들에게 승자가 아닌, 패배자의 비전과 도전을 소개하고 이를 통해 각 시기마다 대안이 존재했고, 국민들의 선택에 따라 달라졌다는 것을 배우길 바랐다.

> 한국사회 발전 방향을 놓고 치열하게 대립했던 1971년 대선의 논쟁을 재현하고, 당시 공약을 각계각층의 시각으로 분석하게 하는 활동을 통해 당시 사람들의 생각을 가늠하게 한다. 이 주제를 공부하면서 학생들이 역사에 대한 재미를 느꼈으면 좋겠다.

C교사의 수업 목표는 1971년 대선이 한국사회의 갈림길이었음을 이해하게 하는 것이었다. 또 당시에 박정희식 통치에 대한 비판과 대안이 존재했음을 학생들이 알아야 한다고 생각했다. 1971년 대선의 쟁점은 민주주의와 독재, 통일 지향과 안보 강화, 중소기업을 포함한 균형발전과 대기업 위주 발전, 노동자 권익 보호와 성장을 위한 희생 등이었다. 여기에는 한국사회 발전의 두 방향이 포괄되어 있었다. 3선 개헌에서는 박정희가 내세운 경제성장 담론을 포함시켜서 당시 경제, 안보 문제에 대한 국민들의 생각을 추론할 수 있게 했다.

학습활동은 학생들이 자기 생각을 정리할 수 있게 구상했다. 모둠 안에서 선거공약을 분석하고, 당시 사람들은 어떤 발전 방향을 지지했을까, 왜 지지했을까를 정리하게 했고 토론을 시켰다. 학생들이 스스로 선거 쟁점을 이해한 후 각 정책에 대해 자기 생각을 정리하게 한 것이었다. 당시 선거에서 두 갈래 정책이 팽팽하게 대립하고 있었음을 알게 해주고 싶었다.

▶ 역사에 대한 배움은 현재 나의 삶에 대한 관심으로 이어져야

D교사가 생각한 수업 목표는 3선 개헌과 1971년 대선의 결과가 독재로 이어졌음을 이해하고, 1971년 대선을 통해 학생들이 선거에 관심을 가지게 하는 것이었다. D교사는 현대사 수업을 통해 학생들이 역사에 흥미를 느끼고, 현대사가 학생들의 삶과 밀접히 연관되어 있음을 배우고, 자기 의견을 표출하고 행동하는 시민으로 성장하기를 바랐다.

> 박정희 신화가 깨진 부분도 있지만 여전한 부분도 있다. 1971년 당시 민심은 박정희로부터 떠나고 있었다. 학생들이 당시 민심을 느낀다면 박정희 신화를 깰 수 있지 않을까? 개헌과 선거가 자신들의 삶에 영향을 미친다는 것을 인식했으면 좋겠다.

D교사의 수업 목표는 박정희 신화 깨기와 선거를 대하는 시민들의 태도를 배우는 것이었다. 학습내용으로 안보 위기와 3선 개헌, 1971년 대선의 두 후보 공약, 야당 후보가 바람을 일으킨 1971년 대선을 선정했다. 또 1971년 당시 민심이 박정희로부터 떠나고 있었다는 내용이 담긴 자료를 제시했다. 박정희에 대한 지지가 지금 생각하듯이 절대적이지 않았음을 생각할 수 있게 했다. D교사의 관심은 대선공약과 그 결과에 집중되어 있었다.

학습활동은 대선공약 비교 검토와 판단을 염두에 두고 구성되었다. 학생들에게 두 후보 중에 누구를 지지할지 판단하게 했다. 현재 자신의 입장에서 누구 정책이 더 낫다고 생각하는지 묻는 것이었다. 학생활동에 많은 시간을 배분하여 학생들이 충분히 생각할 수 있게 했다.

3

자기 빛깔이 더 선명한 실제 수업, 서로 배울 점 찾기

각자 만든 학습지에서도 교사들 저마다의 개성이 드러났지만, 실제 수업에서 서로 간의 차이는 더 부각되었다. 수업을 공개하고 협의한 과정을 통해 각 교사들의 장점과 부족한 점, 배울 점이 선명해졌다. 학생들이 스스로 하는 모둠활동으로 세 교사가 설정한 것은 다음과 같았다.

A교사	C교사	D교사
(1) 국민교육헌장이나 교련수업을 볼 때, 당시 정부는 학생들에게 무엇을 바라고 있었을까? (2) 박정희 시기 고등학생들이 겪었을 어려움과 지금의 고등학생들이 겪고 있는 어려움이 무엇이 있는지 비교해서 써보자.	(1) (가)와 (나)는 누구일까? (2) 각 계층은 누구의 정책을, 왜 지지했을까? (3) 내가 당시 유권자라면, 누가 대통령이 되는 게 한국의 발전에 좋다고 생각했을까? (4) 갑론을박 (5) 갑론을박을 바탕으로 자기 생각을 정리해보자.	(1) 나는 A와 B 중 누구를 지지하는가? 그 이유는? (2) 모둠원이 돌아가면서 자신의 견해를 말해보자. (3) 우리 모둠은 A와 B 중 누구를 지지하기로 했는지, 지지하는 공약 두 개씩 발표하기.

▶ 교사가 주도하는 강의식 수업과 모둠수업

A교사는 멀티미디어를 능숙하게 다룰 줄 알았다. 1970년대 부산 구덕

운동장에서 실시한 고등학교 교련대회 영상을 찾아서 보여주었다. 학생들은 아는 학교 이름이 나오자 더욱 관심을 보였다. 또 수업을 참관하던 연구자(50대 후반의 대학교수)에게 즉흥적으로 요청해 '국민교육헌장'을 외우게 했다. 교수가 몇십 년 전 학생 때 외운 내용을 줄줄이 읊어내자 학생들은 우와 하며 감탄했다. A교사는 학생들의 눈높이에 맞추어 수업을 이끌어갔다.

A교사는 학생들을 모둠으로 앉혀 모둠수업을 이끌었지만, 학생들에게 부족한 역사 지식을 전해주는 걸 중요하게 생각해 교사와 학생이 문답을 주고받는 강의식으로 수업했다.

A교사는 박정희 대통령이 1971년 대선에서 국가의 예산을 개인적으로 사용했다고 설명했다. 이어서 학생들에게 "여러분은 이런 걸 어떻게 생각합니까?"라고 물었다. 학생 중 한 명이 부정적으로 평가했고 교사는 그 답변을 받고 나서 "국가 예산을 개인이 유용하면 안 되죠"라는 말을 덧붙였다. 그리고 다음 내용으로 넘어갔다.

수업협의회에서 이 장면에 대해 '교사의 수업 의도가 달성되었는가'라는 의제로 토론을 했다. 수업자는 학생들이 박정희에 대해 신화적 인물로 우러러보지 않고 비판적으로 바라보길 원했다. 그래서 이 장면을 긍정적으로 평가했다. 하지만 그와 다른 의견도 있었다.

A교사 (학생들은) 자연스러운 분위기에서 박정희를 부정적으로 평가하더라구요. 이때 나의 의도가 실현되었다고 생각했습니다.

참관자 1 저는 A선생님의 수업 의도가 잘 달성되었는지 잘 모르겠습니다. 교사의 말 한마디로 학생들이 사고를 바꾸기 힘들다고 생각해요. 실제로도 그런 사례는 드물었던 것 같아요. 박정희 신화는 경제성장을 이룬 대통령이라는 것인데, 경제에 대한 이야기는 없었고 부정부패에 대한 단편적이고 표면적인 이야기만 오고 갔어요.

참관자 2 한 학생이 박정희에 대해 부정적인 감정을 드러냈어요. 그런데 교사는 "왜 그렇게 생각하니?", "그렇게만 생각해도 될까?"라는 추가적인 질문으로 학생들의 사고를 정교하게 해줄 필요가 있어요. 학생들은 교사가 원하는 답변을 눈치껏 맞춰주는 경우가 많아요. 수업에서는 교사가 원하는 대로 말했다가 돌아서는 경우도 많이 봤어요. 그래서 학생들이 뭔가를 판단했다면, 교사는 질문을 추가해 정교하게 사고할 수 있도록 해줘야 할 것 같아요.

A교사 교사가 명확한 입장을 정리해주면 된다고 생각했어요. 하지만 학생들이 나와 다르게 박정희를 평가해도 존중해야 한다는 생각을 하고 있어요.

교사는 학생들이 자신과 같은 입장을 선택하면 수업의 목적을 달성했다고 생각하는 경향이 있다. 그러다 다음 시간에 학생의 생각이 달라져 있기도 했다. 어떤 인물에 대해 평가하려면, 그 시대 조건과 상황 등 그 시대 속으로 들어가서 이해한 후 판단해야 한다. 예를 들면 박정희 정부가 내세운 경제성장의 성패, 그에 대한 평가 등을 두루 고려할 수 있게 교사가 발문을 해야 한다. 학생들에게 생각의 기회를 주어야 한다. A교사의 수업 의도가 잘 구현되려면 학생들이 즉자적인 대답에서 한 단계 더 나아가 생각하게 해주는 발문과 수업 운영이 필요하다는 이야기가 오고 갔다.

수업 도중 교사가 학습내용의 의도를 잃어버리는 경우도 있었다. 학습지의 '영남 VS 호남, 지역감정의 시작'이라는 부분을 설명할 때였다. A교사는 "영남이 어디야?"라고 물었다. 조용해지면서 누구도 대답하지 않았다. 당황한 교사는 "호남은 어디지?", "부산은 호남인가?"라는 질문을 이었다. 아이들은 더 조용해졌다.

A교사는 지역감정을 아주 중요한 수업 내용으로 선정했다. 지역감정의 시작은 언제였으며, 누가 만들었고, 그 피해는 무엇인지 학생들이 생각하게 하고 싶었다. 그런데 학생들이 영남, 호남이라는 용어를 모르자 수업이 계획대로 진행되지 않았다. 학생들은 전라도의 위치도 몰랐고, 김대중과 박정희의 출신지역도 몰랐다. 간단히 설명을 하고 나서 A교사는 학생들이 지금의 지역감정에 대해 얼마나 아는지 확인했다.

A교사 자료를 읽어보니까 지역감정의 결과 호남에 대해 부정적인 이미지가 생겼다고 했죠? 호남을 낮춰서 부르는 말을 들어본 적이 있어요? 어떤 게 있죠?

학생 1 쳐진다.

학생 2 빡친다?

학생 3 라도…….

학생 4 ×, ×××××, 광주폭동

A교사 나는 시골, 여백의 미, 이런 말도 들어봤어요. 이런 게 지역감정이죠.

A교사는 지역감정이 현재까지 이어지고 있음을 알려주기 위해 호남에 대한 혐오표현을 물어보았다. 그러고 나서 교사는 요즘도 지역감정이 존재한다는 것을 언급하고 진도를 나갔다. 협의회에서 이 장면에 대해 이야기를 나누었다.

참관자 1 교사가 지역감정에 대해서 아는 것을 이야기하라고 하니, 이제까지 조용했던 아이들이 이야기를 많이 했습니다. 특히 남학생들이 그렇게 반응했어요. 학생 4는 신이 나서 이야기를 했어요. 하지만 교사는 이런 표현을 확인만 하고 진도를 나갔어요. 혐오 표현에 대한 교육적 지도가 없었어요.

참관자 2 수업을 열심히 듣던 학생이 있었는데요. 이런 대화가 오고 갈 때, 그 아이는 고개를 숙였어요. 그리고 프린트 귀퉁이에 낙서만 했어요. 제가 볼 때 호남을 비하하는 말들에 불편해하는 것처럼 보였어요. 교사의 의도와 다른 메시지가 전달된 게 아닐까 하는 생각이 들었습니다.

A교사는 자신의 발문에 학생들이 반응을 보이고 일시에 대답하자 충분하다고 생각하고 주제를 마무리했다. 여기서 문제는 학생들에게 지역감정의 문제점을 생각하게 하는 기회를 주지 않았다는 것이었다. 참관자 중 한 명은 교사가 학생 4를 지도했어야 했다고 의견을 개진했다. 혐오발언은 존중할 의견이 아니라 고쳐야 할 잘못된 습관이고, 만덕고가 학생들의 생각을 존중하는 수업을 하기로 했지만 혐오를 존중하기로 한 것은 아니라는 것이었다. A교사는 "저는 지역감정이 지금까지 이어진다는 것을 알려줘야 한다고 생각했어요. 선생님들 말을 들어보니, 학생들에게 내 의도가 잘 전달되지 않았을 수 있겠다는 생각이 듭니다"라고 돌아보았다.

▶ 수업자의 관점이 뚜렷한 수업 – 그 시대 논쟁 속으로

C교사는 다음과 같이 말하며 수업을 열었다. "1971년 대선은 60년대 전체를 평가하는 의미가 있습니다." 세세한 설명은 없었고 1971년 대선에 간략하게 의미를 부여했다.

수업 중 교사가 가진 생각이 분명하게 드러나는 순간이 있다. C교사의 도입부 한마디가 그러했다. 학생들에게 1971년 대선을 왜 배우는지 의미를 제시했다. 수업협의회에서 참관자들은 이 순간이 인상적이었다고 말했다.

참관자 1 이때 C교사가 수업의 초점을 세세하게 설명하지 않았어요. 하지만 수업 의도를 간명하게 제시했어요. 문제 제기하면서 수업을 열었던 게 제 수업과 달랐어요. 꼭 설명식으로 수업 안내를 하지 않아도 되겠네 하는 생각을 했어요.

참관자 2 제목부터 눈길을 끌었습니다. 독재와 민주의 갈림길이라는 표현. 아! 이 수업에서 1971년 선거가 결국 박정희 독재로 갔지만, 민주주의로도 갈 수 있었음을 이야기하려고 하는구나 하고 생각했습니다. 1971년 대선에서 독재로 가는 길만이 아니라 김대중을 중심으로 민주주의로 가려는 움직임도 있었던 것에 초점을 두었다고 생각했어요.

참관자들은 현대사를 바라보는 C교사의 시각을 단번에 알아차렸다. C교사는 역사에서 패배하고 실패한 사람들의 주장을 되살리고 싶다고 했는데, 그것은 1971년을 독재로 가는 징검다리로만 보는 게 아니라 민주주의를 지향한 사람들의 주장을 통해 다른 대안이 있었음을 생각하게 하려는 것이었다. 하지만 수업 의도가 분명하다고 수업이 꼭 그렇게 전개되는 것은 아니다. 언제나 수업에서는 예기치 못한 상황이 전개되고, 그날도 그랬다.

C교사는 1971년 대선을 비중 있게 다루기 위해 3선 개헌을 간략하게 언급하고 넘어가려 했다. 하지만 학생들은 3선 개헌에 찬성 또는 반대한 사람들의 입장을 쉽게 정리하지 못했다. C교사는 모둠을 돌아다니다가 답

을 찾은 모둠이 하나도 없음을 알아차리고, 전체 학생들을 향해 "겉으로 나타나는 이유 말고 잘 찾아봐", "속셈 같은 거", "두 개가 있어"라고 힌트를 주었다. 학생들은 다시 텍스트를 읽으면서 답을 찾았다. 수업시간은 한정없이 흘렀지만 C교사는 학생들이 스스로 해답을 찾을 때까지 기다렸다.

수업에서 이 부분은 주요 내용이 아니라 당시 찬반 여론의 근거를 따져보는 정도였다. 그래서 시간을 많이 배정하지 않았는데 학생들이 답을 찾지 못하면서 시간이 길어졌다. 만약 강의식이었다면 간략하게 설명하고 다음 내용으로 넘어가면 되지만 모둠수업이라 그렇게 할 수 없었다. C교사는 추가로 발문하면서 아이들이 답을 찾을 때까지 기다렸다. 참관자들은 교사의 의도와 달리 시간이 많이 쓰였다는 것을 알아차렸다.

참관자 1 이 부분에서 교사가 예상한 것보다 시간이 많이 걸린 듯했어요. 그런데도 교사는 설명을 아주 짧게 했어요. 3선 개헌에 대한 설명을 2분 정도 하고 학생 모둠활동에 7분 정도? 그리고 모둠발표와 피드백을 주고받는 데 6분 정도를 사용했어요. 전체적으로 학생들이 더 많이 말했어요. 학생들이 스스로 해답을 찾고, 교사는 안내자 역할을 해야 한다는 C교사의 수업관이 드러나는 것 같았어요.

참관자 2 C교사의 수업을 보면서 제 수업 장면이 떠올랐어요. 요새 학생들의 사고를 자유롭게 확장시키기 위해 교사가 설명을 최소한으로 해야 한다고 생각했어요. 학생들의 생각을 한쪽으로 몰고 갈까 봐 걱정되어서 어떤 경우는 아예 설명하지 않고 자료를 읽고 질문의 답을 찾게 했어요. 그런데 C교사가 설명하는 걸 보면서 교사의 설명이 학생들의 사고에 방해가 되지 않고 어떤 경우에는 더 깊게 사고하도록 안내하는 역할을 할 수 있겠다고 생각했어요. 저도 '설명은 절대로 안 돼'라는 강박에서 벗어나서 학생들의 사고를 안내하는 정도로 설명을 할까 싶네요.

만덕고 수업협의회에서 자주 나왔던 논의 주제가 '교사가 어디까지 설명하고, 어디까지 개입할 것인가'였다. 누구는 학생들이 아는 것이 부족하니 최대한 설명해줘야 한다, 누구는 교사는 절대로 설명을 통해서 학생의 생각에 영향을 미치면 안 된다 등으로 생각했다. 그러나 이날 협의회에서는 교사가 그때그때 판단해야 하고, 설명하는 것과 하지 않는 것 중 어느 쪽을 선택할 수 있지만, 학생들의 능동적인 사고를 끌어내는 데 어느 쪽이 좋은지를 상황에 따라 판단하는 게 중요하다고 의견을 모았다.

C교사는 1971년 대선 당시 이슈들이 논쟁 재현 수업을 하기에 최적의 주제라고 생각했다. 그래서 찬반으로 나누어서 의견을 나눌 수 있는 토론 주제를 배치했다.

첫 번째 논쟁 주제는 '향토예비군'이었다. 1968년 향토예비군 창설을 앞두고 당시 20~35세 남성들의 반응을 추측하게 하자 남학생들은 고개를 가로저었다. 하지만 몇몇 여학생들은 아마 당시 젊은 남성들이 정부의 안보 논리를 지지해 찬성이 많았을 것이라고 했다. 한 남학생은 남의 일이라고 함부로 말하지 말라며 발끈했다. 아이들 사이에서 열띤 토론이 전개되었다. 찬반으로 나누어져서 토론하느라 시간이 많이 흘렀고 교사는 찬반 논란이 치열했던 두 모둠을 발표시켰다.

학생 1 (자신은 반대가 많았을 것이라 주장) 처음에는 향토예비군 창설에 반대가 많았을 것 같았는데 나중에는 찬성이 많았을 것이라고 결론을 내렸다. 당시 남자들이 군대 갔다 왔는데, 또 35세까지 군사훈련을 받아야 하니 싫어할 거라 생각했다. 그러나 겉으로 반대하면 빨갱이로 몰릴까 봐 겉으로는 찬성, 속으로 반대했을 거라고 결론을 내렸다.

학생 2 우리는 찬성 한 명, 반대 세 명이었는데, 한 명은 남자들이 나라와 자신을 지키기 위해 찬성했을 것이라고 했고, 나머지 반대 세 명은 군대에 다시 가는 거라 남자들 거의 반대했을 것이라고 주장했다. 그래서 우리 모둠은 반대가 많았을 것이라고 결정했다.

수업협의회에서 이에 대해 이야기를 나누었다. 모둠 안에서 학생들이 적극적으로 토론을 했기 때문이다.

참관자 1 교사가 둘러보고 치열했던 모둠만 발표시켰어요. 학생들에게 시간을 넉넉하게 주었기 때문에, 또 다 발표할 시간도 없을 것 같아서 그렇게 한 것으로 보였습니다. 저는 늘 모든 모둠을 발표시키는데 굳이 그럴 필요가 없겠다 싶었어요. 그리고 학생들이 논의 과정을 발표해서, 어떤 경우에는 몇 개 모둠만 대표로 발표시키면 되겠다 싶었습니다.

참관자 2 모둠발표 후 교사는 그 당시에도 이런 논란이 있었고, 학생들이 나눈 토론과 아주 비슷했다고 정리했습니다. 당시의 논란도 학생들 발표 내용을 언급하면서 정리했습니다. 이런 언급은 학생들에게 그 당시 사람들의 생각을 추측하게 하는 장치라고 생각했습니다.

C교사가 자신의 수업 의도가 가장 잘 반영된 장면으로 꼽은 것은 학생들이 의문을 가지고 갈등하는 모습이었다.

C교사는 두 번째 논쟁 주제로 김대중과 박정희의 노동정책에 관한 선거 공약을 제시한 후, 20대 남성, 대기업 사장, 중소기업 사장, 노동자 등 당시의 여러 계층에서 각각 누구의 정책을 많이 지지했을까 생각해서 표를 정리하게 했다. 학생들은 "노동자들은 대기업 사장과 입장이 다른가요?", "노동자 중에 박정희를 찍은 사람이 있지 않나요?"라는 질문을 쏟아냈다.

그렇게 공약을 각계각층의 입장에서 분석한 후 "당시 유권자라면 누구를 지지했을까?"라는 발문에 답해야 했다. 한 학생은 김대중의 정책을 읽으면서 "노동자를 보호해야지! 임금도 올려야지! 완전 내 스타일이야"라고 말했다. 그러다가 박정희 정책을 읽고 나선 "대기업이 성장해야 경제 발전하는 것도 맞는 말인데……"라며 갈등하다가 박정희 정책을 지지하기로 입장을 굳혔다. 이후 모둠 내의 친구들과 갑론을박이 오고 갔다. 최종적으로 개인의 의견을 정리할 때, 그 학생은 그 시대에 박정희의 정책이 필요했다고 입장을 밝혔다. 노동정책이 부족한 것은 아쉽지만 대기업 위주 정책이 일자리 창출로 이어질 것이라는 것이었다.

학생들이 선거공약을 분석하고, 자기 의견을 정하고 갑론을박하는데 C교사가 할애한 시간은 15분이었다. 수업의 많은 시간을 학생활동에 배정한 것은 스스로 분석하고 친구와 토론하는 시간을 통해 학생들의 사고력이 성장한다고 생각했기 때문이었다.

협의회에서 C교사는 위 장면을 언급하면서 학생들이 어떤 선택을 하든 그 시대의 상황과 조건을 고려해서 생각을 따져가는 과정이 더 중요하다고 했다. 박정희 정책을 지지한 학생도 당시 노동정책이 부족했다는 한계에 공감했기 때문에 결론적으로 수업 의도가 달성되었다고 보았다. 학생들의 판단이 한쪽으로 몰리지 않았지만, 참관자들은 이 수업이 여러 면에서 교사의 의도가 분명한 수업이었다고 마무리했다.

▶ 현재에 관심을 가지길 바라는 역사수업

D교사의 수업은 차분했다. 이날 D교사가 수업을 공개한 반은 적극적인 학생이 거의 없어서 더욱 차분했다.

수업이 시작되자 학생들은 조용히, 친구들에게 겨우 들릴 정도의 목소리로 자료를 돌아가면서 읽었다. 목소리가 크진 않았으나, 모둠 안에서 주도하는 학생이 답이 이게 아닐까 하고 말하면 다른 학생들은 고개를 끄덕였다. 조용한 가운데 학생들은 학습지를 채워나갔다.

어떤 교실은 토론하는 학생들의 목소리로 시끌벅적하고, 또 어떤 교실은 조용하고 움직임이 없다. D교사의 수업 시작을 보고 나서, 참관자들은 교사가 그리 큰 노력을 하지 않고도 자연스럽게 수업이 시작된 점에 부러움을 나타냈다. 교사가 학생들에게 제 자리에 앉으라고 말하지도 않았고, 교사를 향해서 "선생님! 오늘요!" 하고 외치는 학생도 없었다. 교사가 "수업할까?" 하니 자연스럽게 학습지를 보는 학생들의 모습이 낯설었다는 말도 나왔다. 이런 평가도 있었다.

> 이날 수업은 전체적으로 분위기가 가라앉아 있었어요. 정적인 분위기 속에서 학생들이 읽고 답하고, 교사가 정리하고……. 조용하고 묵묵히 진행되는 수업이었습니다. 사토 마나부가 말하는 '조용하지만 배움이 있는 교실'이 이런 거겠구나 하고 생각했어요. 이런 분위기는 교사와 아이들의 성향이 반영된 것이라고 생각했어요.

D교사는 모든 반 수업이 다 차분하지는 않고 그 반이 유독 그러하다고 말했다. 수업은 교사와 함께 아이들의 참여로 완성된다. 교사가 활발한 토론을 기대했더라도 반의 성향이 조용하다면 따라갈 수밖에 없다. 교사 주

도의 수업이 아니라 학생들이 만들어가는 수업이라면 더더욱 그런 경향이 강하다는 이야기로 의견이 모아졌다.

D교사는 역사가 학생들의 현재 삶과 밀접하게 연관되어 있음을 알려주고 싶어 했다. 이러한 의도는 학습지의 발문과 수업 운영에서도 드러났다. 수업의 주요 내용은 C교사와 비슷했지만, 수업의 방향은 현재로 향해 있었다.

1971년 대선에 관한 자료를 읽히기 전, 교사는 학생들의 관심을 선거로 모으려 했다.

D교사 다음 대통령 선거는 언제예요?

학생들 내년?

D교사 아니야, 2022년이야. 2022년에 너희들 처음으로 투표하겠네?

학생들 생일이 지나야 해요. 3월에 투표하죠? (웅성웅성)

D교사 그래, 생일이 지나야 투표를 할 수 있지. 그때 ○○은 대통령이 어떤 공약을 냈으면 좋겠어? 나는 이런 공약을 원한다, 이런 거 있어?

학생 최저시급을 반대하는 사람이요. 최저시급이 오르면 알바생을 줄인대요

D교사 지금도 최저시급을 포함한 대선공약에 누구는 찬성하고 누구는 반대하는데 1971년에도 그랬단다. 이 당시 사람들은 어떤 공약에 찬성하고 반대했는지 자료를 읽어보자.

D교사는 학생들이 졸업하고 난 후 첫 선거가 대통령 선거라고 언급했다. 학생들도 투표권을 가질 수 있다는 이야기를 듣고 웅성거렸다. 학생들에게 원하는 공약이 무엇이냐고 물은 것도 과거의 선거를 배우면서 현재

선거에 관심이 생겼으면 하는 바람에서였다. 협의회에서 이런 교사의 지향에 대한 이야기가 오고 갔다.

참관자 1 교사의 의도가 학생들에게 현재의 문제에도 관심을 가지라는 것 같아요. D선생님의 발문은 "두 후보 중에 누구 공약을 지지할지 생각해보자"였는데, 이는 현재 학생 입장에서 김대중과 박정희의 공약을 판단하라는 것이죠. C선생님이 "당시 유권자라면 누구를 뽑았을까요?"라고 한 것은 현재 학생이 아닌 당시 유권자의 입장에서였어요. 두 발문은 비슷한 듯했지만 달라 보였습니다.

참관자 2 위 발문에 대한 정리와 설명에서도 그런 경향이 드러난 거 같아요. 김대중 정책을 지지한다고 한 학생이 18명, 박정희 정책을 지지한다고 한 학생이 6명이었어요. D선생님은 칠판에 학생들이 발표한 내용을 판서한 후, 박정희가 당선되었지만, 지금의 관점에서 볼 때는 지지할 만한 정책이 아니었다고 설명했어요. D선생님 설명은 현재 관점을 강조한다고 생각했어요.

D교사 당시 정책 대결에서 대중경제론과 조국근대화론의 대립을 선명하게 보여주고 싶었어요. 그것은 지금 우리가 살아가는 시대에도 대립되는 논리이니까요. 또 이 활동을 통해 학생들이 대선공약을 꼼꼼히 따져보는 경험을 해야 한다고 생각했어요. 그래서 나중에 투표권을 행사할 때 공약을 챙겨보고 어떤 계층의 시각으로 볼지 생각하는 시민이 되길 바라니까요.

협의회에서는 D교사가 구상한 대로 현재에 초점을 맞춘 수업 의도가 충분히 구현되었으며, 이 학습 경험이 학생들이 민주 시민으로 성장하는

데 도움이 되겠다는 평가도 나왔다.

수업 운영과 관련하여 살펴보면, D교사가 학생들 활동에 부여한 시간은 15분이었다. 텍스트가 길기도 했지만, 시간을 넉넉하게 주었기 때문에 모둠에서 의견을 모으는 활동이 원활하게 이뤄졌다. 이 때문에 학습지의 대통령 선거 결과를 다 학습하지 않고 수업이 끝났다. 시간 배분에 대한 이야기가 자연스럽게 나왔다.

D교사 교사가 수업을 무리하게 끌고 가면 안 된다고 생각했어요. 학생들에게 스스로 하라고 했으면 기다려야 한다고 생각합니다. 모둠활동에서도 저는 거의 개입을 하지 않아요. 그래야 학생들이 자유롭게 자기 의견을 펼칠 테니까요.

참관자 교사가 아무리 100을 학습해야 한다고 마음먹은들, 학생들이 못하겠다고 하면 달성할 수 없어요. 학생들의 배움, 그 속의 능동성을 지원하는 수업이라면 더더욱……. 교사가 학생들의 의견을 몰아가지 않기 위해 개입하지 않은 것은 좋았어요. 그러나 그 반은 분위기가 너무 가라앉아 있어서, 교사의 조치가 필요하지 않았나 싶네요.

D교사는 수업의 주도권을 학생들에게 넘겨야 한다고 생각하고 있었다. 그래서 학생들이 모둠활동을 다할 때까지 기다리고, 내용 정리도 학생들이 발표한 것을 갈무리하는 정도로만 했다. 하지만 소극적인 학생들이 많은 반이어서 D교사가 원하는 만큼 활발한 토론은 일어나지 않았다. 수업협의회에서는 이 수업을 조용한 가운데 배움이 있는 수업, 현재에 의미를 두고 역사를 배우는 수업이었다고 평가했다.

4

수업협의회에서 서로에게 무엇을 어떻게 배울까?

3인 3색 수업공개와 협의회는 상당히 흥미로웠다. 동일한 사건으로 수업을 하지만, 교과서의 규정력이 약하고, 또 교사에 따라 해석이 달라질 수 있는 주제이다 보니 수업의 차이를 확연하게 느낄 수 있었다. 각자 가르치고 싶은 목표도 달랐고, 수업의 주요 내용으로 선정한 부분도 차이가 있었다. 이렇게 서로 다른데 수업협의회를 하는 것은 교사들에게 어떤 도움이 될까?

수업 성찰이란 자기 수업을 스스로 되돌아보는 과정이다. 수업을 나누고 협의회를 하면서 교사들은 늘 '자기 수업'을 생각했다. 교사마다 역사를 바라보는 시선, 수업을 설계하고 운영하는 방식이 다 달랐다. 수업에서 교사의 역사관이나 수업하는 방식은 서로 연계되어 융합되었고 각 교사만의 개성으로 나타났다. 또 배움의 주체인 학생들과 함께 수업을 구현하는 과정도 달랐다. 수업을 참관하면서 동료 교사가 가진 지향점과 역량이 순간순간 어떻게 발휘되는지를 관찰했다. 참관자들은 수업을 보면서 "내 수업은 어떠한가"를 끊임없이 자문했다.

다른 교사의 수업을 관찰하고, 자기 수업에 질문을 던지고, 수업을 재설계하고, 수업을 공개하고, 관찰의 내용을 받아들이고, 다시 동료의 수업을 관찰하고, 자기 수업에 질문을 던지고, 수업을 재설계하고, 다시 수업을 공개하는 과정의 연속이었다. 내 수업에 질문을 던지고 숙고하려 할 때, 다른 교사의 수업을 보면 도움이 된다. 나와 다른 수업을 보면서 내 수업을 상대화시키고 비교해볼 수 있기 때문이다.

하나의 교과서, 같은 진도, 비슷한 학생들을 가르치고 있지만, 교사와 학생들이 가진 개성과 지향점은 모두 다르다. 서로 다른 수업을 하는 것은 서로 배울 수 있는 조건이자 지향점이다. 이 경험을 통해 서로 수업을 공개하고 나누더라도 같은 내용을 똑같이 가르치는 교사가 되기 위해서가 아님을 확인했다. 모든 교사가 똑같이 수업하는 것은 불가능하고, 지향할 바도 아니다. 3인 3색의 경험은 수업협의회가 각 교사가 각자 잘하는 영역을 더 잘하게 하는 역할을 할 수 있음을 알게 해주었다.

가끔 그렇게 다른 수업을 하고 평가는 어떻게 하는지 궁금해하는 질문을 받는다. 전국의 역사교사들은 같은 학교 같은 학생들에게 다르게 가르치고 있지만, 시험문제는 합의해서 내고 있다. 우리의 수업 나눔과 협의회도 그러했다. 아래의 만덕고 시험문제처럼 수업 내용 중 겹치는 부분 위주로 중요한 사항을 문제로 내면 된다. 모든 학교의 역사교사들이 그러하듯.

22. 다음 쟁점이 드러난 대통령 선거가 시행된 시기를 고른 것은? [3.1점]

5·16군사정변 민주공화당 조직 3선 개헌 유신헌법 공포

(가)	(나)	(다)	(라)	(마)

① (가) ② (나) ③ (다) ④ (라) ⑤ (마)

세 교사의 현대사 인식과 수업 구상의 차이

	A교사	C교사	D교사
수업의 지향점	• 박정희 신화와 환상 깨트리기 • 박정희에 대해 경제성장의 공만 알고 있는 학생들에게 그가 끼친 부정적인 영향(해악)을 알려준다.	• 1971년 대선의 논쟁 재현하기 • 한국의 발전 방향을 놓고 치열하게 대립했던 1971년 대선의 논쟁을 재현하고, 공약을 분석하여 당시 사람들의 생각을 가늠하게 한다.	• 박정희 신화 깨뜨리기 • 학생들이 개헌과 선거가 자신들의 삶에 영향을 미친다는 것을 인식했으면 좋겠다.
참고 자료	• 《한강》(조정래) • 《개밥바라기》(황석영) • 《한국 현대사 산책: 1970년대 편》(강준만) • 《(만화) 박정희》(백무현 글, 박순찬 그림) • 《(10대와 통하는) 선거로 읽는 한국 현대사》(이임하)	• 《3선개헌반대운동 사료집》(민주화운동기념사업회) • 《박정희 시대와 한국 현대사》(정성화) • 《박정희 시대 연구의 쟁점과 과제》(정성화) • 《김대중과 대중경제론》(류상영, 김동노) • 대통령기록관 • 김대중도서관	• 《박정희 시대 연구의 쟁점과 과제》(정성화) • 《(10대와 통하는) 선거로 읽는 한국현대사》(이임하) • 《김대중과 대중경제론》(류상영, 김동노) • 《서중석의 현대사 이야기》(서중석, 김덕련) • 《대한민국 선거 이야기》(서중석) • 《국민을 위한 권력은 없다》(임영태)
학습 목표	1. 3선 개헌과 1971년 대선에 대해 설명할 수 있다. 1. 박정희 시대 학생들의 삶에 대해 설명할 수 있다.	1. 3선 개헌을 추진한 박정희의 의도를 추측해보자. 2. 1971년 대선 이후 한국 사회는 어떻게 달라졌을까?	1. 박정희가 영구집권을 위해 한 일들을 알아보자. 2. 1971년 대통령 선거공약을 보고 누구를 지지할지 판단해보자.
내용 구성	• 3선 개헌과 1971년 대선의 불법적 관권 선거 • 지역감정 • 유신 이후 고등학생들의 삶	• 남북관계와 안보 강화 • 3선 개헌 • 1971년 대통령 선거 쟁점	• 안보정책 • 3선 개헌 • 1971년 대통령 선거 쟁점 • 선거 결과
모둠 활동	(1) 국민교육헌장이나 교련수업을 볼 때, 당시 정부는 학생들에게 무엇을 바라고 있었을까? (2) 박정희 시기 고등학생들이 겪었을 어려움과 지금의 고등학생들이 겪고 있는 어려움이 무엇이 있는지 비교해서 써보자.	(1) (가)와 (나)는 누구일까? (2) 각 계층은 누구의 정책을, 왜 지지했을까? (3) 내가 당시 유권자라면, 누가 대통령이 되는 게 한국의 발전에 좋다고 생각했을까? (4) 갑론을박 (5) 갑론을박을 바탕으로 자기 생각을 정리해보자.	(1) 나는 A와 B 중 누구를 지지하는가? 그 이유는? (2) 모둠원이 돌아가면서 자신의 견해를 말해보자. (3) 우리 모둠은 A와 B 중 누구를 지지하기로 했는지, 지지하는 공약 두 개씩 발표하기.

7장

교사의 지속적인 자기 발전은 어떻게 가능할까?

1

단기적이고 한시적인 이벤트로 교사를 성장시킬 수 없다

좋은 교사는 거저 만들어지지 않는다. 형식적인 공개수업이나 단발적인 컨설팅으로는 교사의 성장을 크게 기대할 수 없다. 교사의 성장, 전문성 신장은 일상적이고 꾸준한 실천과 성찰을 통해서만 기대할 수 있다. 만덕고의 역사교사들은 어떠했을까?

2018년 2월 수업협의회를 시작하고 1년 6개월이 지났다. 수업을 잘하고 싶다는 열망으로, 학기당 9~10회 수업을 공개하고, 녹취와 분석을 하면서 수업 보는 눈을 길렀다. 그러다가 2019년 2학기에 들어서자 자신의 발전에 대해 의문이 들었다. 긴 호흡으로 돌이켜보면 변화는 있었다. 그러나 일취월장, 괄목상대 같은 비약적인 발전은 아니어서 조바심이 생겼다.

정말 내 수업이 나아지고 있을까?

그냥 내 수업의 단점만 공개한 것이 아닐까?

많은 시간을 쏟아부었는데 왜 눈에 띄는 발전이 없을까?

그동안 수업공개와 협의회는 자기 수업을 성찰하는 것뿐만 아니라 앞으로 수업을 어떻게 할지 해답을 구하는 과정이었다. 모둠활동을 어떻게 설계하고 운영할 것인가, 역사과 탐구활동은 어떻게 계획하고 진행할 것인가 등의 과제를 세밀하게 분석하고 대안을 모색했다. 같은 학습지로 나름대로 수업하기, 같은 주제로 각자 수업하기 등을 통해 교사의 개성이 두드러지고 특성이 잘 발휘되는 수업의 장점을 확인할 수 있었다. 이런 과정을 거치며 각자 자신이 지향하는 역사수업의 상이 뚜렷해졌고, 수업을 계획하고 운영할 때 교사가 무엇을 어떻게 해야 하는지 구체적인 역할에 대해 배웠다.

그러나 이상적인 교사의 모습과 역할을 머릿속에 그려본 대로 실현하기는 쉽지 않았다. 역사교사로서 어떤 수업을 하고 싶은지 그려보았지만, 실제 수업에서 실행하는 역량은 부족했다. 이런 이상과 현실의 괴리는 '협의회를 아무리 해도 교사는 성장하지 못하는 게 아닐까?' 하는 조급한 마음으로 이어졌다. 이런 상황에서 다음과 같은 제안이 나왔다.

그동안의 수업협의회를 통해 우리 안에 신뢰가 쌓였다면, 교사의 수업 디자인과 운영에 조언하는 것도 가능하지 않을까? 부산 다행복학교에서 교사의 수업보다 학생의 배움에 집중해서 수업을 관찰하고 협의회를 진행한 것은 지적질 위주의 형식적인 수업연구 관행이 갖는 문제점에 대한 성찰에서 비롯한 것이다. 우리도 학생의 배움을 관찰하고 나누기를 지속적으로 해왔지만, 결국 교사의 수업 디자인과 운영을 고민하지 않고 수업을 변화시키기는 어렵다. 이제 교사의 역할에 초점을 맞추는 방식을 고민해보자.

그동안 서로 모여 수업을 나누고 고민한 시간은 학생들의 배움을 관찰하고 논의하는 데 절대적으로 많은 비중을 두었다. 하지만 수업은 학생-학생, 교사-학생 사이의 상호작용이기 때문에 교사의 수업 운영, 발문, 학습에 대한 안내 등 교사의 역할이 중요했다. 또 학생-학생 사이의 상호작용도 교사의 수업 디자인 속에 포함되어 있고, 교사가 마련한 자료와 발문에 영향을 받았다. 그렇기 때문에 학생의 배움에 주목하던 데서 한 걸음 나아가 교사를 관찰하고 분석하는 방식으로 전환하기로 했다.

만덕고의 네 교사는 수업의 지향점과 운영방식이 다 달랐다. 또한 경력과 숙련도, 전문성에서도 편차가 있었다. 연구자는 이러한 차이를 감안해 새로운 형식의 협의회를 제안했다. 각 교사의 특성에 맞춰 각자 수업에서 겪는 어려움을 관찰하고 극복할 수 있는 제안과 지원을 해보자는 것이었다. 개별 맞춤형 역사교과협의회였다.

2019년 2학기에는 교사 1인당 3회씩 협의회를 단계적으로 진행하기로 했다. 수업협의회를 3단계로 구성해 단계별로 진행하기로 한 이유는 일회성, 단발적으로 진행되는 수업공개와 협의회로는 수업 개선이 어렵다고 생각해서였다. 시도 교육청이 권장하는 수업 코칭이나 컨설팅은 이벤트성 수업협의회의 전형이었다. 각 교육청은 수업 관련 전문가들을 컨설턴트로 초빙해 몇 시간의 연수를 받게 한 후 교사들의 수업 개선을 지원하고 있다. 한때는 수업 명예장학관을 두었지만 근래에는 수석교사들이 토의·토론 수업, 배움 중심 수업, 수업 나눔에 대해 컨설팅을 담당한다. 수석교사들은 각 학교에서 요청이 오면, 한 시간 정도 수업을 참관하고 협의회에 참석해 자신의 관점에서 코칭을 한다.

TV에 나올 정도로 이름난 전문가라 하더라도 수업하는 교사와 그 학교 학생에 대한 정보가 부족하다. 그래서 수업에서 오고 가는 많은 가르침과 배움의 맥락과 의미들을 읽어내기 쉽지 않다. 하지만 컨설턴트들도 맡은 역할이 있는지라 잠시 관찰한 수업을 두고 자신들의 경험에 의존한 노하우를 전수한다. 수업을 공개한 교사 입장에서는 그 진단과 처방이 적절한지 의문이 생기는 경우도 많다. 진단과 처방이 만족스럽지 않으니 교육청의 수업 컨설팅을 신청하는 교사도 별로 없다. 그래서 교육청 주관의 수업 컨설팅은 신규 교사나 기간제 교사를 대상으로 거의 강제로 시행되고 있다. 공문을 보고 참가 신청을 하는 형식이지만 신규 교사들에게 강요되는 경우가 적지 않다.

이렇게 이벤트성 수업 컨설팅이 효과가 미미하다면 대안은 무엇일까? 수업 컨설팅이 교사의 전문성 신장을 위한 것이라면, 특별한 이벤트 수업이 아닌 '일상의 수업'을 대상으로, 1회로 겉치레하는 게 아니라 '지속적'으로 이루어져야 한다. 여기에 각 교사에 맞는 진단과 조언, 격려도 필요하다. 그래서 학교 사정을 잘 모르는 외부 전문가보다는 같은 학교 동료 교사가 더 많은 기여를 할 수 있다. 평상시 수업의 현황, 학생들의 흥미와 학습 수준, 교사의 의지 등을 잘 알고 있는 동료가 함께 노력해줄 때, 진정한 의미의 수업 컨설팅이 될 수 있다. 만덕고의 역사교사들은 이런 의미에서 서로 수업 컨설팅을 하기로 했다.

연구자는 세 명의 교사에게 자기가 지향하는 전문성을 구체화해 보기를 요청했다. D교사의 경우 2019년에 1학년 수업을 맡지 않았다. 그렇지만 부지런히 수업을 관찰하고 녹취록을 분석하면서 자신이 느끼고 배운 내용을 정리하고 공유했다. D교사는 수업 관찰을 통해 교사로서 전문성을 키울 수 있다고 생각했다.

각 단계별로 변화 발전하는 모습을 확인하기 위해 3단계 수업협의회 계획을 세웠다.

준비협의회	1단계	2단계	3단계
지향하는 전문성 확인	진단	교정	안정화
• 역사교사로서 지향하는 전문성 작성 및 명료화	• 수업공개와 관찰 • 전문성에 대한 진단 및 신장 방안 협의	• 수업공개와 관찰 • 변화 확인 및 안정화를 위한 제언	• 수업공개와 관찰 • 안정화 확인 및 수업자의 성찰 공유

계획은 이러했다. 3단계 수업협의회를 하기 전에 각 교사가 지향하는 전문성을 확인한다. A, B, C 세 교사는 역사교육의 지향점도 달랐고, 역사교사로서 확보하고 싶은 전문성도 달랐다. 세 교사는 어떤 전문성을 지향하는지 구체적으로 작성해서, 준비협의회를 통해 명확하게 정리해보기로 했는데, 수업시간에 일어나는 수많은 일들 중 '현재 내게 필요한 전문성'에만 집중해보자는 의도였다.

1단계 진단은 준비협의회에서 정리한 전문성이 적절한지 검토하는 단계로 계획했다. 해당 교사가 바라는 전문성을 1차 수업공개를 통해 검토할 필요성이 있었다. 1차 진단 이후에 각 교사는 수업협의회에서 받은 피드백을 반영해 상시 수업을 진행하며 2단계로 넘어간다. 2단계 교정에서는 진단 이후 달라진 부분을 확인한다. 3단계 안정화에서는 2단계 때 발전되었다고 확인된 부분을 안정화시키는 단계다. 이 단계를 끝으로 3단계 수업협의회가 해당 교사의 일상 수업 변화에 미친 영향에 대해 검토해보기로 했다.

그러나 계획은 계획일 뿐이었다. 언제나 그렇듯 새로운 국면에 직면했고, 예상치 않은 방향으로 흘러가기도 했다.

2
교사들이 바라는 전문성 준비협의회

1학년 한국사 과목을 담당한 세 교사는 준비단계에서 각자가 바라는 전문성을 글로 풀어보았다. 협의회에서 이를 바탕으로 질의·응답을 하면서 내용을 구체화시켰다. 3인 3색 수업에서도 드러났듯 교사들이 바라는 전문성과 그 내용은 조금씩 달랐다.

	지향하는 교사의 모습과 획득하고 싶은 전문성
A교사	학생들이 사회를 비판적으로 바라볼 수 있는 시각을 제공하는 교사 1. 모둠활동을 관찰하고 적절한 피드백 해주기 2. 학생들의 눈높이에 맞는 학습지 제작하는 능력
B교사	학생들이 스스로 어떻게 살아가야 할지 고민하게 하는 교사 1. 교사의 가치를 주입하지 않고 수업을 진행하기 2. 아이들의 다양한 이야기를 끌어내는 능력 3. 학생들의 배움에 관심을 가지기
C교사	학생들의 주체성을 기르고 역사에 호기심을 가질 수 있게 안내하는 교사 1. 학생들의 참여를 끌어내는 수업 구성 능력 2. 논쟁을 통해 자기 생각을 가질 수 있게 안내하는 능력 3. 즐거운 수업 분위기를 조성하는 능력

A교사는 만덕고등학교에 근무하면서 모둠수업을 시작했다. 강의식이 아닌 모둠수업을 통해 학생들과 소통하고 싶었고, 학생들이 시끌벅적하게 의견을 나누면서 배우는 모습을 기대했다. 그러려면 교사가 모둠수업을 능숙하게 이끌어야 하는데, 그게 쉽게 되지 않았다.

그냥 생각 없이 학생들 사이를 돌아다녔던 것 같아요. 학생들이 대화를 나누거나 학습지에 답을 쓰고 있으면 '아, 공부하고 있구나' 생각하고 스쳐 지나갔어요. 근데 세부적으로 학생들을 관찰할 필요가 있겠다 생각이 들었어요. 교사가 적절하게 개입해야 배움이 더 잘 일어날 수 있으니까요. 관찰과 개입 등 모둠수업 노하우를 갖추고 싶네요.

B교사는 학생들의 이야기에 귀 기울일 줄 아는 교사가 되고 싶다고 했다. 이제까지 강의식 수업을 주로 했고 학생들과 소통이 많은 편이 아니었다. 그러나 모둠수업을 하면서 어떤 역할을 해야 하는지 고민하게 되었다.

수업공개를 하면서 제가 가치를 뚜렷하게 표현한다는 것을 알게 되었어요. 교사는 가치중립적이어야 한다고 생각했고 수업에서 내 가치를 전혀 드러내지 않는다고 생각했는데, 관찰된 내 모습은 생각했던 것과 달랐어요. 네 명 중에 제가 가장 가치지향적이고, 학생들을 내가 지향하는 가치로 교화시키려는 경향이 있다는 것을 알게 되었어요, 저는 가치를 주입하지 않고 수업을 하고 싶어요. 그래야 아이들이 자기 생각을 다양하게 말할 수 있을 것 같아요.

B교사는 학생들이 자기 생각을 다양하게 표현하는 수업을 잘하고 싶고, 그런 수업을 구상하고 운영하는 역량을 갖추고 싶어 했다.

C교사는 수업을 통해 학생들이 역사에 호기심을 가지게 하고 싶었다. 그리고 주제를 놓고 학생들이 몰두해서 배우고 자기 의견을 당당하게 말하는 역사수업을 만들고 싶었다. 그래서 역사교사라면 학생들의 호기심을 자극하고 이해력과 표현력, 나아가 어떤 것이 논리적인지 따지는 논증력을 키울 수 있어야 한다고 생각했다.

역사는 다양한 해석, 그리고 해석들 사이의 논쟁을 통해 증거와 논리의 합리성에 대해 판단하는 능력을 기르는 과목입니다. 학생들이 역사를 배우면서 다양한 해석이 존재한다는 것을 이해하고 좀더 합리적이고 논리적인 해석에 대해 '설득력 있다' 하며 사고하고 말할 수 있고, 그 해석이 누구의 것인지를 간파하는 능력을 길러서 자기 삶과 연계시킬 수 있게 수업을 기획하고 실현하고 싶어요. 그것도 재미있게 수업을 이끌어가면서요.

C교사는 학생들에게 역사의 재미를 느끼게 해주고 주체적 학습태도와 사고력을 신장시킬 수 있는 수업을 하고 싶었다. 그래서 협의회에서 수업을 관찰하고 분석할 때, 교사 발문과 설명의 적절성, 교사와 학생의 상호작용, 학생들 사이의 상호작용 등을 주의 깊게 봐달라고 요청하기도 했다. C교사는 수업하는 교실 공간은 하나의 가르침과 배움이 있는 게 아니라 학생-교사, 학생-학생, 학생-교재 사이에 배움이 역동적으로 일어난다고 생각했다. 그래서 교사가 구체적이면서도 종합적으로 수업 과정을 이해하고 이끌어가야 한다고 생각했다.

세 교사들이 바라는 역사교사의 전문성에는 비슷한 점이 있었다. 먼저 학생이 수업의 주체가 될 수 있게 안내하는 교사의 모습이었다. 모둠에서 학습이 어떻게 이뤄지는지 잘 관찰하고 학생들이 더욱 시야를 넓히고 사고를 깊게 할 수 있게 적절한 안내를 하는 것, 머뭇거리거나 방법을 찾지 못하는 모둠에 적절한 조치를 하는 것 등 모둠수업을 잘 꾸려 학생들이 스스로 배울 수 있게 하는 역량을 갖추고 싶어 했다. 다음으로 비슷한 공통점은 학생들의 눈높이에 맞는 학습지를 만드는 것이었다. 단순한 학습자료의 차원이 아니라 학생들의 참여를 끌어낼 수 있게 수업을 구상하는 밑그림을 그리고 싶었다. 학생들이 잘 배울 수 있게 수업을 디자인하는 능력이었다.

차이점도 있었다. 세 교사는 수업 경험, 경력이 달랐고 지향점에서도 조금씩 달랐다. A교사의 전문성은 교사에 초점이 맞춰져 있다. B교사는 학생의 참여를 중요하게 여겼다. C교사는 논쟁적 역사수업을 지향했다. 그래서 수업을 구상하고 운영하는 것, 수업을 관찰하고 무엇을 배웠는지 정리하는 것까지 많은 부분에서 달랐다.

3

진단에서 안정화까지 1 — A교사의 좌충우돌 모둠수업 적응기

3단계 수업협의회를 계획할 때 어쩌면 영화 같은 변화를 꿈꾸었는지도 모르겠다. 진단-교정-안정화의 단계를 거치면서 교사와 학생이 서로의 변화를 격려하고 감동하는 그런 영화 같은 변화 말이다. 그러나 현실은 그렇지 않았다. 오랜 교사 생활을 통해 가지게 된 '습'은 하루아침에 바꾸기 어려웠다. 그러나 세 교사는 3단계 수업협의회를 통해 자기 모습을 객관화하고 변화를 위한 단초를 얻을 수 있었다.

2019년 2학기는 현대사를 주제별로 접근하는 수업을 하기로 했다. 어떤 주제는 심화탐구를 하고 어떤 주제는 간략하게 다루기로 했다. 세 교사는 학습지를 새로 제작했다. 사전협의회-수업-수업협의회의 순서가 착실하게 지켜졌다. A교사는 첫 수업에서 학습지를 세 번이나 수정했다. B교사는 여섯 차례의 수정을 거쳐 학습지를 완성했다. 이런 과정을 거치며 수업의 완성도를 높이려 했다.

A교사는 3단계 수업협의회를 거치며 모둠수업을 능숙하게 이끄는 교

사로 거듭나고 싶어 했다. 그러기 위해서는 학습지도 모둠학습에 맞게 텍스트와 발문을 구성해야 했다. A교사는 동료들에게 자신의 수업을 입체적으로 관찰해서 알려달라고 요청했다.

▶〔1단계 - 진단〕 모둠으로 앉아서 하는 강의식 수업

A교사의 1단계 수업은 2018년 첫 수업공개 때와 다르게 판서와 강의로 점철된 수업에서 벗어나 있었다. A교사는 젊고 학생들을 좋아해서 수업은 농담과 웃음으로 활기찼다. 이제는 학생들이 답을 찾고 있는 과정을 기다리기도 했다. 이전에 기다리지 않고 바로 답을 불러주던 모습은 사라졌다. 의식적인 노력의 결과였다.

① 지식 전달의 욕심을 덜어내지 못한 학습지 구성

A교사는 첫 번째 수업공개 준비로 '6·25전쟁과 민간인'을 주제로 학습지를 만들어 사전협의회에 제출했다. 동료 교사들은 첫 학습지를 검토하고 내용이 너무 많다며 줄여야 한다고 의견을 제시했다. 고쳐온 A교사의 학습지는 민간인 학살과 전쟁의 참혹함을 고발하는 내용으로 가득했다. A교사는 참혹한 광경을 통해 전쟁에 비판적인 시각을 가르치고 싶었다. 그러나 내용으로 가득한 학습지를 가지고 수업할 때 학생들이 생각할 시간을 만들기 힘들어 보였다. 그래서 대표적인 사례와 학생들이 생각할 거리를 제시하고, 활동하는 시간을 주자는 의견이 나왔다. A교사는 이런 의견을 수용하여 학습지를 수정했다.

하지만 A교사가 수업할 때는 학습지가 또 수정되어 있었다. 학습지 주제도 6·25전쟁으로 바뀌어 있었다. 학습내용은 전쟁의 배경과 과정, 군인들의 피해, 민간인들의 피해, 전쟁 중 청소년, 남북 지도자들의 행동 등이었다. 학습지가 텍스트로 꽉 차 있었다. 학교마다 상황은 다르겠지만 만덕고 학생들에게는 너무 많은 텍스트였다. 그리고 모둠활동은 간략하게 구성되어 수업이 지식 전달에 중점을 두고 있음을 드러냈다.

사전협의회에서 학습지 내용이 너무 많다는 피드백이 있었지만, A교사는 모든 내용이 중요하다고 생각해 평상시 3면을 넘어서 4면으로 구성된 학습지를 만들었다. 하지만 수업은 45분 만에 끝났다. 어떻게 가능했을까? 그날 수업은 교사가 주도한 강의식 수업이었다. 발문도 열린 발문은 두 개 정도였고 나머지는 모두 지식 확인용 발문이었기 때문에 정답을 확인하는 방식의 수업이 진행되었다. 학생들의 다양한 생각을 들을 수 있었던 발문도 '정답'을 확인하고 다음 내용으로 넘어갔다.

② 교사-학생의 상호작용만 있었던 수업

이날 수업은 교사의 설명→모둠활동→교사의 설명→모둠수업으로 이루어졌다. 교사가 교실 앞 중앙에 서서 질문과 설명을 하는 문답식 수업이 진행되었다. 간간이 모둠활동이 있었지만, 모둠수업의 장점보다는 교사 주도의 수업 특성이 부각되었다. 또 교사가 발표할 학생을 지목한 장면이 두드러졌다. "누가 읽어볼래요?", "누가 답해볼래요?"라는 질문에 이어 바로 "반장", "동욱이"라고 지목했다. 함께 학습한 결과이니 모둠에서 자체로 발표자를 정하면 되는데, 교사가 대답할 만한 학생, 자기 의견이 있는 학생들을 골라서 지목했다. 수업협의회에서는 그냥 모둠만 지목하고 학생들의 이름을 부르지 않는 게 나았겠다는 의견이 나왔다.

> 모둠학습 후 선생님이 발표할 학생을 지명했어요. 자기 생각을 말하라고 하면 힘들어하는 학생도 모둠에서 정리해준 것은 발표할 수 있어요. 교사

가 일방적으로 발표할 학생을 지명하자 용기 없는 아이들은 굳이 "제가 할게요"라는 말을 나서서 하지 못하는 분위기가 된 것 같아요. 몇몇 학생만 발표하니까 역동적인 질문과 답변이 오가지도 않았어요. 모둠수업이었는데도 조는 아이들이 하나씩 늘어났어요. 그 아이들은 교사가 설명을 멈추고 모둠활동을 하라고 하면 읽고 필기했어요. 몇몇 아이들만 선생님과 이야기를 주고받았던 거 같아요.

모둠수업을 하다 보면 한 명 또는 한 모둠만 발표를 시키면 되는 발문이 있다. 답이 정해져 있는 발문이다. 그러나 다양한 답변을 요구하는 열린 발문은 여섯 개 모둠 전부 또는 의견이 다른 학생들이 발표할 기회를 충분히 주어야 한다. 이날 수업에는 6·25전쟁에 참전한 소년병의 일기를 읽고 그 소년병의 마음을 추측해보라는 발문이 있었다. 이 발문은 학생들에게 전쟁의 참상을 직접적으로 생각해보게 하는 기회가 되었다. 정해진 답도 없고 학생들이 각자의 소감을 모두 발표했더라면 더 좋았을 것이다. 하지만 A교사는 한 명의 발표만 듣고 "처참했겠죠"라는 말로 마무리했다.

모둠활동으로 전쟁 중에 남북 지도자들이 보여준 행동을 정리하게 하고, 진정한 지도자의 행동에 대해 생각해보라는 발문이 있었다. 역시 학생마다 다르게 생각할 수 있고, 각자 생각을 반 전체 학생들에게 발표하게 하면 좋을 것 같았다. 학생들은 프린트에 자기 생각을 썼고, 학생들이 글쓰기를 하고 있자 A교사는 "각자 글로 정리하세요"라는 말로 수업을 마무리했다.

이런 장면들을 통해 A교사의 수업은 '모둠으로 앉혀서 진행하는 강의식 수업'이라는 평가를 받았다.

③ 귀를 활짝 열고 있었던 학생들

학생들은 모둠별로 텍스트를 돌아가면서 읽고 서로 도와가면서 답을 찾았다. 교사가 설명할 때 졸던 학생들도 모둠활동이 시작되면 잠을 깨고 읽고 필기했다.

모둠활동의 발문들은 쉽지 않았다. 학생들은 발문의 의미를 한참 따져 보았지만 답을 찾기 어려웠다. 이때 학생들은 교사가 어떤 말을 하는지 귀를 기울였다. 모둠 사이를 순회하던 교사에게 옆 모둠의 학생이 질문하고 교사가 답변하면 교실이 일시에 조용해졌다. 교사의 설명을 듣기 위해 귀를 쫑긋 세웠다. 이날 이런 장면이 두 번 정도 관찰되었다. 주어진 과제를 해결하고 싶었던 학생들의 마음이 드러나는 장면이었다.

많은 교사들은 학생들이 모둠별로 왁자하게 이야기하는 모습을 보면 학생들이 교사의 안내를 제대로 듣는지 공부는 하고 있는지 의문이 생긴다고 한다. 그러나 이날 확인된 모습은 교사의 안내에 따라 텍스트를 읽고 발문에 답변을 정리하는 등 능동적인 모습이었다. 모둠수업의 장점을 발견할 수 있는 수업이었지만 전체적으로 A교사의 강의식 설명 습관이 많이 남아 있는 수업이었다.

1단계의 수업 나눔과 협의회를 통해 A교사의 수업 습관을 진단했고, 구체적인 솔루션으로 '모둠학습에 많은 시간을 할애하는 수업 구상하기, 학습지 제작하기'가 제시되었다.

▶ 〔2단계 - 교정〕 모둠학습이 중심이 된 2차 수업

2단계 수업의 주제는 '6·25전쟁을 어떻게 기억할 것인가?'였다. A교사는 그해 여름방학에 베를린 답사를 다녀오며 역사를 기억하고 기념하는 의미를 공부했다. 이런 의미를 학생들과 공부하고자 모둠학습으로 한국의 전쟁기념관, 중국의 난징대학살기념관, 독일의 홀로코스트 메모리얼에 대한 글을 함께 읽고 한국전쟁기 민간인학살기념관 건립안을 만들어보는 수업을 구상했다.

하지만 교사가 학생들에게 들려주고 싶은 이야기가 여전히 너무 많았다. 사전협의회에서 학생들의 모둠활동을 중심으로 수업을 하려면, 전달할 내용을 최대한 줄여야 한다고 의견이 모아졌다. 학습지의 내용이 많으면 교사가 시간에 부담을 느끼고 강의식으로 진행할 가능성이 많기 때문이다. 이렇게 되면 학생들이 생각하고 갈등하면서 배우는 시간이 줄어든다. 1단계 수업에서 내용이 많아서 학생들의 생각을 충분히 듣지 못했던 A교사는 협의회 의견을 수용해 학습지에서 내용을 대폭 줄였다. 학습내용을 두 면으로 정리하고 나머지 한 면 전체를 모둠활동의 발문으로 채웠다. A교사에게 학습내용을 두 면에 맞춰 줄여서 작성하는 일은 힘든 작업이었다. 하지만 전달 내용을 줄여야 학생들이 모둠학습을 활발하게 할 수 있어 노력을 다했다.

① 괄목상대, 학생들의 참여를 이끌어낸 모둠수업

이날 A교사의 수업은 모둠수업의 취지에 맞았다. 1단계 수업 때와 전혀 다른 모습을 보여주었다. 수업이 시작할 때, 전시 학습을 확인하고 나서 바로 학생들에게 텍스트를 읽히고 표를 완성하게 했다. 이전의 A교사였다면 내용을 세세하게 설명했겠지만, 이날은 바로 학생들이 학습할 수 있게 했다. 또 학생들이 읽고 모둠에서 협의하는 시간도 많이 주었다. 첫 번째 모둠활동에는 25분, 두 번째 모둠활동에는 10분의 시간을 주었다. 학생들을 채근하지도 않았고 답을 찾을 때까지 기다려주었다. 모둠활동에 35분을 배정한 것은 수업을 교사-학생의 문답이 아니라 텍스트를 매

개로 학생-학생의 상호작용으로 이끌어가겠다는 의도였다. 그리고 학생들의 발표를 교사가 주도하지 않았다. "누가 발표해볼까?"라고 질문한 후 아이들이 "○○이요"라고 하면 해당 학생을 시켰다. 모둠활동을 정리할 때도 학생들의 답을 그대로 수용하고 마무리했다. 마지막으로 모둠을 골고루 살피고 적절한 피드백을 주었다. A교사의 변화된 수업을 보고 수업협의회에서 긍정적인 평가가 나왔다.

> A선생님이 모둠별로 진행되는 학습을 관찰하고 적절한 피드백을 주었어요. 학생들이 머뭇거리는 이유가 발문의 모호성에 있다는 것을 알아차렸어요. 그리고 다른 발문으로 살짝 수정해서 학생들이 이해하고 정리하게 했어요. 이날 선생님은 학생들의 질문이나 대답에 수용적인 자세였어요. 수업 운영이 유연하면서도 여유로웠던 거 같아요. 선생님이 변화하려고 노력한 점을 확인할 수 있었습니다.

② 교사-학생 사이, 소통의 어려움

하지만 100퍼센트 만족스러운 수업이 없듯이, 이날 수업도 아직 극복할 과제가 남아 있음을 보여주었다. 수업 중 교사와 학생이 주고받는 질문과 대답, 발표와 피드백이 호응을 이루지 못하는 상황은 자주 발생한다. 교사도 학생도 본인들의 의도가 제대로 전달되지 않고 있다는 걸 깨닫지 못하는 경우가 많다. 이러한 양상이 A선생님의 수업에서도 관찰되었다. 학생 하나가 "선생님, 왜 기념관이에요?"라고 물었다. 교사는 "Memorial을 번역한 거야. 기억이라고 해도 되고 추모관이라고 해도 돼"라고 답했다. 학생들은 이해하지 못하겠다는 표정을 지었다. 이 장면을 보고 참관자는 다음과 같이 의견을 제시했다.

제가 생각하기에 학생들은 '기념'은 좋은 일, 축하할 일에 쓴다고 생각해서 물은 거 같아요. 교사의 설명이 틀린 것은 아니었지만, 학생들이 개념적으로 헷갈리는 부분이 교정되었는지 모르겠더라구요. A선생님이 그 학생에게 '왜 묻니?' 하고 되물었더라면 어땠을까 싶어요. 그런 과정을 통해서 학생들은 자신들이 무엇을 궁금해하는지 정리하기도 하거든요.

학생들이 머리를 맞대고 의논하다가 개념 정리가 엉망이 되는 경우가 있었다. 학생들은 고발과 추모를 두고 각각 어떻게 정의해야 하는지 의논 중이었다.

학생 1 (난징대학살처럼) 모르는 것은 고발, (홀로코스트처럼) 알면 추모.

학생 2 일본처럼 다른 민족에게 살해당하면 고발, 같은 민족에게 살해당하면 추모라고 해야 하는 거 아냐?

(추모와 고발에 대해 여러 차례 이야기를 하다가)

학생 1 선생님, 유대인들 중에게 독일인이 있었어요?

교사 (이유를 묻지 않고) 독일인이 있었어요.

학생 1 그럼 같은 민족이에요?

교사 (유대인이) 독일에 산 것은 맞는데, 독일에는 유대인도 있고 그랬어.

학생들 ……

(교사는 답을 한 후 자리를 뜸.)

A교사의 설명에 아이들은 "아하!" 하며 알아들었다는 반응을 보이지 않았고, 교사는 학생들의 궁금증을 해결했다고 생각하고 자리를 떴다. 참관자는 교사와 학생들의 문답 이후 과정을 지켜보았다.

선생님이 가시고 나서 아이들은 한참 가만히 있었어요. 답을 쓰지 않고 멍하게 있는 학생도 있었고, 어떤 아이는 추모란 같은 민족에게 죽었을 때 기억하는 것으로 정리했어요. 이때 교사는 학생들의 질문 의도를 몰랐던 거 같아요. 학생들은 알고 싶어 했고, 교사는 알려주고 싶어 했어요. 서로 원하는 게 같았는데 제대로 소통되지 못했어요. 교사가 학생들의 궁금증을 풀어주거나 인식을 확장시키지 못해서 아쉬웠어요. 교사가 학생들이 어디에서 주춤거리는지 알아차렸으면 좋았겠다 싶었어요.

학생들은 모르는 개념이 나오면 스스로 해결하지 못했다. 이럴 때는 교사의 도움을 받아야 하는데, 학생의 질문 자체가 명확하지 않은 경우가 많았다. 또 자기 궁금증을 표현하는 데 서툴렀다. 협의회에서 이 사례를 두고 학생의 질문에 교사가 되물어보면서 학생 스스로 질문을 정리할 수 있게 해줘야 한다고 의견을 모았다.

③ 잘못 이해한 수업 의도

강의식으로 수업을 하든 모둠활동으로 수업을 하든 교사의 수업 의도가 제대로 전달되지 못하는 경우가 있다. 학습자가 뭔가에 꽂히면 그 방향으로 쭉 갈 때가 있는데, 이때 교사가 수정해줘야 한다. 두 번째 모둠활동으로 '한국전쟁 중 민간인 학살 사례인 경산 코발트광산을 소재로 기념관 건립안 작성하기'를 할 때였다.

A교사는 이 과제를 통해 전쟁을 어떻게 기억해야 하는지 그 의미를 학생들이 생각해보길 바랐다. 대체로 학생들은 교사의 의도대로 배웠다. 하지만 그렇지 않은 학생들도 있었다.

학생 1 인종청소라는 말, 개 무섭다.

학생 2 600만 명이면 얼마나 많은 거야?

학생 1 으, 끔찍해!

학생 3 VR체험을 하자. VR이면 아이들이 하고 싶어 하잖아. 학살무기도 자세히 보여주고, 학살당하는 모습을 생생하게 느낄 수 있게…….

학생 4 너무 잔인하다. 애들도 올 건데.

학생 3 연령제한 하면 되지. 애들 관람하지 못하게. 학살무기도 좀더 자세하게 전시하고……. 눈으로 직접 봐야지 신빙성이 생기지. 마지막에는 추모 공간도 VR로 만들자.

민간인학살기념관을 어떻게 만들지 의논하면서 학생들은 전쟁 상황에서 일어나는 폭력에 몸서리쳤다. A교사의 의도대로 학생들이 배운 것이다. 그러나 학생 3과 학생 4의 대화처럼 어긋난 경우도 있었다. 전쟁이라는 소재를 자극적이고 말초적으로 받아들이는 양상은 A교사의 수업에서만 발생하는 일이 아니었다.

> 학생 3은 모범생처럼 보였습니다. 교사가 하는 말을 잘 듣고 모둠원들에게 설명해주고, 성실하게 읽고 정리했어요. 그런데 전시관을 만들려니, 수업 내내 강조되었던 '전쟁의 참혹함'이 떠올랐고, 이를 전달하기 위해 VR체험을 제안했어요. 잔혹한 죽음, 학살무기 등을 이야기할 때, 저는 학생 3이 '희생자의 관점'이 아닌 '관찰자의 관점'으로 전쟁을 보고 있고, 심하게 말하면 게임의 한 장면처럼 느낀다고 생각했어요. 이런 경우 교사는 왜 이런 모둠활동을 하는지 알려주어야 할 것 같아요.

이 모둠활동을 할 때 각 모둠의 이야기를 전체 공유까지 하지 못한 상태에서 수업 종료종이 울렸다. 이런 경우는 전체 공유 단계에서 교사가 피드백을 해줘야 한다는 의견이었다.

2차 수업협의회를 통해 A교사는 자신감을 얻었다. 참관자들은 A교사의 변화에 박수를 보냈다. A교사도 수업 계획, 모둠학습 운영에서 본인이 이상적으로 생각하는 형태에 다가가고 있다고 생각했다. 3단계에서는 이를 안정화시키고 몇 가지만 보완하면 될 것 같았다.

▶ [3단계 - 안정화] 두 걸음 전진 후 한 걸음 후퇴

① 다시 이전의 모습으로 후퇴

3단계 수업공개는 학년 말이 다가온 시점에 실시되었다. 이때 A교사는 많이 지쳐 있었다.

> 핑계로 보이겠지만 이 수업을 준비할 때 몸과 마음이 힘들었습니다. 그래서 사전 모임에서 나온 선생님들의 피드백도 반영하지 않았고, '그냥 하자'고 생각했어요. O반의 수업태도가 점점 나아지고 있어 이 정도 준비했으니 수업이 잘 되겠지 하는 생각도 있었어요.

A교사는 3단계 수업 주제로 '국가보안법과 반공주의 청산'을 잡았다. 역사수업을 통해 학생들이 비판적 시각을 길렀으면 좋겠다고 생각한 A교사에게 딱 맞는 주제였다. 국가보안법의 악용 사례를 배우고, 그에 대해 평가한다는 취지로 수업을 구상했다. 새로운 주제, 그것도 교사가 특별히 의미를 두고 있는 주제로 수업을 구상할 때 할 수 있는 실수는 내용 과잉

이다. 이때 A교사가 그러했다.

사전협의회에 A교사가 만들어온 학습지 초안은 3면 모두 텍스트로 가득 차 있었다. 이에 대해 지식이 너무 많고 학생활동이 없다는 의견이 있었다. A교사는 이를 수용해서 모둠활동을 설정했지만, 학생들에게 국가보안법 관련 내용을 알려줘야 한다는 마음이 더 컸다. 그래서 텍스트를 덜어내지 못했다. 많은 분량의 내용을 소화하려니 학생들이 자기 생각을 말할 시간이 줄었다.

학습내용이 많으면 강의식 수업으로 흐르기 쉽다. 이날 수업에서 강의식 수업의 특징이 부각되었다. 교사가 전체적인 내용을 설명할 때 특정 학생하고만 답변을 주고받았다. 대답을 잘하는 학생이 있어 교사는 그 학생에게만 눈을 맞추고 설명했다. 모둠활동의 내용을 전체 공유할 때, 교사는 발표할 학생을 지명했다. 잘 알고 있거나 발표를 잘하는 학생들이 일어나 대답을 했다. 발문도 확산적 사고를 요구하는 열린 발문은 두 개밖에 없었고 나머지는 지식을 확인하는 것이었다. 수업은 활기를 잃었고 A교사도 이를 느꼈다.

> 학생들의 참여도가 너무 떨어졌어요. 심지어 ○○은 옆에 선생님이 앉아서 참관하고 있는데도 잤고, 모둠활동에 학생들의 의욕도 없었던 거 같아요. …… 국가보안법과 반공에 대해 학생들이 잘 알게 된 거 같아요. 하지만 거기까지인 것 같습니다. 사실을 알고 난 후 한 걸음 더 나아가 사고력, 친구들과의 협력, 논쟁과 설득 같은 게 없었던 거 같아요.

② 모둠수업에 적응

교사가 강의식으로 수업하기는 했지만, 그동안 모둠수업을 시도한 A교사의 노력은 학생들의 반응으로 나타났다. 1단계 수업에 비해 대답하는 학생들의 숫자가 늘었다. 평소에 발표를 시킨 효과였다. 또 학생들의 모둠 활동에 충분한 시간을 주었다. 모둠활동 때는 교사가 각 모둠을 돌아다니며 그에 맞는 피드백을 주었다. 수업의 마지막에 모둠활동을 공유할 때는 "발표할 사람을 모둠 안에서 정해주세요"라고 말했고, 가위바위보를 하는 모둠과 누가 할지를 의논하는 모둠이 있었다. 평소에 학생들이 발표자를 정해서 해왔음을 알 수 있는 순간이었다. 이때 시간이 부족했다. A교사는 여섯 개 모둠이 다 발표할 수 없다고 판단하고 국가보안법 유지를 주장하는 한 개 모둠과 폐지를 주장하는 한 개 모둠만 발표시켰다. 대립되는 쟁점에 대해 어떤 주장의 근거를 공감하는지 확인하는 걸로 수업을 마무리했다.

'모둠활동을 잘하는 역량을 갖추고 싶다'라는 마음을 가진 A교사의 수업 3단계를 진행하면서 수업 구상을 담는 학습지의 규정력을 실감하게 되었다. 교사가 판단하기에 학생들이 모르는 내용이면 지식을 전달하는데 치중하게 된다. 이럴 때 학습지의 텍스트 분량이 늘어난다. 대신 학생들이 모둠 안에서 이야기를 나눌 시간이 줄어들었다. 학습지 구성에서부터 학생들 스스로 배우고 논의하는 활동을 어떻게 배치할지의 중요성을 새삼 깨닫게 되었다.

③ 최근 고민, 최종 고민

3단계 수업협의회를 마치면서 A교사는 최근 고민을 털어놓았다.

C선생님의 수업을 참관할 때마다 드는 생각은 △반은 어떻게 저렇게 애들이 활발하고 즐거워 보일까였습니다. 선생님과 아이들이 수업을 통해 호흡

을 맞추고 있다는 생각이 들었어요. 본문을 읽고 질문에 답을 하거나 모둠 의견을 정할 때도 아이들이 와글와글 생각을 나누고, 모르는 것도 과감하게 물어보고 틀린 답도 주눅 들지 않고 발표하는데, 제 수업에서는 보기 힘든 모습이거든요.

올 한 해 수업을 하면서 든 생각은 '수업 방법이 문제가 아닌가?' 하는 것입니다. 어떻게 해야 수업 내용을 가지고 학생들과 함께 호흡할 수 있을까, 학생들이 나의 수업을 재미있게 들을 수 있을까 하는 고민이 새로 생겼어요.

3단계 수업협의회를 시작할 때 A교사는 모둠수업을 운영하는 구체적인 수업 방법들을 배우겠다며 목표를 정했고 의욕과 자신감으로 넘쳤다. 3단계 수업협의회를 하면서 두 걸음 전진과 한 걸음 후퇴를 경험했다. A교사는 3단계 과정을 거치며 다른 교사의 수업을 세심하게 관찰하고 분석했고, 목표로 삼았던 모둠수업 운영방식을 넘어서 새로운 고민을 시작했다.

4

진단에서 안정화까지 2 — 자기 수업 객관화에 도전한 B교사

교사들은 자기만의 이상적인 수업 장면을 마음속에 품고 있다. 그러나 현실 수업은 이상과 다르다. 이상과 현실 사이의 괴리는 누구에게나 있다. B교사도 그랬다. B교사는 학생들에게 가치를 주입하지 않고, 학생들의 이야기를 끌어내는 교사가 되고 싶었다. 그러나 B교사가 되고 싶은 교사상은 B교사에게 가장 부족한 측면이었다.

▶ 〔1단계-진단〕 학생들과의 어색한 소통

B교사는 1단계 수업의 주제를 '현재 우리에게 친일청산은 어떤 의미일까'로 정했다. B교사가 평소 관심을 가진 주제였고, 다양한 자료를 읽고 고민하면서 학습지를 만들었다.

① '올바른' 시각과 다양한 의견 존중 사이의 갈등

B교사는 학생들이 개인의 다양한 의견을 활발하게 발표하는 수업을 하고 싶어 했다. 하지만 여러 차례 진행된 수업공개와 협의회를 통해 교사가 지향하는 가치를 학생들에게 주입하려는 경향이 있다는 것을 깨달았다. 이런 자각을 바탕으로 학생들이 스스로 배우고 판단하는 수업을 하겠다고 밝혔다.

그런데 B교사는 수업의 목표를 '친일파 논란에 대해 바른 시각을 가진다'라고 설정했다. 가장 중점을 둔 모둠학습은 '친일청산은 사기극이고 위안부 문제는 거짓 역사'라고 주장하는 이영훈의 입장을 반박하는 활동으로 준비했다. 수업 중에도 B교사는 계속 "올바른 시각", "올바른 정치"라는 표현을 썼다. 여기서 '바른 시각'이라는 학습목표가 적절한가 하는 문제 제기가 있었다.

> 학습목표에 "바른 시각"이라는 표현이 들어 있었어요. 이 말 자체가 교사의 의도를 드러낸 것 같아요. 개인적으로 바른 시각이 뭔지에 대한 의문이 들기도 했어요. 박근혜 정부가 국정교과서를 두고 올바른 교과서라고 했던 것도 떠올랐구요.
>
> 교사의 말대로 바른 시각을 가지게 하려면, 차라리 이영훈의 글을 읽고 학생들이 비판할 부분을 찾아서 조목조목 따져보는 활동을 해야 했어요. 그

런데 모둠활동의 과제가 동의하는 부분과 비판하는 부분을 찾는 거라서, 학생들은 당황했어요. 한 학생이 "선생님, 동의하는 부분이 없으면 어떻게 해야 해요?"라고 물은 건 수업 의도를 이해하지 못하겠다는 뜻으로 보였어요.

B교사는 올바른 역사를 배워야 한다고 생각했다. 그래서 친일을 옹호하는 글을 읽히고 비판하게 한 것이다. 그러나 이전에 '학생들의 사고를 한쪽으로 몰고 간다'는 평가를 받아서, 이번에는 동의하는 것, 반대하는 것을 찾으라고 하며 찬반을 만들어보고자 했다. 이는 올바른 역사도 가르치고 싶고 다양하게 해석하는 수업도 하고 싶은 교사의 내적 충돌로 발생한 일이었다. 교사는 올바른 역사와 다양한 해석 사이에서 마음을 정하지 못했고 어떤 경우는 중립을 취해야 한다는 마음이 앞서 친일파를 옹호하는 논리만 소개하고 비판하는 논리를 제시하지 않은 경우도 있었다.

② 사고력보다 감성 자극

학습자료는 친일청산이 되지 못한 상황, 친일파 후손의 사회경제적 지위에 관한 내용으로 구성되어 있었다. 학생들은 자료를 읽고 흥미로워했으며 모둠별로 열띤 이야기를 주고받았다. 대화에는 분노의 감정들이 표출되었다.

학생들 삼성 조상도 친일파라는 걸 처음 알았어. 야~ 삼성 불매다. 짜증 나!

교사 왜 그러니?

학생 올바른 정치가 아니에요.

교사 올바른 정치? 친일파 후손에게 짜증 난다고 했는데, 좀더 논리적으로 말해봐.

학생 다 같은 대한민국 사람인데, (친일파는) 우리를 배신했잖아요.

학생들의 즉자적인 반응에 교사는 웃음으로 호응했다. 학생들에게 논리적으로 말하라고 했지만, 친일파에 분노의 감정을 드러내자 고개를 끄덕이고 정리했다. 다음 질문은 오늘날 친일청산이 필요한 이유를 묻는 내용이었다. 교사는 "답이 하나가 아니라 여러 개입니다"라고 하며 다양한 답변을 원했다. 각 모둠이 내린 결론을 반 전체에 공유하는데, "나라를 지킨 독립운동가의 후손은 많이 배우지도 못하고 어렵게 산다", "(친일파가) 정치권력을 지배하고 있어서", "고위직이 친일파의 후손이기 때문에" 등의 답변이 나왔다. 이런 상황을 두고 수업협의회에서 아쉽다는 평가가 나왔다.

> 모둠별 답변이 거의 다 똑같았어요. 지금 친일파 후손이 잘된 게…… 그게 문제라는 표현도 나오지 않고 현상만 나열했어요. 물론 분노가 섞인 어투로 표현했지만, 단어나 문장으로 표현되지 않았어요. 친일청산이 안 된 게 왜 문제인지가 발문인데 그에 대한 답변은 한 모둠에서만 나왔어요. 정당하지 않다고 했거든요. 아이들은 즉자적이고 감정적으로 답했고, 그 방향도 하나인데, 이걸 다양한 답변이라고 할 수 있을까 하는 의문이 들었어요. 이런 답변들을 듣고, 교사가 "그게 문제인 이유는 뭐니?"하며 질문을 더 해서 학생들이 좀더 생각하게 만들었으면 좋았겠다 싶어요.

발문의 의도와 학생의 답변이 어긋나면 교사가 좀더 개입할 필요가 있다. 또 학생들이 감정적으로 분노했고 분노가 정당했다면, 분노의 이유를 파악하게 해서 대한민국이라는 공동체에 친일파가 문제인 이유를 언어로 정리하게 했어야 했다. 그러나 교사는 친일파에 분노하는 감정을 공유하는 데서 그쳤다.

③ 소통의 어려움—수용적인 태도의 부족

B교사는 웃는 얼굴로 수업을 진행했다. 부드러운 말투와 친절한 설명으로 학생들에게 다가갔다. 하지만 모둠의 활동에 불쑥 끼어드는 경우가 많아서 학생들의 대화 흐름이 단절되는 경우도 많았다.

학생들을 발표시킬 때는 교사가 일방적으로 이름을 불렀다. "누가 해볼래?"라고 묻는 경우도 없었다. 모둠별 활동 결과를 발표시킬 때도 "5모둠 발표해봐", "○○○이 해봐라"라고 지명했다. 교사가 지명한 대로 발표자가 정해졌기 때문에 나머지 학생들은 그냥 지시만 기다렸다. 학생들은 자기가 발표할까 말까를 고민하지 않았다. 교사의 입만 바라보면서 교실은 점점 활기를 잃었다.

B교사는 본인이 학생들에게 수용적인 교사라고 생각했는데, 관찰된 모습은 그렇지 않았다. 학생들의 반응에 열려 있지 않았다. 자료를 읽던 학생이 교사에게 질문을 했다.

학생 이 글은 우리나라에서 나온 이야기예요?

교사 우리나라 사람이야.

학생 선생님, 이 작가가 누구예요?

교사 다음 시간까지 네가 알아오기(라고 말하고 돌아섰다).

학생이 학습지에 실린 글을 누가 썼는지 궁금해했지만 교사는 가르쳐주지 않고 웃으면서 뒤돌아섰다. 교사가 왜 답을 해주지 않았는지 의도를 알 수 없었다. 한 참관자는 수업협의회에서 이 장면에 대해 다음과 같이 말했다.

> 제가 생각할 때 친일파를 옹호하는 그 글을 한국인이 썼는지 일본인이 썼는지는 중요한 문제였어요. 교사는 한국인이 썼다고 말해줬어요. 학생이 추가로 그 한국인이 누군지 물어본 질문은 별로 중요하지 않다고 생각해요. 그런데 궁금해서 질문한 학생에게 교사가 숙제를 내고 돌아섰어요. 학생은 계속 궁금했겠죠? 왜 숙제를 내줬을까, 글쓴이의 이름은 중요할까 등등 학생은 더 많이 궁금해했겠죠. 그냥 즉답해주면 되는 것을 되물으면서 학생이 더 생각하게 만들었어요. 학생에게 즉답할 것과 더 생각해보라는 것을 구분할 수 있어야 할 것 같아요.

이날 협의회에서 B교사는 스스로 생각한 자기 모습과 관찰된 모습이 달라서 당황했다. 그래서 솔루션으로 '녹화한 수업 영상 채록하기'가 주어졌다. 수업을 촬영한 영상을 보고 수업에서 오고 간 말 모두를 타이핑하는 것이었다. B교사는 자기 수업을 다시 보고 자기 말을 받아 적으며 자기가 의식하지 못했던 자기 모습을 확인했다. 비로소 자신이 학생들의 발언을 수용하지 않았다는 것도 인정하게 되었다.

두 번째 솔루션은 '학생들의 모든 말을 수용하기'였다. 이날 수업에서 의사소통이 원활하지 않았다. 교사가 학생의 말에 귀를 기울이지 않았기 때문이라는 의견에 따라 '무조건 수용하기'를 하기로 했다. '수용'은 학생들이 어떤 말을 하든지 들어주고 허용하면서부터 시작한다. 가끔 교사의 의견과 다를 수도 있다. 교사는 유연한 사고와 개방적인 태도로 학생들과 대화를 해야 아이들의 자발성을 길러줄 수 있다. 그래서 B교사는 학생들의 발언이나 질문을 무한 긍정하는 것부터 시작하기로 했다.

▶ 〔2단계 - 교정〕 쉽게 교정되지 않는 관성

2단계 수업 주제는 '또 다른 전쟁, 베트남전쟁'이었다. 학습내용은 박정희 정부가 베트남 파병을 통해 경제적 이익을 추구했다는 것, 전쟁에 참여한 군인들의 피해로 구성했고, 모둠활동은 베트남전 파병이 그 당시 한국인에게 최선의 선택이었는가를 주제로 토론하기로 했다.

진단단계에서 수용적인 태도가 필요하다고 권고받았기 때문에, B교사는 학생들과의 상호작용에 신경을 썼다.

① 학생의 자율성을 북돋기 위한 노력

B교사는 학생들의 이야기를 듣기 위해서 최선을 다하는 모습이었다. 학생들과 눈을 맞추고 웃기도 하고 수용적인 태도를 보였으며 유연해 보였다. 우선 발표할 학생을 정하는 부분이 달라졌다. 먼저 학생을 지명하지 않고 "누가 발표할지 모둠에서 정해볼까?"라고 물어봤다. 학생들은 가위바위보를 하기도 했고, 서로 발표를 미루기도 하면서 발표자를 정했다. 이전 수업에서 보이지 않던 모습이었다.

또 학생들이 질문에 답을 못하고 머뭇거리면 유심히 지켜보았다. 그러다가 학습지의 발문에 문제가 있음을 확인하고 "애들아 이 질문을 한번 바꿔서 해보자"라고 하며 발문을 교정하기도 했다. 발문이 바뀌자 학생들은 집중해서 의견을 주고받았다. 학생의 배움을 관찰하고 적절한 안내를 하는 모습이었다. 수업을 관찰한 동료 교사가 좋은 평가를 해줬다.

이전 수업에서 보이지 않은 면이 많이 보였어요. B선생님이 아이들의 의견에 귀 기울이는 모습이 보였어요. 아이들의 반응도 좀 달랐어요. 1단계 수업 때는 교사가 "누가 발표할까?"라고 질문하면 침묵이 흘렀는데, 이번에는 "저요", "○○이요"라고 하면서 호응하는 모습이 보였어요. 학생들이 이렇게 달라진 건 평소에 선생님이 수업하면서 교정을 위해 노력한 결과라고 생각했어요.

② 교사의 주관을 내려놓지 못함

하지만 소통에는 혼선이 있었다. 교사가 생각해둔 답변이 있어 그 답변이 나오지 않으면 계속 질문을 던졌다. 학생이 답변을 해도 교사가 예상한 답이 아니면 무시하기도 했다.

교사 (전체를 향하여) 박정희 정부가 베트남에 파병한 목적은 무엇일까?

학생 1 한미동맹강화(아이들도 각자 이유를 이야기하며 웅성거림).

교사 한국의 경제를 성장시키려 했어요. 당시 박정희 정부가 했던 일을 생각해주세요.

학생들 새마을운동!

교사 그다음에……? '잘 살아 보세' 하며 새마을운동도 하고, 뭐도 했는데?

학생들 공산주의와…….

교사 응. 공산주의와 싸워야 했고, 당시 북베트남이니까 싸운 거지……. 가장 중요한 목적을 찾으라 했으니, 이건 공산주의와 싸우는 것일까? 아니면 경제성장일까?

학생들 경제성장!

교사 모두들 경제성장이라고 하십니다. 새마을운동도 있었지만, 경제성장 5개년 계획도 있었지? 그러한 것들이 모두 필요한 일들이었습니다. 다음으로 넘어갈게요.

교사가 생각한 답은 경제성장이었다. 학생들은 텍스트에서 여러 가지를 찾아서 답했다. 반공성전에 참여, 한미동맹강화, 경제성장 등등. 답변은 다 의미가 있었다. 또 당시 무엇이 가장 중요한 파병의 이유였는지 학자들마다 다르기도 하다. 그러나 B교사는 자신이 원하는 답으로 학생들을 몰아갔다. 정해진 답을 향해가는 교사와의 질의응답 속에서 다른 답을 발표한 학생들은 왜 자신들이 선택한 것은 '가장 중요한 목적'이 아닌지 교사의 설명을 듣지 못했다. 여기에서 교사의 주관이 강하게 작용했다.

논쟁처럼 보이기도 했지만, 학생들은 교사가 원하는 답이 있음을 눈치챘다. 모둠활동으로 베트남 파병에 대한 긍정적 평가와 부정적 평가를 모두 소개하고 '내가 만약 1960년대 군인이라면 참전하겠는가'라는 발문을 제시하고 토론을 시켰다. 한 모둠에서 두 명은 가난 때문에 참전을 선택한 군인을 비난할 수 없다는 의견을 냈고, 한 학생은 베트남전쟁이 정당하지 않았다는 의견을 내면서 논쟁이 이루어졌다. 교사가 바랐듯이 아이들이 활발하게 참여하는 장면이었는데, 지켜보던 교사가 토론에 개입했다.

학생 1 전쟁에 갔다가 정신적 트라우마가 생겼잖아. 그러니까 이 전쟁에는 가는 게 아니었어.

학생 2 가난해서 죽으나, 전쟁터에서 죽으나 같은 거잖아. 너는 베트남에 안 가도 살 수 있다는 입장이지만, 나는 가난이 사람들을 죽음으로 내몰고 있었기 때문에 사람들이 갔다고 생각해.

학생 1 돈을 벌면 뭐해? 다녀와서 아픈데.

학생 3 돈을 안 주면 안 갔을 거야. 돈을 벌어야 군인도 살고 그 가족도 사는 거잖아.

교사 (관찰하다 다른 논점을 제안하며) 이 글을 보면 다른 방법으로 성장할 수 있다고 하잖아. 일본의 경우가 그랬어.

학생 2 그건 일본이고 우리는 다르잖아요.

학생 1 솔직히 말해 나는 베트남전쟁으로 한국이 이익을 얻었는지 모르겠어.

교사 (학생 1에 호응하며) 일본보다 돈도 적게 벌었고. 그 당시 모든 나라가 경제성장 중이었거든, (학생 2를 보며) 거기에 대해 어떻게 생각해?

학생 2 경제성장기에…….

교사 (학생 2의 말을 자르며) 다른 나라도 성장하고 있었어.

학생 2는 교사가 자기 대답을 듣지도 않고 다른 모둠으로 가버리니, 머쓱해졌다. 그리고 나서는 "모르겠다. 나랑 상관없는 문제야"라는 말을 한 후 토론을 중단했다. 이를 지켜본 학생 1도 "나도 모르겠다" 하며 아무 말도 하지 않았다. 학습은 중단되었다. 이 장면은 수업협의회에서 중요하게 다루어졌다.

참관자 1 학생이 교사가 자기 의견을 무시했다고 생각하는 것 같았어요. 그 순간 학생들은 학습 흥미를 놓아버렸어요. 그래서 교사가 원했듯이, 학생들이 자유롭게 자기 의견을 밝히는 모습을 보이지 않았던 거 같아요.

B교사 전 학생 2가 올바르지 않은 판단을 한다고 생각했어요. 돈이면 다

된다는 건 문제라고 생각했어요.

참관자 2 논쟁식 수업을 구상했다면 교사가 지향하는 가치로 학생들을 교화시키는 건 포기해야 하지 않을까요?

B교사 교사 입장에서 교화, 강요, 설명의 경계가 모호한 것 같아요. 학생들이 모르거나 그릇된 판단을 할 때 방치해도 되는지 판단하기 어려워요. 학생들의 판단을 존중하는 것과 내 생각을 솔직하게 밝히는 것은 사안에 따라 다르게 해야 할 것 같다는 생각이 들어요.

1단계에서 확인된 문제점을 2단계에서 무난히 교정할 수 있으리라 기대했다. 그러나 그러지 못했다. 그래서 B교사는 3단계에서 '학생들의 의견을 무조건 수용하기'를 다시 시도하기로 했다.

▶ 〔3단계 - 안정화〕 스스로 변화의 방향을 설정하다

B교사는 학생들의 의견을 수용해야 한다는 목표와 잘못된 것을 교정해줘야 한다는 소신을 조화시키기 어려워했다. 그래도 주어진 과제로서 학생들 의견 수용하기에 노력했다. 그래서 매시간 수용적인 자세를 가지기 위해 노력했고, 그러던 중 3단계 수업공개가 열렸다.

① 학생들의 응답이 활발했던 수업

수업의 주제는 '한일협정과 남은 과제들'이었다. B교사는 먼저 전시 학습을 확인하면서 지난 시간에 마무리하지 못한 부분을 정리해야겠다고 생각했다. 지난 시간 토론수업에서 언급되었기 때문에 학생들이 조약에 대해 궁금한 것이 있다고 말했기 때문이다. 학생들은 새롭게 알게 된 점과 궁금한 점을 정리해서 발표했는데, 교사와 학생이 소통하는 모습이었다.

특히 학생들과 주고받는 대화에서 여유로움이 느껴졌다. 학생들에게 질문할 때 "어느 모둠부터 할까"라고 물어보고 반응을 기다렸다. 또 발문을 한 후, 각 모둠의 답변들을 수용해서 답을 함께 만들어가는 모습도 보였다.

교사 미국에게는 안보체제 때문에 필요하다고 했는데, 우리나라 위에는?

학생 1 북한!

교사 그렇지!

학생 1 소련!

교사 그렇지!

학생 1 중국!

교사 그렇지, 중국이 있었지! 이 나라들에 대항하기 위해서……. 그럼 한 번 생각해보자. 미국이 구상했던 안보체제에는 한국 말고 또 한 나라가 있었어요.

학생 1 일본, 일본!

교사 그렇지. 바로 일본. 자, 일본이 있습니다. 일본의 입장에서는 이렇게 한국과 연결될 필요가 있었을까요?

학생 1 일제강점기의 관계.

교사 일제강점기 피해에 대해서? (해결) 뭔가 해결하고 싶다는 생각……. 오늘 토론했던 거 한번 생각해봐봐. 그럼 조금 더 생각해보자! 글 속에 숨어 있어요.

B교사는 학생들의 답변에 최대한 열린 태도로 반응했다. "그렇지!"라고 받아주며 더 많은 대답을 유도하기도 했다. 이런 변화에 대해 긍정적인

피드백을 받았다.

> B선생님이 수업 내내 웃으면서 진행하는 게 좋았어요. 학생에게 질문하고 학생의 답을 수용해서 설명을 이어가는 모습이 보였습니다. C선생님 수업에서 이런 모습이 많이 보였는데, B선생님도 내용을 설명할 때 학생과 교사가 함께하는 모습으로 변한 것 같았어요. 학생들의 대답에 귀 기울이는 모습으로 변화한 거 같아요.

② 설명은 학생들의 생각을 자극하는가?

B교사는 설명을 줄이려고 노력했다. 그래서 1단계 수업공개에서는 설명의 비중을 최소화했다. 그 결과 B교사는 학생들이 오개념을 습득하고 잘못된 역사 인식을 가지게 되었다고 느꼈다. 결국 2단계 수업공개 때는 교사가 설명하는 부분에서 많은 내용을 쏟아내는 모습을 보였다. 그래서 전반적으로 말이 길어지고 반복해서 설명하기도 했고, 수업 종이 치고 나서도 계속 설명했다. 학생들은 수업 종료종이 울리자 대다수가 듣지 않았다. 학생들이 듣지 않는데도 교사는 준비한 내용을 다 설명했다.

2단계 수업협의회에서 교사의 설명이 많다는 지적이 있었지만, B교사는 학생들에게 모르는 것을 알려주어야 한다는 생각을 바꾸지 않았다. 그러나 교사의 마음과 학생들의 학습이 착착 맞아떨어지는 영화 같은 장면은 일어나지 않았다.

박정희 정권의 민족적 민주주의를 옹호한 자료를 읽고 비판점을 찾게 하고 나서 발문을 제시했다. B교사가 원하는 답변은 세 개 정도였는데, 학생들이 답을 찾지 못했다. 교사가 다른 답을 찾으라고 하자, 학생들은 당황해하며 침묵했다. 그러자 교사는 학생들이 이해하지 못하고 있다고 생각해 설명을 시작했다. 학생들의 집중력은 떨어졌고, 교사는 아이들의 집중을 이끌어내기 위해 설명을 더 길게 이어갔다. 학생들의 집중력은 더 떨어졌다. 교사는 여러 상황에 대해 다양한 해법을 가지고 있어야 한다. 어떤 경우는 설명을 해야 하고, 어떤 경우는 "더 말해볼래?"라고 학생들의 답변을 끌어내야 하고, 또 다른 경우에는 "이건 이렇게 정리하고 다음으로 넘어가자"고 맺을 수 있어야 한다. 그러나 B교사뿐만 아니라 다른 교사들도 학생들의 침묵을 설명으로 해결하려는 경향이 있다.

③ 자기 수업 객관화를 시작

3단계 수업협의회를 통해 B교사는 빠른 속도는 아니었지만 조금씩 변화했다. 1단계에서 설정한 목표인 '학생들의 반응을 무조건 수용하기'가 무엇인지 이해했고, 이후 생각과 습관을 바꿔갔다. 한 걸음 더 나아가 B교사는 자기가 바라는 교사가 되기 위해 지켜야 할 항목을 구체적으로 작성하기도 했다.

1. 교사의 설명은 간결해야 한다. 잘 모른다는 생각에 설명을 많이 하지 않아도 된다.
2. 학생들이 궁금해하는 것에서부터 수업을 시작하자. 이때 학생들의 집중력이 높아진다.
3. 학생이 한 질문을 전체 학생들에게 질문으로 되돌려주면 학생들의 사고를 촉진할 수 있다.
4. 단답식 발문을 지양하자. 발문은 명확하고 짧게 하자.

교사들은 자기 수업을 객관화할 줄 알아야 하는데 그런 훈련이 되어 있지 않은 경우가 많다. 자기 수업을 성찰하고 발전하기 위해서는 스스로 어떤 지점을 고쳐야 할지 알아야 한다. 그런 점에서 B교사는 자기가 어떻게 달라져야 하는지 잘 알게 되었다. 3단계 협의회를 마칠 때쯤에는 1단계 수업 때보다 학생들의 참여가 늘었고, 또 학생들을 믿고 있는 자신을 발견했다. B교사는 학생들을 믿고 계속 변화를 향해 나아가기로 했다.

5
진단에서 안정화까지 3 — 즐거운 역사수업을 꿈꾼 C교사

C교사가 2019년 1학기 수업공개에서 받은 피드백은 학생들을 전체적으로 살펴 적절한 역할을 부여하는 것과 학생 전체의 의견을 모으는 데 능숙해지고 있다는 평가였다. 하지만 학생들의 질문을 반 전체에 공유해 다 함께 생각해보는 기회를 제공하면 좋겠다는 의견도 있었다. 이런 의견을 듣고 C교사는 학생들을 수업에 적극적으로 참여시키기 위해 모둠활동을 좀더 정교하게 구성해야겠다고 생각했다.

3단계 수업협의회를 시작하면서 C교사가 스스로 설정한 과제는 역사에 대한 재미와 사고력 신장이라는 두 목표를 조화시키는 것이었다. 특히 하나의 주제를 놓고 학생이 내적 갈등을 경험하거나 친구들과 논쟁을 하며 배우는 것이 재미와 성장을 함께할 수 있는 활동이라고 생각했다.

▶ 〔1단계-진단〕 학생들을 내모는 모습

C교사는 1단계 수업을 '민주공화국이란?'이라는 주제로 구성했다. 이 주제를 선택한 이유는 민주공화정이라는 개념이 근대와 일제강점기 수

업을 거치며 여러 차례 언급되었지만, 학생들이 충분히 이해하지 못했다고 생각했기 때문이었다. 민주공화국은 국민들과 공공의 이익을 위해 권력을 행사해야 하는 체제로, 한국에서 민주공화국은 잘못된 권력 행사를 국민들이 나서서 바로잡으면서 만들어온 역사적 과정이라는 것을 배워야 한다고 생각했다. 그래서 현대사 초입에서 제헌의회와 대한민국 정부수립을 배울 즈음에 이 주제를 다루었다.

① 모둠활동에서 교사의 역할

C교사는 교사의 설명보다 학생들이 스스로 정리할 때 개념을 더 잘 습득할 수 있다고 생각했다. 그래서 각 나라 헌법 1조를 보고 헌법에 반영된 역사를 살펴보며 각 나라의 정치체제를 구분하는 학습활동을 제시했다.

교사 (전체 학생을 향해) 이게 뭘까요? 헌법입니다. 각 나라의 헌법 제1조입니다. 여덟 개 나라의 헌법이 프린트에 있어요. 이것을 두 개나 세 개로 묶어보세요. 비슷한 것끼리 묶어보세요. 그리고 무엇을 기준으로 나눌지는 모둠에서 결정하세요.

교사 (모둠 1로 가서) 너희들은 몇 개로 나누었어?

학생들 두 개요.

교사 (그럼 두 개로 구분된 정치체제를 뭐라고 이름 붙이면 될까?

학생 어려워요.

교사 의논해서 해보렴.

교사 (모둠 2로 가서) 너희들은 몇 개로 분류했어?

학생 어떻게 하는지 모르겠어요.

교사 이건 각 나라 헌법 1조인데, 가만히 보면 비슷한 게 있을 거야. 비슷한 것끼리 묶어봐. 두 그룹으로 묶어도 되고, 세 그룹으로 묶어도 돼.

교사 (모둠 3으로 가서) 몇 개로 묶였어?

학생 네 개요.

교사 네 개까지? 그렇게도 되나? 각 그룹의 정치체제를 뭐라고 할 거야? 정리해서 보여줘.

학생들은 이 내용을 어려워했고, C교사는 15분 정도면 끝나겠다고 예상했으나 20분이 넘어서야 정리되었다. 참관한 교사들은 수업협의회에서 느낀 바를 이야기했다.

참관자 1 확산적인 사고를 요구하는 과제여서 학생들이 어려워했던 것 같아요. 구분할 때 두 개나 세 개 등 몇 개로 정해주지 않고 학생들에게 알아서 구분하라고 했어요. 어떤 모둠은 사회주의와 민주주의로, 어떤 모둠은 왕이 있고 없고로 나누었고……. 다양했어요. 다양성이 드러날 수 있어서 좋았지만 아는 것이 부족한 우리 학교 학생들에게는 너무 어려웠다고 생각해요.

참관자 2 교사가 모둠활동에 적극적으로 개입하는 장면이 눈에 띄었어요. C선생님은 학생들의 생각을 이끌어내기 위해 먼저 물었어요. 또 모둠마다 피드백을 다르게 주더라구요. 모르는 학생이 많은 모둠의 질문에는 즉답을 해주고, 능력이 된다고 생각한 모둠에게는 "좀더 고민해보렴", "다르게 생각해보렴"이라고 말해줬어요. 저는 학생들의 이야기를 관찰하다가 질문이 들어올 때 그래서 모둠활동에서 교사가 어떻게 개입해야 하는지에 대해 고민이 시작되었어요.(확산자로서의 역할)

C교사는 확산적 사고를 요구하는 열린 발문을 많이 하는 편이었다. 지식을 확인하는 발문을 하기도 했지만, "왜?", "어째서 그렇게 생각하지?"라는 질문을 제기하며 학생들이 생각한 내용을 말하도록 이끌었다. 학생들이 자기 의견을 자유롭게 말할 수 있는 분위기를 조성했다.

② 배운 개념을 자기 언어로 말하기

수업의 마지막 학습활동은 2017년 헌법재판소에서 대통령 탄핵안을 판결한 영상을 보고, 판결문에 언급된 대한민국 헌법의 가치를 찾아내는 것이었다. 판결문에서 핵심 키워드를 찾고 지난 수업시간에 배운 헌법적 가치와 연관해서 판결문을 다시 써보는 방식이었다. C교사는 이 학습활동을 통해 학생들이 민주공화국, 헌법, 국민이라는 단어를 자기 언어로 사용할 수 있기를 희망했다.

C교사는 2017년 헌법재판소의 판결 영상을 틀어주었다. 영상이 끝난 후 세 번 이상 반복되었거나 중요하다고 생각하는 단어를 모둠별로 찾아서 발표하게 했는데, 학생들은 국민, 권한 남용, 민주공화국, 헌법, 피청구인, 최서원 등을 언급했다. 교사는 판결문의 헌법적 가치와 국민의 관계를 다시 한번 상기시키고, 헌법을 수호한다는 것의 의미를 강조했다. 수업협의회에서는 이 장면이 교사의 수업 의도를 아주 잘 드러냈다고 평가했다.

> 교사가 생각하는 것보다 학생들이 헌법적 가치라는 말을 잘 모르는 것 같았어요. 모둠활동을 하게 했는데 다양한 의견이 나오지 않고 빨리 끝난 이유가 그 말을 몰랐기 때문인 거 같아요. 하지만 모든 모둠에서 교사가 의도한 핵심 단어들을 고루 찾았고 그 단어를 사용해서 교사와 상호작용했기 때문에 교사의 의도가 어느 정도 달성된 거 같아요.

수업협의회에서 C교사는 너무 어려운 내용을 학습주제로 삼은 게 아니었나 하고 자평했다. 학자마다 교사마다 민주공화국에 대한 정의와 그 속에서 중요하게 여기는 가치가 다른데, 학생들로 하여금 정리하게 하는 과제가 학생들 수준에서는 어렵지 않았나 반성했다. 한편 학생들이 민주공화국의 의미를 궁금해하고 생각해보게 한 것은 성과라고 정리했다.

③ 과도한 욕심이 불러온 재촉

C교사는 3단계 협의회를 시작할 때, 현대사에 대해 하고 싶은 이야기가 아주 많았지만 자신의 발언을 최대한 줄이자고 다짐했다. 그러나 말 대신 학습지 내용에 자신이 전하고 싶은 내용을 담으며 덜어내는 데 실패했다.

이날 학습지에 담긴 내용은 8개국의 헌법 1조, 4·19와 6월 민주항쟁, 촛불시위, 헌법재판소 판결이었다. 학생들은 모둠활동도 하면서 적지 않은 내용을 이해해야 했다. 게다가 학생들이 전 수업시간에 컴퓨터실에 다녀오면서 수업이 정시에 시작되지 못했다. 5분 정도 지체되었고 학습내용이 많았던 것에 부담을 느낀 교사는 다급해졌다. 모둠 사이를 돌아다니며 "핵심 키워드를 찾아라"라는 말을 수십 번도 더 했다. 학생들에게 모둠활동을 빨리 완료하라는 채근이었다. 이런 모습을 두고 관찰자들은 교사가 여유가 없어 보였다고 했다. 전체적으로 공지할 것은 한번으로 끝내야 하고, 학생들을 재촉하지 말고 기다리는 자세가 필요하다는 조언을 했다. 학생들에게 개별 피드백을 주는 것과 재촉은 다른 문제였다.

1단계 진단을 위한 수업공개를 하고 나서 C교사에게 주어진 솔루션은 첫째, 학생들을 기다려주기였다. 구체적으로 학습지 내용 줄이기였다. 학생들의 이해력을 고려해서 모둠활동을 배치하려면 교사가 전달하려는 내용을 줄여야 했다. 둘째는 학생들이 역사에 재미를 느끼게 하기 위해서 학생들이 평소 흥미를 느끼는 것을 역사공부와 연결시키는 방법 찾기였다. C교사가 지향하는 사고력의 향상을 학생들이 어려워하지 않고 재미를 느끼며 할 수 있는 방안을 마련하자는 것이었다.

▶ 〔2단계 - 교정〕 장점은 유지하고 교정을 시도했으나……

2단계 수업공개의 주제는 "6·25전쟁은 끝났을까?"였다. 6·25전쟁을 수업하고 나서 다음 차시에는 정전협정과 통일문제에 집중했다. 전쟁 이후 평화체제를 정착시키기 위해 노력했던 역사를 확인하고, 그다음 차시에서 정전과 남북협력 그리고 평화라는 주제가 학생들의 삶과 연관되어 있음을 학습할 수 있도록 구상했다.

C교사는 참관자들에게 "교사가 학생들이 이 주제에 관심을 가지도록 안내하는 발언을 잘하는가?", "학생들은 한반도의 정전상태, 국제관계, 통일문제에 관심을 보이는가?", "학생들이 어떤 부분을 궁금해하는가?" 등을 잘 관찰해달라고 요청했다. C교사는 학생들의 관심을 중요하게 생각하는 편이라, 학생들이 수업 주제에 어떤 관심을 가지고 궁금해하는지, 그 과정에 교사가 어떤 역할을 하는지 알고 싶었다.

① 모둠활동에 어디까지 개입할 것인가?

C교사는 1단계 수업공개 때 학생들을 재촉했던 것을 반복하지 않기 위해 노력했다. 2단계 수업은 학생들이 스스로 정리하고 생각할 수 있는 시간을 충분히 주었고 차분하게 안내했다. 간단하지만 명확하게 주제를 제시하며 수업을 시작했다.

오늘 주제 한번 볼래? 6·25전쟁은 끝났을까? 아닐까? 현재 남북은 휴전, 정전, 종전 중 어느 상태일까? 모둠 안에서 의논해보자.

교사의 말이 끝나자 학생들은 자신들이 알고 있는 내용을 바탕으로 활발하게 의견을 나누었다. C교사는 1단계 수업과 마찬가지로 모둠별로 맞춤형 피드백을 주었다. 수업협의회에서는 학생들을 재촉하지 않고 시간을 넉넉하게 배치한 부분이 좋아졌다고 평가했다. 다만 학생에게 질문이 나왔을 때 전체에게 되돌려 공유했으면 좋았겠다고 평가했다.

참관자 2모둠에서 연방제에 대해 질문이 나왔을 때, 교사는 그 모둠에게만 설명을 했어요. 제 생각에는 2모둠 말고도 연방제 개념을 모르는 친구들이 있을 것 같아서 교사가 전체에게 질문을 되돌렸으면 좋았겠다고 생각했어요. 전체에게 질문하면 누군가 아는 학생이 답할 수도 있고, 교사가 전체에게 안내할 수도 있잖아요. 그러면 교사가 모둠마다 같은 말을 반복하지 않을 수 있고요. 그리고 한반도 통일을 생각할 때 연방제가 핵심 개념이라고 생각합니다. 저라면 전체 학생들에게 설명했을 거 같습니다.

C교사 2모둠의 질문을 받고 아주 짧은 시간이지만 망설였어요. 연방제 개념을 전체 학생들이 알아야 할까? 아닐까? 질문한 모둠은 그 모둠밖에 없었고, 다른 모둠은 각자 머리를 맞대고 해답을 찾고 있었어요. 전체가 물은 것도 아니고 학습활동을 끊는 게 부담스러워 그 모둠에게만 설명했습니다. 지금 생각해보니 중요한 개념에 대해 전체 학생들과 공유할 기회를 놓친 거 같네요.

수업을 준비하면서 선택과 집중을 하지 않을 수 없는데, 어떤 경우는 중요한 개념인데 전체 구상을 생각하다가 비중이 낮아지기도 한다. 이 수업에서 연방제가 그러했다. C교사는 이 사례를 논의하면서 수업 중 학생 질문에 대해 순간적으로 판단하는 일이 어렵다는 것을 다시 한번 느꼈다고 했다.

② 과거와 현재를 잇는 발문

C교사는 수업 도입부에서, 또 학생들이 읽기자료를 읽거나 모둠활동을 하기 직전에 주제의 의미를 강조했다. 학생들과 문답하면서도 이 주제를 왜 배워야 하는지, 지금도 논쟁이 되고 있는 지점은 무엇인지 쪽으로 생각을 이끌었다.

교사 2018년에 미국과 북한은 서로 공격하지 말자고 했어요. 북한은 핵무기를 개발하지 않고 미국은 북을 공격하지 않고 있는 그대로의 북한체제를 보장하겠다고 했어요. 그런데 그 이후 두 나라는 평화를 향해서 가고 있을까요? 삐거덕거릴까요?

학생들 (사이가) 별로예요.

교사 관계가 삐거덕거려요. 북미정상회담도 다시 하기로 했는데 안 하고……. 이런 사실이 뉴스에 나와요. 두 나라가 싸우면 어디서 싸우게 될까요?

학생 한반도?

교사 한반도일 확률이 높죠. 그러면 전쟁을 원하지 않지만 전쟁에 휘말릴 사람들이 있겠죠? 누구죠?

학생 저희요.

교사 그렇죠. 그래서 우리나라 언론도 주목하는 거예요. 그래서 여러분들도 뉴스에 북미관계가 나오면 무엇 때문에 관계가 틀어지고, 어떻게 정상회담으로 가는지를 눈여겨봤으면 좋겠어요. 자, 이제 자료를 읽어보고 질문의 답을 찾아보세요.

1953년 정전협정, 1년 뒤 제네바 정치회담에 이어 북미정상회담에 관한 텍스트가 제시되었다. 학습내용이 1954년에서 2018년으로 건너뛰었다. 2018년 북미정상회담의 쟁점을 정리하는 학습활동이었다. C교사는 어려운 국제회담의 내용을 한반도에서 살아가는 사람의 입장에서 생각할 수 있게끔 대화를 진행했다. 이 장면은 수업협의회에서도 주목받았다.

참관자 1 C선생님이 정치가 현재 자신에게 어떤 영향을 주는지를 알고 정치에 관심을 가지라는 뜻으로 대화를 이끈다고 생각했어요. 여기서 인상적인 것은 C선생님은 북한이나 미국에 대해 본인의 정치적 지향점을 드러내지 않고 그냥 관심을 가지라고 했어요. 지극히 정치적인 이야기를 중립적으로 전달한달까? '보이텔스바흐 합의(Beutelsbacher Konsens)'의 논쟁 재현의 원칙과 교화금지의 원칙이 생각났어요.

참관자 2 C선생님은 본인의 수업 의도가 명확했어요. 자신의 견해를 말하거나 설명하지 않고 학생들에게 사고할 수 있는 기회를 주었어요. 설명을 길게 하지 않고 이렇게 문제 제기만 해도 학생들이 관심을 가진다고 생각해요. 저를 비롯해서 다른 선생님들은 설명에 치중했는데, 이런 방식도 우리가 의식적으로 시도해보면 좋겠다 싶어요.

이날 C교사는 1단계 수업에 비해 안정적으로 수업을 진행했다고 평가했다. 쉽지 않은 주제인데 학생들도 활발하게 이야기를 나누었다. 자잘한 실수가 없진 않았지만, 교사-학생, 학생-학생 사이의 상호작용도 적절했다는 게 참관자들의 소감이었다. 그러나 C교사는 총평으로 "수업이 재미있게 진행되었어요. 그런데 저는 늘 제 수업이 산만하다고 생각해요. 아이들이 이야기를 많이 하고 이를 수용하다 보면, 교사의 수업 내러티브가 제대로 구현되나 싶어요. 재미있으나 산만함이 가득한 게 좀 고민입니다." C교사의 고민에 대한 조언은 다음과 같았다.

> C선생님은 학생들의 집중력을 높이는 전략을 세워야 할 것 같습니다. 개별 모둠활동과 결과를 반 전체가 함께 공유하고 논의할 수 있는 구조를 만들어 소통하는 재미를 구상하는 거죠. 그 방식은 스스로 모색해야 할 것 같습니다.

▶ [3단계-안정화] 역사수업의 즐거움과 어려움

C교사가 수업을 준비할 때 가장 염두에 두는 것은 학생의 흥미였다. 2단계 수업협의회에서도 C교사에게 흥미와 학습을 융합시키라는 조언을 건넸다.

3단계 수업공개는 활기차게 진행되었다. 수업공개를 한 학급은 3월에는 학습능력이 아주 낮은 반이었는데, 점점 더 학습태도가 좋아지며 학년말에는 1학년 전체에서 가장 활발한 반이 되었다. 학습에 열의가 있었고, 모둠 안에서 협력도 잘하고, 모르는 게 있으면 친구와 교사에게 거침없이 질문하는 학생들이 많았다.

① **교사가 준비한 흥미, 학생의 재미**

3단계 수업공개 주제는 '4·19혁명과 민주주의'였다. 이날 수업은 학생들의 참여가 돋보였다. 학습주제가 앞서 1, 2단계에 비해 어렵지 않기도 했거니와 학년 말이라 학생들도 C교사의 수업 방식에 적응해 잘 녹아들었다. 교사의 발문에 "제가 해볼게요" 하며 적극성을 보였고, 모둠 안에서 소통도 활발했다.

C교사는 4·19 당시의 글과 반공주의 관련 자료를 준비했다. C교사는 학생들이 당시 시위에 참여한 진영숙과 김치호의 글을 읽으면서 4·19에 참여한 또래의 심정에 감정이입 할 수 있으리라 생각했다. 또 이승만의 담화문을 분석하면서 반공주의를 내세워 정부에 대한 비판을 억압했던 문제에도 흥미를 느낄 수 있으리라 기대했다. 당시 사료로 학생들의 흥미를 끌어내서 학습주제로 집중시키겠다는 의도였다. 하지만 참관자들이 보기에 학생들이 흥미를 느낀 장면은 달랐다.

> 단순한 흥미, 자극적인 소재보다 학습주제와 긴밀하게 관련된 흥밋거리를 학생들에게 제시하고 생각해보게 하는 게 교사의 전문성 중의 하나라고 생각해요. 저는 C선생님이 학생들의 흥미를 위해 준비한 자료가 ㉠ 국립4·19 묘지 사진, ㉡ 5·16혁명 공약 라디오 방송이라고 생각했어요. ㉠은 현재 4월 19일의 사진을 보면서 학습주제로 연결시키는 과정이었어요. 저라면 사진에 대해 설명했을텐데, C선생님은 사진을 보여주며 "누굴까?", "무슨 일이 있었을까?"라고 물었어요. 이런 발문이 학생들의 흥미와 집중력을 높였던 것 같아요. 분위기가 끌어올랐어요. 반대로 ㉡ 경우를 보면, 학생들이 읽기 자료에서는 반공주의를 잘 찾지 못했어요. 그런데 5·16 당시의 라디오 육성을 틀어줬더니 오히려 조용히 집중했어요. 두 장면에서 C선생님의 전문

성이 발휘되었다고 생각해요.

하지만 C교사는 자기 의도와 다른 장면에서 학생들의 집중도가 높았다는 평가를 숙고하며, 학생들의 흥미에 대한 민감성을 더 키워야겠다고 생각했다. 교사가 준비한 내용과 학생의 관심이 어긋난 경우는 또 있었다.

② 학생의 관심을 학습주제로 수용하기의 어려움

교사 (야당은 국가보안법 제정에 반대하며) 국가보안법이 자기와 다른 정치적 견해를 가진 사람들을 탄압하는 데 악용될까 걱정된다고 이야길 했어요. 맞나요? 그런 우려는 현실이 되었나요? 아닌가요?

학생들 현실화되었어요.

교사 너희가 배운 사례가 뭐였지?

학생 변호인!

교사 변호인도 있었고, 또?

학생 조봉암!

교사 그렇지, 조봉암이라는 사람이…… 뭐라고 주장하다가 국가보안법 위반으로 사형까지 받았지요?

학생 평화통일!

교사 평화통일, 지금에야 당연한데, 당시 대통령의 통일방안과 달랐기 때문에 결국 사형당했어요.

참관자들은 이 장면을 자연스러웠다고 생각했다. 그러나 C교사는 짧은 순간에 많은 갈등이 있었다고 털어놓았다.

> 저는 국가보안법의 피해와 평화통일을 연결하는 서사로 '국가보안법→피해자, 조봉암→평화통일에 대한 이승만 정부의 입장'으로 구성했어요. 그런데 국가보안법의 피해자를 묻는 발문에 학생이 "변호인!"이라고 답변했어요. 그 순간 '어? 변호인과 평화통일을 어떻게 연결시키지?' 하는 생각을 했고, 그냥 제가 준비한 내러티브로 학생들의 사고를 끌고 갔어요. 지나고 나서 보니 학생이 생각해낸 것인데, 그리고 부림사건과 연결되니까 지역사에 관심을 가지게 할 수도 있었고, 통일문제와 별개의 사건도 아닌데…… 하는 생각이 들어요. 학생이 흥미를 보인 소재에 순발력 있게 수용할 필요가 있는 것 같아요.

학생들의 사고와 질문은 교사의 의도대로 일관되거나 모아지지 않고 유동적이고 확산된 형태로 나타났다. 이럴 때 교사는 당황하면서도 자신이 준비한 서사대로 수업을 이끌어가는 경우가 많았다. 이를 학생의 입장에 보자면 궁금한 것, 다르게 해석한 것이 있는데 교사가 호응하지 않은 수업이 된다. C교사는 "전달할 말을 줄이자. 그렇게 해서 빈 공간을 만들어야 학생들의 생각들로 채울 수 있다"라며 재차 숙고했다.

③ 역사와 현재 연결하기

C교사는 과거와 현재를 연결시키는 발문을 계속했다. 수업 도입부에서 요즘 신문에 실린 국립4·19묘지 사진을 제시했다. 4·19가 역사책 속에만 있는 옛날 일이 아니라 현재에도 기억되고 기념되고 있는 역사적 사건으로 가깝게 느끼게 했다. 이승만 하야 이후 내각제를 내용으로 한 개헌 이야기를 하면서도 "당시 대통령 권한을 줄이기 위해 내각제가 도입되었어요. 지금도 뉴스를 보면 간혹 '대통령의 권한이 너무 세다. 내각제 하자'라

는 말이 나와요. 그리고 현재 정부도 개헌을 제기하기도 했어요. 앞으로 뉴스에서 내각책임제라는 말이 나오면 어떤 맥락인지 살펴봤으면 좋겠어요"라고 관심을 환기시켰다. 이 장면에 대해 한 참관자가 다음과 같이 평가했다.

> C선생님은 내각제 이야기처럼 과거와 현재를 연결해서 학생들의 관심을 불러일으키고 학생들이 스스로 생각하게 하는 설명을 잘하는 거 같아요. 역사가 과거에만 머물러 있는 것이 아니라 현재와도 관련이 있다는 것을 학생들에게 전해줘야 한다는 교사로서의 소신이 잘 드러나는 장면이라 생각해요. 저도 역사를 배우는 목적에 대해서 늘 고민하기 때문에 이 장면이 중요하게 여겨졌어요.

④ 노력하면 언젠가 변화하리라

C교사는 3단계 수업공개와 협의회를 진행하면서 자신이 가진 장점에 대해 생각하게 되었다. C교사는 본인이 역사학습의 재미를 추구한다고 생각하고 있었는데, 관찰된 모습은 역사의 현재적 의미를 강조하는 교육적 태도였다. 이런 특성은 발언 곳곳에서 묻어났다. 학생들에게 생각할 기회를 많이 주는 것도 장점이었다. 이는 답을 알려주지 않고 학생들 스스로 생각해보라며 독려하는 모습으로 자주 관찰되었다. 학생들이 어디에 흥미를 가지는지 관심을 두고 잘 살펴보는 것도 장점이라고 생각하게 되었다. 교사의 준비와 학생의 흥미 및 관심이 합치할 경우 학습 집중도가 높아졌다.

그러나 단점은 쉽게 고쳐지지 않았다. 가장 큰 단점은 욕심이었다. 학생들에게 들려주고 싶은 이야기와 보여주고 싶은 자료가 많아서 늘 학습지

분량이 넘쳤다. 1단계 수업공개 때는 이를 학생들에게 쑤셔 넣느라 계속 채근했다. 이런 태도를 반성하면서 2단계 수업에서는 채근하는 모습은 사라졌지만, 학습 분량은 줄이지 못했다. 그래서 분량의 압박이 있었음에도 '다음 시간에 이어서 하지, 뭐!' 하며 포기하지 못했다. 스스로 비우자 비우자 하면서도 실천에는 성공하지 못했다.

6

3단계 수업협의회를 통해 경험한 것들

3단계 수업협의회를 하면서 정말 많은 이야기를 나누었다. 우리가 함께 수업을 준비하고 관찰하고 성찰하면서 쓴 글이 250쪽 자료집 한 권 분량이다.

이 과정을 통해 무엇을 배웠을까? 수업을 놓고 할 수 있는 이야기가 무궁무진하다는 것이 첫 번째였다. 수업협의회가 진행될수록 수업을 분석한 글의 분량이 늘어났다. 참관기에는 교사의 수업 의도, 수업 구성과 진행, 교사와 학생의 상호작용, 학생과 학생 사이의 배움과 나눔, 그리고 같은 역사교사로서 참관자가 느낀 점 등이 기록되었다. 동료의 분석을 나누면서 서로 배우는 부분도 있었다.

또 자기 수업을 객관화하는 방법을 배웠다. 참관자의 눈을 통해 마주한 자신의 수업은 낯설었다. 그러나 세 차례의 수업공개와 협의회를 하면서 부끄럽고 부족한 자신의 모습을 인정하게 되었다. 자기가 몰랐던 자신의 모습을 확인하는 데는 자기 수업 녹취하기가 유용했다. 이렇게 자기 수업을 객관화한 후 어떻게 극복할지를 함께 의논할 수 있었다.

교사의 욕심을 내려놓기란 정말 어려운 일임을 재확인했다. 자꾸만 강의를 하게 되는 마음은 많이 알려주고 싶은 교사의 욕심이다. 학생들이 준비되어 있지 않을 때 지식 전달은 의미가 없다. 이런 사실을 잘 알면서도 고쳐지지 않는 교사들의 모습을 보면서, 학생의 배움을 중심으로 교육한다는 것의 어려움을 느꼈다. 그럼에도 불구하고 교사가 설명을 줄이고 덜 해야 그만큼 학생들이 사고할 수 있는 가능성이 확보된다는 점에 공감하게 되었다. 학생들을 배움의 주체로 세우는 과정은 그렇게 힘든 것이었다.

함께하는 동료가 있어서 많은 변화를 시도할 수 있었다. 여럿이 함께해도, 또 조언과 격려를 받아가면서 수업 습관을 고치려 해도 어려웠는데, 혼자서 하는 시도였다면 아마 벌써 중단하거나 포기하지 않았을까? 그런 의미에서 서로 수업을 보고 소감을 나누는 동료가 있어서 조금이나마 성장할 수 있었음을 마음속 깊이 느끼고 감사하는 시간이었다.

3부

교학상장

교육의 처음이자 끝은 학생들의 성장이다.
학생의 관심과 흥미를 알아야 하는 이유도 학생의 변화를 확인하기 위해서다.
'교사와 학생이 함께 성장한다'는 말은 단순한 수사는 아닐까?
과연 교사와 학생이 함께 성장하는 교실은 가능할까?

8장

학생들은 무슨 생각을 하며 역사교실에 들어올까?

1 학생들이 말하는 역사수업

"〈미스터 션샤인〉은 재미있는데 역사수업은 재미없어요."

"설민석이 이야기하는 역사가 제일 재미있어요."

"역사수업 암기하기 쉽게, 재미있게 알려주세요."

역사를 대할 때, 학생들은 경험한 바가 다르고 취향도 각양각색이다. 교과서 포맷을 따르거나 입시에 맞춰 수업을 하는 게 아니라면, 교사는 자기 앞의 학생들을 염두에 두고 수업을 구성해야 한다. 학교에 따라 해마다 그리고 반마다 학생마다 가지고 있는 역사 지식이나 역사 인식은 상이할 수밖에 없다. 그렇기에 우리는 학생들이 역사에 얼마나 관심이 있는지, 어느 만큼 알고 있는지를 수업의 출발점으로 삼았다. 구체적으로 학생들이 어떤 인물, 어떤 사건에 흥미를 느끼는지, 역사 지식은 어느 정도인지 파악해볼 필요가 있었다.

우리는 학생들에게 무엇을 묻고 싶은지 각각 설문을 만들어와서 검토하기로 했다. 중학교 때까지 역사를 어떻게 생각하고 있었는지, 역사학습에 얼마나 호감이 있는지를 물어보는 것에는 이견이 없었다.

역사교사가 역사교실의 모습을 어떻게 생각하는지에 따라 수업의 구성도 달라지고, 또 1년 동안 역사수업을 하고 나서 학생들에게 어떤 모습을 기대할지도 달라진다. 연구자와 교사들은 다음과 같은 논의를 했다.

연구자 교사가 기대하는 것, 목표로 삼는 것을 직접적으로 학생들에게 물어보면 좋겠습니다. 학생들의 입장에서 확인할 수 있고, 아이들에게도 생각하는 기회가 될 것입니다. 학생들의 답이 모호할 수 있지만 교사가 학생들의 생각을 확인하는 것은 대단히 중요한 절차라고 생각합니다. '1년이 지났을 때 학생들이 자기가 어떻게 달라지길 바라는지' 지향점에 대해서도 물어볼 필요가 있습니다. "한국사가 어떤 의미가 있고 어떻게 도움이 될까"라는 질문은 어떨까요?

교사 학생들은 한국사 수능에서 좋은 점수를 받고 싶다고 답할 가능성이 높아요.

연구자 아이들의 현 상태와 주어진 조건으로 받아들이면 되지 않을까요? 그 상황이 문제가 있다 생각하면 1년 동안 그것을 깨도록 노력하고, 1년 후에 변화를 같이 이야기해보고 수업을 마무리할 수 있다고 생각해요.

교사 "여러분이 역사를 배우고 나면 자기 자신에게 어떤 변화가 있을 것 같나요?"라는 질문은 어떨까요? 생각이나 태도의 변화라고 특정해주면 수능에 도움이 되니 안 되니 하는 응답은 덜 나올 것 같아요.

> 1년을 보내고 나서 다시 "1년간 한국사를 배우고 나니 어떤 면이 달라진 것 같나요? 어떤 변화가 있었나요?"라는 질문을 던져보면 좋을 것 같습니다.

역사시간이 어떻게 되면 좋을지, 교사가 바라는 바를 어떻게 물어야 학생들이 답할 수 있을지 고민이 깊었다. 역사를 단지 시험 대비를 위해 배우는 과목이 아니라 내면의 지적 탐색 과정으로서 공부한다는 의미가 간접적으로 전달되는 질문이 되기를 바랐다. 학생들에게 역사가 어떤 의미인지도 궁금했다. 1년 후에는 역사에 흥미나 관심이 더 많아졌다는 반응이 나오길 희망했다. 학생들이 고등학교에서 역사를 배우기 시작한 시점에서의 표현과 1년 동안 교사와 함께 부대끼며 수업을 하고 난 후 표현이 어떻게 달라질지에 대한 궁금함과 기대치를 남긴 채 설문지 문항을 마무리했다.

2
출발선에서 확인한 학생들의 역사에 대한 호감

1학년 첫 수업시간에 역사학습에 대한 설문조사를 진행했다. 응답을 보니 학생들은 역사 지식을 배우는 데 흥미가 있었다.

> "한국인이니깐 당연히 한국사를 알아야 해요."
> "그냥 외우면 점수가 잘 나와서 좋아요."
> "우리나라의 과거를 알아가는 게 재미있잖아요."
> "역사의 흐름을 알고 공부하니까 흥미로워요."

흔히들 역사를 배우는 것은 지식을 쌓는 일이라 생각한다. 소소한 지식을 알아 퀴즈를 잘 풀거나 남들이 모르는 사실을 알면 역사를 잘 안다고 생각하는 경향과 같다. 중학교 때 역사 선생님이 잘 외울 수 있게 가르쳐 줘서 좋았다고 응답한 학생도 있었다. 한편, 어떤 학생들에게 역사는 재미있는 이야기였다.

"소설책 보는 느낌이에요."
"위인이나 전쟁 이야기를 들으면 재밌어요."
"내가 살지 않았던 시대의 이야기를 상상하면서 들으면 신기하잖아요."
"사극 보는 걸 좋아하고, 역사 만화책 읽는 게 재밌어요."
"역사 속 인물들에게 어떤 일이 있었고 또 그들이 어떻게 행동했는지를 배우는 게 좋아요."

역사를 단지 재미있는 옛이야기라고 생각하는 경향은 학생이나 일반인 모두에게 나타난다. 텔레비전이나 라디오, 소셜미디어에서 자극적이고 선정적으로 말하는 사람을 내세워 전달하는 가볍고 얄팍한 이야기를 역사라고 생각하는 경향도 이와 같다.

대학에서 역사나 역사교육을 전공하는 학생들도 비슷하다. 교생 실습을 온 학생들의 이야기를 들어보면, 역사교육론을 배우고 나서야 역사가 논쟁적인 성격을 가진 학문이고, 비판적으로 사고하는 것을 가르치는 과목임을 알게 되었다고 한다. 역사가 가진 다양한 해석과 논쟁성의 매력에 빠지는 학생도 있지만 자신이 생각했던 '역사'와 달라 역사교사의 길을 접는 경우도 있다고 하니 '재미있는 이야기'로서의 역사가 가진 매력은 크다.

반대로 역사를 싫어한다고 응답한 학생들의 대답도 눈여겨봐야 한다. 이 학생들은 역사가 "어렵다", "읽어야 할 글이 많아서 지루하다", "외울 게 너무 많다"라고 했다. 이는 역사가 이야기로서의 특성 때문에 텍스트가 긴 반면, 학생들의 문해력은 떨어졌기 때문에 나오는 반응이다. 예전 학생들도 텍스트 읽기를 힘들어했지만, 요즘 학생들은 유튜브 등 3분 정도의 짧은 동영상 재생 시간에 익숙해져서 텍스트 읽기를 더 힘들어한다.

이렇게 역사에 대한 학생들의 호감도를 확인했다. 학생들이 역사를 좋아하는지 싫어하지를 알고 수업 계획을 세워야 하는 건 맞지만, 학생들이 익숙하게 여기고 좋아하는 '역사'에 맞추어 수업을 디자인할 것은 아니었다. 학생들이 함께 읽으며 배우는 즐거움을 알았으면 좋겠다는 바람으로 상호협력과 텍스트 읽기, 비판적 생각하기를 배우는 수업을 디자인하기로 했다.

3

1년 후, 변화한 역사 호감도

1년 동안 학생활동 중심 수업을 하고 난 뒤 다시 학생들에게 역사에 대한 호감도를 물었다. 학년 초와 비교하면 역사수업이 재미있었다고 하면서 호감을 보이는 학생은 조금 늘었고, 수업이 힘들었다며 비호감을 보이는 학생은 조금 줄었다. 역사에 대한 호감도가 드라마틱하게 변하지는 않았지만, 역사를 좋아하는 이유는 크게 달라졌다. 학생들은 스스로 참여하며 배우는 수업을 들으며 역사수업이 재미있어졌다고 했다. 그리고 가장 기억에 남는 수업으로 '일본군 위안부 문제 프로젝트' 수업을 꼽았다.

"길거리에서 사람들에게 말을 걸어본 게 처음인데, 신기하고 재미있는 경험이었어요."

"내년에 후배들도 위안부 프로젝트 활동을 꼬옥 했으면 좋겠어요. 제일 기억에 남는 활동이었으니깐요."

"위안부 할머니들을 돕기 위한 굿즈를 누가 사줄까 했는데, 의외로 사람들이 많이 사줘서 기뻤어요. 게다가 훨씬 많은 돈을 주기도 했어요. 할머니들에게 기부하면서 조금이나마 위안부 문제에 도움이 되었구나 싶어 뿌듯했어요."

학생들은 프로젝트 수업으로 일본군 위안부 문제와 관련된 쟁점을 시민들에게 알리는 활동을 했다. 이 과정에서 '처음으로' 역사가 재미있는 과목이라고 느꼈다는 학생도 있었다. 학생들은 직접 디자인하고 만든 굿즈를 판매하고 그 수익을 기부하며 느낀 점을 기록하는 역사수업을 통해 성장했다.

학생들이 기억에 남는 수업으로 두 번째로 많이 꼽은 것은 CEDA 토론이었다.

"토론을 준비하면서 처음으로 논문도 찾아보고 다양한 기사를 검색해봤는데 재미있었어요."

"내가 토론한 주제인 박정희 경제성장에 대해서는 확실하게 설명할 수 있을 것 같아요."

"교차 질문의 역할을 맡아 상대방의 허점을 찾아내 공격할 때 역사를 공부하는 재미가 느껴졌어요."

토론수업을 준비하면서 학생들은 논문을 비롯한 주제에 관한 자료를 찾고 검토해야 했다. 또 검토한 자료를 잘 이해해서 자기 언어로 표현하고, 상대 팀과 상호작용을 통해 역사 논쟁을 경험하며 역사의 재미를 느꼈다고 했다.

마지막으로 학생들이 역사에 호감을 느끼게 한 것은 수업 방식이었다.

> "수업시간에 경직되지 않고 자유롭게 이야기 나눌 수 있어서 좋았어요."
>
> "중학교 때와 달리 선생님의 설명을 일방적으로 듣는 게 아니라, 우리가 상의해보고 알아가는 방식이라 새로웠어요."
>
> "두 가지 견해 중 하나를 선택하는 활동이 어려울 때도 있었지만, 역사를 바라보는 게 다를 수 있구나 해서 신선했어요."

학생들은 스스로 찾아보고, 근거가 맞는지 따져보고, 다른 친구의 이야기를 들어보고 자신의 생각과 다른 부분은 무엇인지를 비교하는 수업에 흥미를 느꼈다고 했다.

역사수업이 좋았다고 평가한 학생들은 교사가 일방적으로 설명하는 수업이 아니라 스스로 하는 학습이라 좋았다고 말했다. 친구들과 토론하며 하나씩 알아가면서 역사공부에 자신감을 가지게 되었고, 역사 문제에 대해 공감하고 사회 속에서 실천해본 경험은 활자로 배운 것보다 훨씬 기억에 남는다는 것이었다.

반대로 역사수업이 부담스럽고 힘들다고 한 학생들은 새로운 수업 방식이 싫었다고 답했다.

> "수업시간에 내 생각을 계속 말해야 해서 힘들었어요."

"글쓰기는 왜 그리도 많은지……."

"프로젝트로 밖에 나가서 활동하는 건 너무 고생스럽고 싫어요."

"요약을 안 해줘서 시험공부 하기가 힘들었어요."

수동적인 성향이 강한 학생들은 스스로 해야 하는 활동을 좋아하지 않았다. 또 자존감이 낮거나 학업역량이 부족한 학생들도 자신들이 주체가 되어 하는 학습 활동을 힘들어했다. 이 학생들은 자기 생각 표현하기나 비판적으로 읽기보다 교사가 내용을 잘 정리해서 암기할 수 있게 도와주길 바랐고, 토론이나 프로젝트 수업 등 익숙하지 않은 학습에 대해서도 부정적이었다. 하지만 학습 활동이 성적에 반영되기 때문에 스스로 변해야 했고, 실제로 서서히 변화하는 모습을 보이기도 했다.

4

학생이 말하는 자신의 성장

학년 초 학생들에게 '역사수업을 듣고 변화하기를 기대하는 점'을 물었을 때, 역사적 지식이 풍부해지면 좋겠다는 반응과 한국사 점수가 좋았으면 좋겠다는 반응이 가장 많았다.

학년 말이 되어 1년 동안 한국사를 배우고 나서 달라진 점을 물으니, 학년 초에 지식과 성적에 관한 답변이 주를 이룬 것과 달리 학생들은 자신들의 역량이 자랐다고 답했다. 사회적(공적) 공간에서 말하기, 논쟁적 관점에서 바라보기, 인식의 확장, 비판적으로 사고하기, 사회 속에서 실천하기 등을 언급했다. 교사들이 학생들에게 "역사교실이 이렇게 되면 좋겠다"라든지, "○○한 모습으로 성장하면 좋겠다"라고 말로 설명한 적은 없었다. 하지만 학생들이 역사교사들이 바라는 모습으로 성장했음을 확인할 수 있었다.

> "한쪽 입장에서만 생각하고 그것만 옳다고 생각하는 경향이 있었는데, 모둠 안에서 서로 다른 입장으로 토론을 많이 하다 보니 사건이나 인물을 평가할 때 더 많은 생각을 할 수 있고, 절대적인 선과 악은 없다는 것을 알게 되었다."
> "일단 무언가를 보면 생각을 하게 된다. 이런 사건에 대해 내 의견은 어떤지부터 왜 이런 선택을 했을까 등이 머릿속을 스쳐 지나간다. 한국사 수업을 하며 생각이 많아진 것 같다."
> "이론만 배우고, '아, 이런 일은 일어나면 안 되는데'라든가 '빨리 해결되었으면'이라고 생각만 하고, 더 알아보거나 실천하지는 않았다. 그런데 올해는 실천하고 더 알아가는 시간이 많았다. 그래서 더 많이 깊게 알게 된 것 같다."

교사들은 역사수업을 통해 학생들과 소통했고, 그 결과 학생들이 역사를 대하는 태도가 변하고 역량도 함께 성장했다. 학생들이 진지하게 역사를 대하는 사람으로 성장하는 것을 지켜보는 일은 교사로서 더할 나위 없이 즐거운 경험이었다.

9장

읽고 듣고 말하면서 배우는 모둠수업

1

와글와글, 학생들 목소리가 넘치는 교실

만덕고에서는 대다수 수업이 모둠으로 진행되었다. 수업이 시작되면 복도는 교실 안에서 퍼져나오는 학생들의 소리로 가득하다. 모둠별로 이야기를 나누는 소리와 발표하고 박수 치는 소리 등등. 만덕고에 모둠수업이 정착되면서 교실은 활기가 넘쳤고, 수업시간은 교사들의 강의 소리보다 아이들이 주고받는 말소리로 가득 찼다.

역사과 수업도 그랬다. 수업이 시작되면 교사들이 학습지를 나눠주는데, 학습지에는 그날 공부할 주제에 관한 내용과 학생들이 함께 답을 찾아야 할 질문이나 토론 주제 등이 담겨 있었다. 학습지를 받은 학생들은 자연스럽게 돌아가며 텍스트를 읽었다. 역사 지식이 없어도 읽는 건 할 수 있으니 모든 학생들이 빠짐없이 글을 읽었다. 글을 읽고 나면 서로 의논해서 질문의 답을 찾았다.

3학년 동아시아사, '2차 세계대전 이후 한중일 헌법 비교' 수업 중

혜성 중국 헌법이 만들어지는 배경이 된 역사적 사건을 쓰라는데? 헌법 전문에 있대.

선희 신해혁명?

혜성 맞는 거 같다. 신민주주의와 신해혁명.

소영 신애? 신에?

연우 신'해'다!

혜성 일본 헌법에 쓰여진 정치체제는……. 입헌군주제라고 쓰자.

소영 입헌이 뭐야?

혜성 왕도 있고 국회도 있고 그런 거……. 입헌군주제하고 내각책임제가 함께 있기도 하지.

소영 (경제체제를 적는 칸을 물끄러미 쳐다보다가) 계급이 뭐지?

소영이는 역사에 대해 잘 알지 못했다. 하지만 부끄러워하지 않고 모둠원들에게 끊임없이 물었다. 교사에게 물어보기 사소한 것도 친구들에게는 마음 편하게 물어볼 수 있었다. 친구들은 모든 질문에 답해줬고, 친구들의 도움을 받아서 학생 2는 한중일 헌법을 비교하는 도표를 완성할 수 있었다.

이렇게 모둠 속에서 서로 배우는 것에 익숙해진 학생들은 모를 때 물어보는 것을 부끄러워하지 않았다. 개성공단에서 노무사로 일했던 분을 강사로 초빙해 남북관계에 대해 강의를 들을 때였다. 강의가 끝나자, 학생들이 손을 들고 질문했다. "진짜 북한 사람을 봤어요? 무섭지 않았어요?", "남북관계가 다시 좋아질 가능성이 있나요? 어떤 조건 아래서 가능할까요?"

학생들은 남북관계의 전망을 물을 정도로 수준 높은 질문부터 고등학

학생들의 모둠활동 모습

생이 했다고 하기엔 다소 유치한 질문까지 다양하게 물었다. 이날 강사는 학생들이 다양한 수준의 질문을 거리낌 없이 적극적으로 던지는 모습에 놀라워했다. 교사들이 딱히 모르는 것을 질문하는 것보다 모르는 상태로 머무는 것이 더 부끄럽다는 것을 강조하지 않았는데도 학생들은 모둠활동을 통해 묻고 배우는 방법을 체득했던 것이다.

모둠학습에 대한 고정관념 중 하나는 공부 못하는 학생들에게'만' 도움이 된다는 것이다. 공부를 못하는 아이들의 경우 강의식으로 수업하면 교사의 말을 어려워하며 딴짓을 하거나 잠을 청하는 등 공부로부터 도피하는데, 모둠수업을 하면 공부 잘하는 학생들의 도움을 받아서 배우게 된다는 얘기다. 이와 달리 지적, 언어적 능력이 뛰어나고 공부 잘하는 아이들은 강의식 수업에서 많은 내용을 습득할 수 있는데, 모둠수업을 하면 배우는 내용도 적어지고 공부 못하는 아이를 도우며 책임져야 하는 위치에 놓여서 손해를 본다는 것이다.

하지만 모둠수업을 주도하는 아이들은 자기가 아는 내용을 남이 이해하도록 설명하는 것이 자기 학습에 도움이 된다는 것을 알고 있었다.

교사 모둠활동을 하면서 스스로 변화한 부분이나 성장한 부분이 있어?

은주 저는 성장한 것을 느끼는데, 모둠활동에 적극적이지 않은 애들이 성장한 거를 느끼지 못하겠어요. 왜냐하면 제가 답을 말하면 그 친구들은 수동적으로 따라 하는 것뿐이니까.

교사 네가 성장했다고 하는 부분은 어떤 면인 것 같아?

은주 원래 학습하는 면에서 가르치는 게 가장 자기가 배우기 좋다고 하잖아요. 왜냐하면 저희는 이미 아는 내용을 한번 더 설명하니까……. 그런 면은 저에게 좋고 한데, 걔네가 얻어가는 면이 있기는 할까요?

은주는 친구들에게 가르쳐주는 것이 자신에게도 도움이 된다고 생각했다. 자기가 알고 있다고 뽐내고 과시하는 것이 아니라 친구가 같이 공부했으면 하는 마음이었다. 만약 강의식 수업이었다면 옆의 친구가 아는지 모르는지 알 수도 없고, 신경 쓸 겨를도 없었을 것이다. 하지만 모둠학습을 하면서 옆에 앉은 친구가 모르는 정도를 살펴서 가르쳐줄 수 있었다.

또 수업시간에 뻗대고 공부를 거부하는 학생들은 교사의 가르침보다 친구들과의 관계에서 배워야 하는 이유를 찾았다. 은주가 들려준 이야기 속의 성희가 그랬다.

(같은 모둠 구성원이) 너무 공부를 안 하는 애들이라 나만 하겠구나 싶었는데, 생각보다 애들이 너무 열심히 해주고, 안 할 거 같은 성희가 저한테 질문도 하는 거예요. 그래서 좀 놀랐어요. 그리고 저한테 이렇게 말했어요. "니가 나를 수행평가 너무 안 하는 애로 보는 것 같은데, 내 입장에서 학교 시험은 중요하지 않지만, 수행평가에서는 최대한 애들에게 피해를 주지 않으려고 노력하는 편이니까 그렇게 봐줬으면 좋겠어"라고 얘기한 적이 있

어요. 그래서 제가 진짜 미안했어요. 저는 걔가 그 말을 해준 게 너무 고마웠어요.

배움으로부터 도주하려는 아이들에게 공부를 하지 않아도 되는 이유는 수없이 많다. 몰라서, 하기 싫어서, 잠이 와서, 성적 따위는 신경 쓰지 않으므로, 내 진로는 수능점수가 필요 없어서……. 하지만 모둠수업을 통해 친구들과 함께 배우는 것에 대해서는 다르게 생각했다. 귀찮아도 친구 눈치가 보여서, 또는 미안해서 같이 공부하려고 했다. 그리고 재미가 있으면 금상첨화겠지만……. 그게 아니더라도 친구들과 함께 읽고 이야기를 나누면서 배우는 즐거움에 물들게 해야 한다.

2

학생들이 서로 가르치고 배우는 모둠수업

만덕고등학교 새 학기는 모둠수업에 대한 안내로 시작한다. 학생들은 신입생 오리엔테이션에서 모둠수업에 대한 안내를 받는다. 모둠수업을 통해 협력, 표현력, 리더십을 비롯한 능동적 태도와 비판적 사고력을 성장시킬 수 있고, 이는 미래사회에서 필요한 역량이라는 설명이 더해진다. 학부모들은 학부모총회에서 같은 내용을 전달받는다. 교사들의 경우 새 학기를 준비하는 2월 워크숍에서 모둠수업의 장점과 운영방식을 소개받는다.

하지만 교사마다 모둠수업에 대한 경험과 생각이 달랐다. 어느 학급에서 있었던 일이다. 학습태도가 좋지 않은 학생들이 있었다. 우울증 증상으로 잠만 자는 혜미, 고등학교 진학 이후 학업에서 손을 놓은 해진, 자퇴하고 싶다는 말을 입에 달고 사는 혜성, 미용으로 진로를 정한 후 떠들거나 잠만 자는 성희. 이 친구들이 여러 과목 선생님들에게 지적을 받자 담임선생님이 벌을 준다는 의미로 이들 넷을 모아서 모둠을 구성했다.

이 모둠의 학생들은 할 수 있는 게 없었다. 가끔 수업에 참여해볼까 하다가도 모르는 질문을 만나면 금방 포기했다. 다른 모둠에 속했을 때는 친구들의 도움을 받아 참여하고 학습하기도 했지만, 이 모둠에서는 서로 도움을 수지도 받지도 못하니 머리를 맞대고 엎드려 잤다. 1교시부터 마지막 시간까지, 어느 과목을 막론하고 잠만 잤다. 수업하는 선생님들도 고역이었다. 네 명을 깨우느라 수업의 흐름이 끊어졌고 진도도 잘 나가지 못했다. 네 명을 모아놓으면 정신 차리고 공부할 줄 알았던 담임선생님은 다른 선생님들의 민원이 들끓자 이 모둠을 해체했다. 이 아이들은 그제야 학습에 참여했다. 모둠수업을 할 때 교사들이 놓치는 것이 모둠은 다양한 능력을 가진 이질적인 집단으로 구성해야 한다는 원칙이다. 능력이 제각각이어야 서로 가르치고 배울 수 있다.

모둠학습은 대화를 전제로 한다. 대화를 통해 말하는 것뿐만 아니라 듣는 것도 배운다. 학생들은 모둠학습에서 대화를 통해 일방적으로 자기 생각만 피력하는 것이 아니라 듣는 사람을 고려하며 이야기하는 방식을 배운다. 이렇게 말하고 듣고 하며 서로의 경험을 연결하면서 관계성과 협력을 배울 수 있다. 잘 듣고 이야기하는 것은 가장 기본이 되는 학습태도다.

학생들은 모둠 안에서 토론하면서 아는 것과 모르는 것을 구분하고 모르는 것을 탐구하는 방법을 배운다. 대화를 통해 논쟁점을 드러내고 질문을 제기하고 자기 생각을 표현하는 과정에서 비판적 사고력과 성찰하는 능력을 기를 수 있다. 대화는 학생들에게 숙고하는 방법을 알려준다.[21]

세기 교육에서 중요하게 여기는 역량인 협력, 표현력, 성찰을 포함한 사고력을 기를 수 있다는 점에서 모둠학습은 가능성이 풍부하다.

언어학자 놈 촘스키(Noam Chomsky)도 말했듯이 말로 표현할 수 없는 지식은 진정으로 아는 것이 아니다. 만덕고 역사교사들은 학생들이 역사 텍스트를 읽고 대화를 통해 배우며 자신이 알게 된 것을 자기 말로 표현할 수 있도록 모둠수업을 이끌었다.

3
모둠수업으로 역사를 배우는 학생들

학생들은 역사수업에서 역사 지식도 배워야 하고, 논쟁점에 대해 자기 의견을 말하고 친구들의 이야기를 듣고 생각도 넓혀야 한다. 역사시간에 모둠수업은 지식을 배우는지, 토론을 통해 협력을 배우는지, 논쟁하는 법을 배우는지 등 어떤 학습을 목표로 하는지에 따라 다르게 진행되었고, 학생들이 배우는 것도 달랐다.

▶ 습득해야 할 역사 지식이 정해져 있는 경우

역사과를 포함해 모든 교과목에서 학습은 새로운 지식을 습득하면서 진행된다. 역사학습은 역사 사실을 습득하고 그 지식을 바탕으로 비판적 사고력을 기르는 것을 목표로 한다. 그래서 수업 주제에 대한 기본적인 역사 지식을 가독성 있는 텍스트로 제공하고 발문을 제시해 모둠원들이 함께 답을 찾는 형식으로 학습을 설계했다. 교사가 학습지를 나눠주면 학생들은 돌아가면서 텍스트를 읽고 함께 생각하고 도와가면서 답을 찾았다. 어떤 경우는 교사의 의도대로 모둠 안에서 배움이 일어났고, 어떤 경우는 그렇지 못했다.

3학년 동아시아사 수업 중

혜성이는 역사에 대한 선행 지식도 풍부하고 독해력도 뛰어난 학생이었다. 혜성이는 모둠의 리더 격으로 친구들에게 자신의 답을 베껴 쓰게 하지 않고 친구들의 의견을 먼저 물어보았다. 그리고 친구의 답변에 경청하면서 적극적으로 호응했다.

혜성 (각 헌법을 비교하는 질문에 대한 승민의 답을 확인하고) 승민아. 너는 어때? 적은 거 같은데?

승민 (본인 거 보여주고) 니는 이 부분 뭐라고 썼는데?

혜성 나는 한국이라고 썼어.

승민 (자신의 답과 혜성이의 답을 비교한다.)

2학년 세계사 수업 중

수업을 시작하고 교사가 모둠활동을 안내한 후, 모둠에서 '브레인'이라고 불리는 진희는 모둠원들과 대화를 하지 않고 혼자서 과제를 풀었다. 혼자서 묵묵히……. 수민이와 하늘이는 서로에게 물어봤지만 답할 수 없었다. 대화가 뚝뚝 끊어졌다. 혼자서 묵묵히 목차를 정리하던 진희가 처음으로 입을 연 것은 수업 시작 27분경, 혼자서 완성한 목차를 모둠원에게 공개했고, 자신이 구상한 대로 하자고 제안했다. 갈피를 못 잡고 있었던 아이들은 진희의 제안을 받아들였다.

혜성이와 진희는 모둠에서 과제를 해결할 능력을 가진 학생이라는 점은 같았지만, 둘의 역할은 달랐다. 혜성이는 모둠 친구들이 잘하고 있는지 살펴보고 의견을 물어보며 다른 친구가 먼저 말할 수 있게 했다. 혜성이네 모둠의 구성원들은 적극성이 떨어지는 편이었지만, 대화가 끊이지 않았고 함께 과제를 해결했다. 진희는 혼자서 과제를 해결했고, 친구들에게 자신의 결과물을 공유했을 뿐이다. 진희는 협력하는 방법을 알지 못했다.

관점을 바꿔서 이렇게 물어볼 수 있다. 혜성이와 진희 중 누가 더 많이 배웠을까? 혜성이네 모둠과 진희네 모둠 중 어느 모둠이 더 많이 배웠을까? 혜성이는 친구들의 의견을 들으면서 자기 생각을 정리하고 친구들의 이해 정도를 살피면서 뭐가 문제인지 따져 묻는 사고 활동을 했다. 그 과정에서 자기가 아는 것을 되새기고 친구들의 이야기도 들을 수 있었다. 반대로 진희는 모둠에 앉아 있었지만, 혼자서 답을 찾았고 친구들을 도와주지도 않았고 친구들의 생각을 듣지도 못했다. 단언컨대 혜성이와 그 모둠이 더 많이 배웠다고 할 수 있다. 수업하다가 보면 혜성이네 모둠 사례도 있고 진희네 모둠 사례도 있다. 혜성이네 모둠의 경우 교사는 지켜보면서 격려하면 되지만, 진희네 모둠처럼 리더 학생이 역할을 하지 못하면 교사가 대화를 유도해서 모둠학습의 장점을 살려야 한다.

또 대화는 많이 오고 가는데 수업 주제와 상관없는 대화만 하는 모둠도 있다. 이런 모둠은 역사 지식은 없지만 소통능력을 가진 학생들로 구성된 경우다. 이런 모둠의 경우 교사가 모둠의 대화에 참여하여 모둠 구성원이 과제를 달성할 수 있게 도와주어야 한다. 모둠원들이 어디에서 머뭇거리는지 파악하여 힌트를 줄 수도 있다. 교사가 리더 역할을 하면서 학생들을 학습으로 이끌어줘야 한다. 또는 모둠 구성원들이 모두 소극적이거나, 앞에서 언급했던 혜미네 모둠처럼 학습 의욕도 떨어지고 잘 모르는 학생들로 구성된 모둠은 해체하고 학습능력이나 소통능력을 갖춘 학생들과 함께 모둠에 배치해 그들에게 배울 수 있게 해야 한다.

▶ **협력해서 결론을 도출하는 경우**

역사수업은 때로는 정답이 없는 질문을 중심으로 진행할 수도 있다. 역사는 다양한 해석을 비교하면서 사고하는 방법을 배우는 과목이기 때문이다. 역사 주제를 두고 토의하면서 서로 생각의 차이를 파악하고 절충하는 과정, 논리적인 주장을 선별하는 과정을 배우는 것은 아주 중요하다.

역사 인물이나 사건을 평가해보기, 기존의 역사 서술을 비판적으로 읽고 다시 쓰기 등 선행 지식의 유무와 상관없이 학습할 수 있는 주제들이 있다. 만덕고 역사수업에서 모둠학습은 주로 이렇게 정답이 없이 의견을 나누고 모으며 함께 배우는 시간이었다. 이를 유형화시키면 다음과 같다.

유형	사례	학생의 배움
토의학습	• 흥선대원군의 정책은 누구를 위한 것인가? • 〈새야 새야 파랑새야〉에 담긴 사람들의 마음은? • 갑오개혁에 대한 우리들의 평가 • 가미카제 특공대를 죽음으로 몰고 간 것은 무엇이라고 생각하는가?	• 역사에 대한 다양한 의견을 절충 및 종합하기
비판적 읽기와 쓰기	• 후소샤 교과서 고쳐 쓰기 • 헌법재판소 박근혜 대통령 탄핵 판결문 다시 써보기 • 극동국제군사재판 판결문 다시 쓰기 • 베트남전쟁 한국군 민간인 학살 진상규명을 위한 시민평화법정 판결문 다시 쓰기	• 협력 • 역사적 평가 및 다시 쓰기
계획하고 실행하기	• 한국전쟁 민간인 학살 추모 기념관 건립안 • 3·1운동 뉴스 대본 쓰기 • 일본군 위안부 문제 해결을 위한 프로젝트 수업	• 협력 • 사회 속의 역사 문제 인식

'토의학습'은 열린 발문을 제시해서 진행했다. 특히 고정관념에서 벗어날 수 있는 발문을 통해 학생들이 역사 해석의 다양성을 배울 수 있도록

했다.

교사가 "가미카제 특공대를 죽음으로 몰고 간 것은 무엇이라고 생각하는가?"라는 발문을 던지자, 학생들은 국가의 명령, 사무라이 정신 등 여러 해석을 내놓았다. 그중 가장 영향력이 컸던 요인을 찾아야 했기 때문에 학생들은 의견을 모았다. 이 과정에서 자신의 의견이 채택되기도 하고 배제되기도 했다. 제3, 제4의 의견으로 결정되는 경우도 있었다. 학생들은 이 과정에서 자기 의견을 표현하고 다른 의견과 조율하며 종합하는 법을 배웠다. 또 모둠별 결과를 반 전체가 공유하는 시간을 통해서는 다른 모둠의 결과를 들어보며, 상황과 구성원의 차이에 따라 결정이 달라질 수 있다는 것도 배웠다.

예를 들면 다음과 같다. 모둠 안에서 어떤 친구가 침략전쟁을 수행하는 국가의 명령을 어길 수 없어서라는 의견을 내놓았다. 하지만 그 모둠에서는 세뇌교육의 효과라는 의견이 우세해서 후자로 모둠의 의견을 도출했다. 그런데 모둠 토론 결과를 학급 전체와 공유할 때 다른 모둠에서 국가의 명령으로 의견이 모인 것을 보면서 생각의 다양성을 확인하고 상황과 구성원에 따라 합의가 달라질 수 있음을 배웠다.

모둠에서 의견을 하나로 정리해서 내라고 하면 아이들은 다수결을 하는 경우가 많다. 그럴 때 교사는 다수결의 한계를 알려주고 합의점을 찾으라고 안내해야 한다. 다수결보다 합의하는 것이 더 어렵다. 학생들은 서로의 이야기에 귀를 기울이고, 설득을 위해 목소리를 높이기도 하고, 자기 의견을 철회하기도 한다. 이때 교사는 역사에 다양한 해석이 있는 것은 자연스러우며, 더 설득력이 있는 해석이 지지받고 채택된다는 사실을 인지시킨다.

'비판적 읽기와 쓰기'를 모둠학습으로 진행하면, 학생들은 혼자서 쓰기 어려운 글도 완성할 수 있었다. 한국사 시간에 '베트남전쟁 한국군 민간인 학살 진상규명을 위한 시민평화법정 판결문 다시 쓰기', 동아시아사 시간에 '후소샤 교과서 고쳐 쓰기'를 모둠과제로 진행했다. 학생들은 함께 시민평화법정의 판결문을 읽고 해석한 후 서로의 의견을 모아서 판결문을 한 줄 한 줄 써 내려갔다. 자신의 시각이 판결문에 반영되는 경험을 통해 뿌듯함을 느꼈고 친구들이 사용하는 언어, 문장 구조도 배웠다.

판결문을 완성하고 나서 실제 판결문과 비교했는데, 시민평화법정의 판결문은 민간인 학살 여부에 집중되어 있었다. 학살에 대한 사실 확인과 세심한 진상규명, 사죄, 배상을 명시했다. 학생들이 쓴 판결문은 여기서 한 걸음 더 나아가 역사교과서에서 이 사실을 제대로 가르칠 것과 각종 전시물을 활용해서 역사교육의 기회로 삼아야 할 것 등을 담았다. 시민평화법정의 판결문과 만덕고 학생의 판결문을 비교하면서 시민평화법정 판결문의 보완점을 생각해볼 수 있었다.

'계획하고 실행하기'는 프로젝트 수업처럼 하나의 주제를 긴 시간 동안 탐구하고 배우는 과정을 모둠별로 수행하는 것이다. 11장의 3절 '교실 밖에서의 역사 탐구, 프로젝트 수업'에서 자세히 다룰 것이다.

▶ 논쟁성을 배우는 모둠학습

역사는 본질적으로 논쟁적이므로 학교 수업에서도 논쟁을 가르쳐야 한다. 사회에는 역사를 둘러싼 논쟁이 촉발되는 경우가 빈번하다. 이런 역사 논쟁에 누구나 참여한다. 역사를 전공하지 않은 사람들도 박정희나 김대중에 대한 역사 논쟁이나 친일에 대한 논쟁에 한마디씩 거들 수 있다.

그리고 역사 지식의 양과 논쟁에서 보이는 발언의 질은 정비례하지 않는다. 국내외의 최고 대학을 나온 사람들도 논쟁에서 저급한 역사 인식을 보여주기도 하고, 많이 배우지 못해도 증거에 기초해서 다각적이고 종합적인 인식을 보여주는 사람도 있다. 학교에서는 증거에 입각해서 자신의 논리를 펼치는 것을 가르쳐야 한다. 나와 생각이 다른 사람의 이야기도 귀를 열고 듣는 것을 가르쳐야 한다. 논쟁은 더불어 살아가는 사회에서 반드시 배워야 할 요소인데, 이를 가르치기에 역사가 아주 좋은 과목이다.

논쟁적 역사수업을 위한 모둠학습은 역사 사실 전달과 지식 습득을 목적으로 한 학습과 다른 형태로 진행되어야 한다. 이때 학습의 목표는 근거에 입각해서 논리적으로 사고하고 자신의 이야기를 설득력 있게 표현하는 법을 배우는 것이다. 역사 인물이나 사실의 좋고 싫음을 떠나 주제에 대한 정보를 바탕으로 하나씩 짚어가며 판단하는 과정을 친구들과의 상호작용을 통해 배울 수 있게 학습이 설계되어야 한다.

학생들은 갑론을박하면서 역사의 논쟁성을 배웠다. 역사 지식이 많고 적고를 떠나 설득력 있고 논리적이어야 함을 배운 것이다. 이런 모둠수업에서는 역사를 잘하는 학생이거나 그렇지 않은 학생이거나 모두 다양한 의견에 목말라했다.

선호 아쉬웠던 점은요, 강하게 의견을 말했던 탓인지 제 성적이 좋아서인지, 친구들이 제 말을 무조건 수용적으로 받아들이려고 했어요. 우리 학교 한국사 수업은 다른 인문학 관련 수업이 그렇듯이, 생각하는 힘을 키우는 데 집중하는, 적어도 생각할 기회를 만들어주는 수업이잖아요? 모둠원들의 다양한 의견을 들어보고 스스로 수정하는 과정이 나에게도 도움이 되겠다고 생각했지만, 아이들은 제 앞에서 의견을 말하지 않았어요. 그 점이 아쉬웠어요.

수영 저는 일부러 나중에 이야기하기도 했거든요. 좀더 다양한 이야기를 듣고 싶은데, 제가 말하면 대화가 끝나버리는 식이 되어서…….

아이들은 다양한 의견을 듣는 것이 자신의 사고에 도움이 된다는 것을 알고 있었다. 논쟁적 수업에서 교사는 웬만하면 자신의 견해를 제시하지 않는 것이 좋다. 학생들의 입장에서 실컷 논의했는데, 교사가 결론을 내린다면 맥이 풀리게 될 것이다.

논쟁적 수업에서는 어떻게 결론을 내리는지보다 논증하고 설득하는 과정을 경험하게 하는 것이 중요하다. 학생 중 자기 나름의 근거로 설득력 있는 논리를 펼치는 학생이 있다면, 그 학생의 의견을 발표시켜서 다른 학생들이 자기 입장이나 논거와 다른 부분을 생각하게 해야 한다. 경우에 따라서는 교사가 반론을 제기하며 학생들의 사고력을 향상시키는 방향으로 유도할 수도 있다. 수업에서 일어나는 여러 상황은 그때그때 다르고 상황에 따라 학생들의 사고력을 높이는 방향으로 교사가 판단해야 한다.

4
모둠수업에 대한 학생들의 평가

학생들은 역사수업에서 논쟁하는 모둠학습이 재미있다고 했다.

영희 역사는 정해진 답이 없어서 좋았어요.

은주 역사 공부는 우리 생각을 말하면 되는 점이 좋았어요.

역사수업을 통해 다양한 해석과 논쟁을 배워서 좋아했지만, 결론이 나지 않는 논쟁은 힘들어했다.

경호 저는 정혜하고 같은 모둠이 된 적이 있어요. 그런데 맨날 싸웠어요. 2학기 때 진짜 저랑 개랑 의견이 다르다 싶으면 주구장창 싸웠어요. 그래서 막상 정리하려니까 정리할 게 없는 거예요. 아예 상극이 되어서, 그 부분이 너무 힘들어서 저를 수긍해주는 애들이 필요하다고 느꼈어요.

민수 반대로 애들이 너무 수긍만 하면, 몇 마디 하고 나면 할 말도 없어지고, 조사를 할 때도 의견을 안 내니깐 조사하고 나면 서로 겹치는 부분이 많게 돼요. 그래서 더 조사가 안 되는 경우도 있어요, 그리고 수긍만 하다 보니까 다른 의견이 안 나와서 생각을 더 못 하게 되는 부분도 많은 것 같아요.

학생들은 의견이 달라서 모둠활동이 힘들기도 했지만, 자기와 의견이 다른 아이가 있어야 뭔가 더 새로운 생각에 이를 수 있다는 것도 알게 되었다. 또 자기와 다른 의견을 들으면서 자기 논리를 점검한다고 했다.

3학년쯤 되어서 모둠 내에 다른 의견이 나오면 "너는 왜 그렇게 생각해? 나를 설득해봐"라고 논쟁을 즐기는 모습을 보이기도 했다. 이렇게 학생들은 역사 논쟁을 하며 자신의 사고력을 키워갔다.

모둠학습과 관련해서 학생들이 싫어했던 일은 혼자 다 했는데 점수는 똑같이 받는, 이른바 '무임승차'가 일어나는 상황이었다. 모둠의 리더 역할을 하는 학생들은 모든 것을 다 짊어져야 한다는 의무감이 있었다.

수영 저는 프로젝트 과제를 할 때, 아이들이 아이디어를 제공한 부분도 굉장히 많았지만, 제가 짊어질 부분이 조금 더 많았거든요. 역할 분담하려면 할 수도 있는데, 그러면 또 성에 차지 않아서……. 그런 느낌이라서 그게 조금 그랬던 거 같아요.

하지만 학생들은 모둠학습에서 역할 배분을 자연스럽게 배우기도 했다. 친구들이 가진 장점을 파악하기도 했고, 배려도 배울 수 있었다. 역할 배분을 통해 친구들의 장점을 들여다볼 수 있게 된 스스로를 대견해하기도 했다.

경호 제가 조장을 여러 번 하다가 토론 모둠을 할 때는 제가 조장이 아니었어요. …… 내용 조사하러 PC방에 갔을 때, 습관적으로 친구들에게 "너는 이거 조사하고, 너는 이거 찾고, 너는 반박자료 이걸 조사하고, 읽어봐" 하고 있는 제 모습을 본 거예요. 조장은 다른 친구인데……. 제가 많이 성장했다는 것을 많이 느껴요. …… 저만 그런 건지 모르겠는데, 애들이 뭘 잘하는지 눈에 보인단 말이에요. 그래서 이거 얘가 하면 잘할 거 같은데 하면, 실제로 잘해서 그거 역할 배분 하나는 크게 무리는 없었던 것 같아요.

민수 그리고 역할 배분을 해놓으면 자기도 할 일이 생긴 거니까 하기는 하는데, 조금 부족한 경우가 없진 않잖아요. 거기서 조금 도와주는 정도로 하는 거지. 중3 때까지는 저도 잘하는 친구를 따라가는 느낌이었는데, 고등학교에서 모둠장으로 역할 배분 같은 거 하다 보니깐 이제 내가 먼저 해야겠다는 생각으로 바뀌는 것 같아요.

태현 저는 모둠활동을 하면서 느낀 게 각자 한계가 있고 그거를 인정해야 편하더라구요. 걔도 자기 능력치가 그 정도니까 거기까지 하고, 저도 너는 이 정도구나, 그럼 내가 같이 도와서 이렇게 하자, 그렇게 하는 게 편하더라구요.

모둠장으로서 역할 배분을 하면서 자연스럽게 각자의 능력을 알게 되었다. 친구의 장점과 부족한 부분을 알게 되면서 배려를 체험하고 함께 배우게 되었다. 다음 글은 졸업생의 글이다. 학생들은 모둠학습을 통해 많이 성장했다고 생각하고 있었다.

처음에는 모둠수업이 어색했고 성적향상에 도움이 되지 않는다고 생각했다. 하지만 지난 3년을 돌아보니 나는 모둠활동을 통해서 다양한 것을 배웠다. 첫 번째로 배려. 모둠활동을 하면서 많은 의견 충돌, 갈등이 있었다. 그때 감정적으로 대하지 않고 친구의 입장에서 이해하려고 노력했다. 두 번째로 협력. 모둠활동의 주목적은 협력이라고 이야기할 수 있다. 서로 이해하고 배려하면서 문제를 해결하는 과정에서 협동심을 느낄 수 있었다. 세 번째로 자신감. 나는 사람들 앞에서 말을 잘 못하는 편이었다. 나의 의견도 잘 주장하지 못했다. 하지만 이제는 많은 사람들 앞에서 떨지 않고 자신감 있게 발표할 수 있게 되었고 나의 의견도 자신 있게 주장할 수 있다. 모둠활동뿐만 아니라 다양한 활동들을 통해 많은 것들을 배웠다. 저를 가르쳐주신 모든 선생님들께 감사하다고 전하고 싶다. 그리고 3학년 ○반 31명의 친구들아, 내가 반장으로서 부족한 점도 많았는데 믿고 잘 따라주어서 고마워. 사랑해♡

모둠학습 이렇게 합시다

1. 모둠 구성은 어떻게 할까?

모둠은 이질적인 성별과 능력, 성향을 가진 학생들로 구성하는 것이 이상적이다. 그래야 서로 배울 수 있고 논쟁 수업도 가능하다. 만덕고에서는 남녀 혼성으로 모둠을 구성한다. 남학생 두 명, 여학생 두 명으로 모둠을 구성하고, 같은 성별은 대각선으로 앉게 한다. 아무래도 같은 성별끼리 대화를 많이 하기 때문에 대각선으로 대화가 오고 가게 한다. 그러면 그 옆의 학생들도 대화 내용을 듣거나 끼어들기 쉽기 때문이다. 남녀 혼성 모둠에서는 여학생이 모둠활동을 시작하는 말을 먼저 꺼내는 경우가 많다. 역사 지식이 많아서가 아니라 "뭐부터 할까?", "이거 답을 알고 있니?" 등 정도로 모둠활동을 시작하기 위해 제안하는 말이다. 만약 남고 또는 여고처럼 단성으로 구성된 학교라면, 소통이 많은 학생들을 대각선으로 앉히는 것이 좋다.

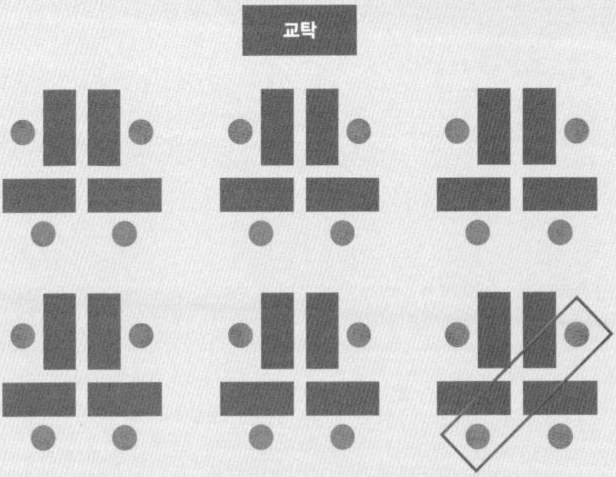

만덕고등학교 모둠학습 자리 배치

또 능력이 이질적인 학생들로 구성되어야 한다. 역사 지식의 많고 적음도 기준이 될 수 있지만 논쟁식 수업이나 역사 글쓰기 등을 통해 지식을 구성해보는 과제를 수행하게 하려면 표현력, 독해력, 논리력을 기준으로 하는 것이 좋다. 모둠수업을 진행하다 보면 학생들의 성향을 확인할 수 있다. 능동적-수동적, 보수적-개혁적, 경쟁적-협력적 등 개별 성향이 확인된다면, 모둠을 구성할 때 다양하게 섞일 수 있도록 조정한다.

3월 첫 달은 이 기준에 따라 담임교사가 정한 대로 모둠수업을 진행한다. 교사는 수업을 하면서 모둠이 역사과 모둠수업에 적절한지 살핀다. 담임교사가 구성한 모둠이 역사수업에 맞지 않을 때도 많다. 수학이나 영어 시간에 모둠 리더 역할을 하는 학생과 역사시간에 리더 역할을 하는 학생이 다르기 때문이다. 그래서 교사는 수업 중에 학생들의 활동과 상호작용을 관찰해서 모둠을 다시 짤 수 있어야 한다.

만덕고에서는 3월에는 그냥 담임교사가 정해주는 대로 모둠수업을 하고, 1학기 주제 탐구 직전에 1회, 2학기에는 프로젝트 수업과 토론수업을 앞두고 각각 1회씩 모둠을 재구성했다. 이렇게 3회의 모둠과제는 성적 반영 비율이 높았기 때문에 될 수 있으면 다양한 능력을 가진 학생들로 구성했다. 잘하는 아이들끼리 또는 못하는 아이들끼리 모둠이 되지 않도록 신경을 써야 한다. 만덕고에서는 다음과 같이 모둠을 구성했다.

역할	1 모둠	2 모둠	3 모둠	4 모둠	5 모둠	6 모둠	선정방식
모둠장	A	B	C	D	E	F	• 학급에서 추천받은 학생들로 구성한다. • 각 반 학생들이 생각하는 리더십을 나열한 후 추천하게 한다.
모둠원 1	A_1	B_1	C_1	D_1	E_1	F_1	• 모둠장이 자기에게 필요한 학생을 선택하게 하되, 반드시 이성을 선택하게 한다. • 모둠원 1은 모둠장을 보완할 능력을 가진 아이가 좋다는 것을 주지시킨다.
모둠원 2	A_2	B_2	C_2	D_2	E_2	F_2	• 자신이 가고 싶은 모둠을 선택한다. • 성비가 2:2가 되도록 한다.
모둠원 3	A_3	B_3	C_3	D_3	E_3	F_3	

모둠을 구성하는 과정에서 학생들은 자기에게 필요한 친구를 선택하는 것을 배울 수 있다. 동아시아사 프로젝트 수업의 모둠장이 된 민수는 강제징용과 관련해 도안을 활용한 프로젝트를 진행하고 싶어 했다. 민수는 모둠원 1로 미술을 전공하기 위해 학원을 다니는 선희를 선택했다. 선희도 민수와 함께하면 재미있을 것 같아서 수락했다. 모둠원 2와 모둠원 3도 누가 자기와 함께 모둠수업을 잘할 수 있는지 탐색하고 결정할 수 있어야 한다. 그래서 모둠을 구성하는 과정은 선택과 조정의 과정을 거쳐야 한다. 교사는 모둠을 구성할 때 학생들이 친구들이 가진 능력의 다양함과 자신에게 도움을 줄 수 있는 친구들을 탐색하고 손을 내밀 수 있게 안내한다. 이것은 협력을 배우는 데에 아주 중요하다.

2. 모둠수업을 시작하기에 앞서

모둠학습을 시작하기에 앞서 반드시 모둠수업의 의미를 설명해야 한다. 모둠수업이 학습에 도움이 되며, 협력하는 방법을 배우고 사고력을 키우는 데 아주 유용한 방법임을 설명하고 납득시켜야 한다. 이때 질문하는 태도가 필요하다고 강조해야 한다. 친구에게 모르는 것을 물어보는 것은 부끄러운 것이 아니며, 질문은 모둠의 대화를 이끄는 촉진제가 되므로 자신과 모둠을 위해서라도 질문에 망설이지 말라고 당부한다. 하지만 혼자서 하는 학습에 익숙한 아이들은 바로 행동이 달라지지 않는다. 그래서 교사는 학기 초뿐만 아니라 수업을 진행하면서 틈날 때마다 모둠학습의 의미를 설명하고 질문하기를 격려하고 강조해야 한다.

모둠학습을 시작할 때는 역할을 안내하고 부여하는 것이 좋다. 모둠학습을 잘하려면 모둠활동을 시작하는 말을 하는 학생(시작자), 그에 응답하는 학생(호응자), 발표하는 학생(발표자), 교사의 말을 번역해서 설명하는 학생, 질문하는 학생, 의문을 제기하는 학생 등이 고루 있어야 한다. 학년 초 교사는 의식적으로 모둠 구성원 4인에게 시작자, 호응자, 발표자, 질문자의 역할을 돌아가면서 할 수 있게 한다.

이상적 모둠학습을 위한 교사의 역할

㉠ 모둠 구성원의 역할 안내: 시작자, 호응자, 발표자, 질문자

㉡ 시작자 역할을 돌아가면서 하게 함

㉢ 칭찬하기: 각 역할을 잘하는 학생들에게. "이렇게 시작하니까 친구들도 생각을 잘하네!", "○○이의 질문은 아주 중요한데?" 등등.

협동학습을 연구하는 교사모임에서는 사회자, 발표자, 서기, 응답자 등의 역할을 고정한 모둠학습을 선호한다. 그러나 이 경우 학생들은 자기가 맡은 역할만 하려고 해서 역동적인 학습이 일어나지 않는다는 한계가 있다. 그래서 만덕고에서는 학생들에게 역할을 돌아가면서 맡게 했다. 각각의 역할을 수행하면서 학생들은 잘 몰랐던 자신의 역량을 발견하기도 한다. 또 시작자 역할과 호응자 역할을 번갈아 하면서 화자와 청자 역할을 경험한다. 이를 통해 학생들은 상대방의 이야기를 더 잘 듣게 되고, 듣는 친구를 배려해서 말하는 방법을 배우게 된다.

교사는 학생들이 맡은 역할을 잘하면 칭찬해야 한다. 칭찬을 통해 학생들은 자기 역할에 더 적극적으로 임할 것이다. 학년 초에는 잘하는 모둠이 있으면, 학급의 전체 학생들 앞에서 칭찬해주는 것도 좋다. "5모둠의 ○○이 이런 질문을 했는데, 이 질문 때문에 5모둠은 이런 생각까지 할 수 있게 되었네. 아주 잘했어요." 이런 칭찬을 통해 학생들은 모둠활동을 어떻게 해야 하는지 감을 잡을 수 있다.

교사가 역할을 주었는데 학생들이 제 역할을 하지 않는 경우가 있다. 그런 모둠은 오고 가는 대화도 없이 그냥 앉아 있는 경우가 많다. 이런 모둠이 관찰되면, 교사는 모둠 구성원들에게 맡은 역할이 무엇인지 묻고 그 역할을 하게 해야 한다. 가장 중요한 것은 말을 시작하게 하는 것이므로 교사가 적극적으로 개입해서 대화를 시작하게 해야 한다.

3. 모둠학습 운영은 어떻게 해야 하나?

모둠학습이 시작되면 교사는 각 모둠의 대화를 세심하게 관찰하고 적절하게 피드백을 해줘야 한다. 교사는 유연한 자세로 각 학생, 각 모둠, 학급 전체에 어떤 피드백을 해줄 것인지 순간순간 판단해야 한다. 모둠마다 학생마다 머뭇거리는 지점이 다르므로 어떤 질문은 즉답을 해야 하고 어떤 질문은 되묻기를 통해 학생들이 스스로 답을 찾게 해야 한다. 어떤 경우든지 학생들이 자기 수준에서 생각을 키울 수 있도록 안내해야 한다.

▶ 모둠학습을 시작할 때

첫째, 학생들이 모둠학습을 바로 시작할 수 있게 한다. 학생들은 모둠활동을 시작하면서 학습을 시작한다. 교사들은 전시 학습의 내용을 확인하거나 모둠활동의 방향을 자세히 안내하는 것이 모둠학습에 도움이 될 것이라고 생각하지만 그렇지 않다. 학생들은 교사의 설명이 길어지면 집중력이 떨어진다. 그래서 교사가 정리하거나 강조해야 할 것이 있다면 모둠학습이 끝난 후 결과를 공유하는 시간에 하는 편이 좋다.

둘째, 모둠활동을 명확하게 제시해야 한다. 이때 학생들에게 발문을 읽힌 후 바로 모둠활동을 시작하는 것도 하나의 방법이다. 간혹 학습지의 발문이 명확하지 않거나 학생들이 이해하지 못하면, 교사가 전체 학생들에게 다시 설명하고 난 후 모둠활동을 하게 해야 한다. 학생들은 생각보다 학습활동에 관한 교사의 안내를 잘 듣는 편이다. 학생들이 잘 듣지 않는다고 생각해서 교사가 반복해서 지시하는 경우가 많은데, 이는 모둠활동을 촉진하기보다 방해하는 경우가 많다. 1학년 한국사 수업에서 C교사가 대통령 탄핵 판결문을 모의로 쓰게 하면서 헌법이 지향하는 가치를 핵심 키워드로 표현하라고 안내했다. 교사는 학생들이 제대로 이해하지 못했다고 생각하고 모둠 사이를 돌아다니며 "핵심 키워드가 뭐야?"라는 질문을 수십 번이나 반복했다. 학생들은 어떤 가치를 어떤 키워드로 선정할까 의논하고 있었는데, 교사의 개입으로 활동이 단절되기도 했다. 학생들은 생각보다 교사의 안내에 귀가 열려 있으니 이를 믿고 같은 설명을 반복하지 말아야 한다.

▶ 모둠학습이 진행 중일 때

첫째, 모든 모둠에게 적절한 피드백을 주어야 한다. 모둠학습은 학생들에게 알아서 공부하라는 게 아니라 학생들의 사고력 수준에 맞는 학습을 하는 것이다. 모둠활동이 잘되는 모둠에는 더 다양하고 깊이 있는 생각을 할 수 있게 발문을 제시해주고, 내용을 잘 몰라서 헤매는 모둠에는 과제 해결을 위해 간단한 힌트를 주어야 한다. 교사는 각 모둠이 어디에서 머뭇거리고 있는지 관찰해야 하고 각기 다른 피드백을 주어야 한다. 모둠 안의 구성원이 이질적이어야 서로 가르치고 배우는 학습이 일어나듯이, 모둠별로 성취한 바가 다른 것이 자연스럽다. 그래서 모둠활동이 끝나면 전체 공유를 통해 다른 모둠으로부터 배울 수 있게 해야 한다. 그것이 모둠학습의 장점을 살리는 것이다.

이와 관련해서 교사들이 하기 쉬운 실수는 부족한 모둠이나 교사를 필요로 하는 모둠에 매몰되는 것이다. 모둠수업을 시작한 어느 교실, 교사가 모둠활동을 시키자마자 "선생님!"을 부르는 학생들이 있었다. 모르는 것이 나오면 모둠원과 머리를 맞대고 답을 찾아야 하는데, 귀찮으니 선생님을 부른 것이다. 학생이 부르니 교사가 냉큼 그 모둠으로 달려간다. 어떤 경우는 서너 개 모둠이 교사를 부르니 바빠지기도 하고, 한 모둠에서 교사를 독점하는 상황이 발생하기도 한다. 그러면서 교사의 피드백을 전혀 받지 못하는 모둠이 생겼다. 모둠활동을 잘하고 있는 모둠, 교사가 불편해하는 모둠 등이 배제되었다. 이렇게 해서는 모둠학습의 장점이 살아날 수 없다. 그래서 교사는 모든 모둠이 더 잘 배울 수 있게 모둠의 수준에 맞는 개별화된 피드백을 해야 한다.

둘째, 학생들이 서로 가르치고 배우는 기회를 박탈해서는 안 된다. 강의식 수업과 달리 모둠학습은 학생들이 답을 찾는 데 시간이 많이 걸린다. 학생들은 이게 답인지 저게 답인지 머뭇거리기도 하고, 잘못된 답을 써놓기도 한다. 이럴 경우 답이 정해져 있다면 "다시 찾아보라"라고 해야 하고, 열린 발문이라면 "왜 그 답변을 썼어?"라고 물어본 후 학생들의 생각을 확인해야 한다. 학생들의 답변에 타당한 근거가 있으면 반 전체 아이들에게 공유해서 설득력 있는지 생각해보게 해야 한다. 이때 학생들은 학급 친구들의 피드백을 통해 생각을 확장할 수도 있다.

그런데 교사들은 이런 것에 민감하지 못하다. A교사가 해외에 있는 독립운동가 두 명, 김규식과 여운형을 찾으라는 발문을 학습지에 실었다. 그러나 여운형이 김규식을 파리로 파견했다는 글만 있었고, 그때 여운형이 중국에 머물고 있었다는 사실이 누락되어 있어서, 학생들은 여운형을 찾지 못하고 한참을 토론하고 있었다. 모둠에 온 교사가 "누구를 찾을 거야?"라고 물으면서 손가락으로 여운형을 가리켰다. 그 순간 아이들은 교사의 얼굴만 쳐다본 후 학습지에 여운형의 이름을 썼다. 만일 교사가 아이들이 머뭇거리는 지점을 세심하게 살폈더라면 학습지의 오류를 파악했을 것이고, 다른 피드백을 줄 수 있었을 것이다.

교사가 개입해서 학생들의 학습활동을 끊는 경우도 있다. 세계사 수업 시간, 학생들은 참고도서와 스마트폰으로 각 종교의 특징을 조사하고 있었다. 활발한 대화가 오가지는 않았지만, 서로 나누어 맡은 부분이 있었고 학생들은 검색하고 읽으면서 공부하고 있었다. 모둠 내에서 오가는 대화가 없자 교사가 다가가 "교과서는 읽어봤어?"라고 개입했고, 아이들은 하던 것을 멈추고 교과서를 읽기 시작했다. 교사가 다른 모둠으로 간 후 아이들은 다시 다른 책을 읽거나 검색했다. 다시 온 교사는 “교과서에 뭐라고 되어 있대?”라고 질문했고 아이들은 다시 교과서를 집어 들었다. 이렇게 의도하지는 않았지만 모둠활동을 방해하는 개입이 이어졌다. 이때 교사는 서적과 스마트폰에서 발견한 내용이 무엇인지 물었어야 했다. 그러면 학생들은 자신들이 읽은 내용을 교사에게 설명하고 피드백을 받을 수 있었을 것이다.

셋째, 학생의 질문에 대한 피드백을 적절하게 해줘야 한다. 모둠활동을 하면서 학생들은 교사에게 다양한 질문을 한다. 이때 교사는 어떤 답변이 학생들의 생각을 키우는 데 도움이 될지를 순간적으로 판단하여 적절하게 답해야 한다. B교사는 읽기자료로 《반일종족주의》의 일부를 발췌해서 제시했는데, 학생이 글을 쓴 사람이 한국인인지 물었다. 교사는 학생에게 스스로 찾아보라며 답을 하지 않았다. 이날 학습에서 글쓴이의 국적보다 글의 논리가 중요했다. 이런 경우 교사는 바로 답을 해주는 것이 좋았다.

학생들이 모르는 것이 있을 때 사고력과 관련되지 않은 것이라면 바로 알려주어야 한다. 4·19혁명에 대해 배우던 학생들은 장면이 사람 이름인지 몰랐다. 그래서 읽기가 순조롭지 않았다. 교사는 전체 학생들에게 장면이 사람 이름이라는 것과 민주당 부통령 출신이라는 것을 간단하게 공지했다.

학생들의 확산적 사고를 끌어내려면 학생의 질문에 무작정 설명하기보다는 “이게 무슨 뜻일 것 같아?”, “이승만과 박정희는 왜 헌법을 고쳤을까?”, “너희들의 생각을 정리해봐”라는 발문으로 되돌려주어야 한다. 학생들은 자신들이 틀린 답을 쓸까 봐 교사에게 질문한다. 추측하거나 판단하는 것처럼 정해진 답변이 없는 경우에도 그렇다. 이런 경우 교사는 역사에는 정해진 답이 있는 게 아니라 합리적이기만 하다면 누구나 자기 의견을 가질 수 있는 것이니까 스스로 생각하라고 격려해야 한다. 그리고 학생들이 교사가 의도한 답이 아닌 것을 말하더라도 수용해야 한다. 이를 통해 학생들은 자신들의 이야기를 내놓고 말하며 모둠활동에 참여하게 되고 다양한 의견을 접하면서 사고력을 키울 수 있을 것이다.

▶ 모둠학습을 마무리할 때

모둠학습의 결과를 공유하는 시간을 가져야 한다. 모둠마다 학습한 내용이 다르므로 전체 공유 시간을 통해 한번 더 서로 배울 기회를 제공할 수 있다. 전체 공유를 위해 교사는 첫째, 학생들이 경청할 수 있는 분위기를 만들어야 한다. 학생들이 발표하는 친구의 말에 귀를 기울이고, 발표자와 자기 생각을 비교할 수 있게 잘 듣는 분위기를 만들어야 한다. 또 교사는 발표자가 자신의 목소리를 낼 수 있게 도와야 한다. "누가/어느 모둠이 발표해볼래?"라는 말로 참여를 요청하며 아이들을 발표로 이끌어낼 수 있다. 학생들이 너도나도 하겠다고 하면 발표를 하지 않은 학생부터 시키고, 발표를 희망하는 학생이 없으면 미리 관찰해둔 의미 있는 답을 쓴 학생을 시킨다. 학생들은 가끔 발표할까 말까 갈등하기도 하고 그런 와중에 한번 말해보겠다고 나서기도 한다. 그래서 교사는 발표 지원자를 기다리기도 해야 한다.

모둠수업에 익숙하지 않다 보니 교사가 발표자를 특정해서 "니가 해봐"라고 하는 경우가 있다. 교사 입장에서 답을 알 것 같은 학생을 지목해서 무안한 상황을 피하자는 것이다. 그러나 이때 학생이 준비되어 있지 않으면 당황하면서 수업 분위기가 가라앉기도 한다. 그리고 3일이라고 해서 3번을 시키는 형식은 모둠수업에서 지양해야 한다. 고루 시킨다는 취지겠지만 역시 학생이 준비되어 있지 않으면 발표하는 경험이 즐겁지 않게 된다.

둘째, 지식을 정리하는 학습활동인지 또는 제공된 자료를 활용하여 역사 지식을 새롭게 구성하는 학습활동인지에 따라 발표방식이 달라져야 한다. 답이 정해져 있거나 지식을 정리하는 모둠활동의 경우 한두 개의 모둠만 발표시키면 된다. 각 모둠이 쓴 답변을 확인하고 오답이 한두 개 섞여 있는 모둠을 발표시키는 것도 학생들의 관심을 끌어낼 수 있다. 오답 섞인 답을 칠판에 쓰게 하고 나머지 모둠은 자기 모둠의 답변과 비교하게 한다. 그리고 다른 모둠의 의견을 반영해서 학급 학생들이 모두 함께 답을 완성한다. 이런 과정을 거치면서 학생들은 틀릴 수 있다는 것과, 또 친구들의 의견을 수용해서 같이 답을 찾는 과정을 배우게 된다. 열린 발문이거나 지식을 구성하는 경우는 모든 모둠을 발표시킨다. 이때는 다양한 답변이 나올수록 좋다. 그리고 같이 생각해볼 만한 답변이 있다면 다시 환기시켜서 학생들로 하여금 생각하게 한다.

이때 가장 흔한 실수는 답이 정해져 있는데 모둠 모두를 발표시키는 경우다. 같은 답변이 이어지고 교사가 설명까지 하면 학생들의 집중력은 더욱 떨어진다. 이렇게 시간을 쓰다 보면 열린 발문이나 지식구성형 모둠활동에 피드백을 할 시간이 줄어들게 된다. 지식구성형의 모둠활동을 했는데, 시간이 부족하면 가장 의견 차이가 많이 나는 두 모둠을 발표시켜서 학생들이 두 측면에 대해 생각하도록 한다. 각 상황에 따라 교사는 선택을 해야 하는데, 모둠활동의 결과 공유는 학생들의 생각을 키우기 위해서라는 것을 잊어서는 안 된다.

셋째, 교사는 학생들의 발표에 긍정적인 반응을 해야 한다. 오답을 발표한 학생들에게도 수고했다고 말해야 하고, 오답에 더 생각을 덧붙여서 완성할 수 있다고 말함으로써 학생이 실수를 두려워하지 않고 말할 수 있는 분위기를 만들어야 한다. 열린 발문에 대해 기발한 답변을 하면 그에 대해서도 칭찬을 해줘야 한다. 그래서 창의적인 생각이 교실에서 멈추지 않게 해야 한다.

10장

생각하고 쓰면서 배우는 역사 글쓰기 수업

1 나의 역사 쓰기로 시작

고등학교 1학년 첫 역사수업은 '나의 역사'를 쓰면서 시작했다. 학생들에게 자신이 살아온 17년을 돌아보며 기억에 또렷이 남아 있는 사건, 그리고 역사적 사건이 벌어졌을 때 자기 모습이 어땠는지를 떠올려보게 하고 나서, 역사가가 글을 쓰듯이 '나로부터 시작하는 역사'를 쓰게 했다.

"사각사각……." 교실은 학생들의 글 쓰는 소리로 가득했다. 머리를 갸웃거리다가 어느 순간 몰두해서 글을 쓰는 아이들이 정말 예뻤다. 자기 과거를 되짚어가며 고개를 들지 않고 약 20분 동안 오롯이 글만 썼다. 자기 역사를 쓰는 시간은 늘 빠듯했다. 아이들은 진실된 마음으로 자기 역사를 썼다.

교사들은 '나의 역사 쓰기'를 통해 학생들이 자기 역사의 주인공이 되어보고, 자기와 같은 보통사람이 역사를 만들어간다는 것을 느끼길 바랐다. 이렇게 학생들은 자신이 역사의 주인공임을 느끼며 고등학교에서의 역사공부를 시작했다.

2
역사 글쓰기 수업의 완성, 소논문 쓰기

역사 글쓰기 수업은 나의 역사 쓰기에서 시작하여 소논문 쓰기로 완성된다. 역사수업에서 마지막 단계가 동아시아사 시간의 소논문 쓰기였다. 소논문 쓰기는 역사시간에 배우고 공부한 내용을 글로 써보는 과정으로 각자 주제를 정해 스스로 탐구하는 학습이었다.

교사들은 소논문 쓰기를 소개하면서 동아시아사 교과서에서 주제를 찾아 심화시키기를 권했다. 교사들은 학생들이 역사에 가지는 관심의 폭이 그리 넓지 않으리라 생각하여 교과서나 수업에서 배워 익숙한 주제를 선택하기를 권장했다. 또 학생이 원하면 자기 진로나 관심사를 반영해 주제를 정해도 된다고 허용했다.

학생들은 교사들이 생각하는 것보다 훨씬 다양한 분야에 관심을 가지고 있었다. 동아시아사를 공부하면서 가졌던 생각, 진로와 관련해서 공부하고 싶은 분야 등 소논문 주제가 100여 개가 나왔다. 동아시아사를 이수하는 학생들이 120여 명 정도였으니, 일부 주제가 겹치기도 했지만 다들 자기만의 탐구주제를 정했다.

〈동아시아의 민주화운동 비교 — 6월 항쟁 시기를 전후하여〉

올해 동아시아사의 민족운동과 민주화 과정을 배우면서 동아시아의 민주화운동이 서로에게 어떤 영향을 미쳤는지, 비슷한 시기에 일어난 이유는 무엇인지 궁금해졌다. 불안했던 2016년에 우리나라 많은 국민들이 시위를 하며 더 나은 민주국가를 만들기 위해 나아간 과정을 보며 과거 우리나라 민주화와 동아시아 다른 국가들의 민주화운동을 공부하면 좋을 것이라고 생각했다.

언론인을 꿈꾸는 나로서 현재 우리나라에서 가장 뜨거운 관심을 받는 민주주의의 진행, 앞으로 나아가야 할 것에 대해 알아보고 싶다는 생각을 했다. 동아시아 다른 나라의 민주화 과정을 보며 우리나라와 무엇이 다른지, 그들은 어떻게 나아가고, 우리가 그 과정에서 무엇을 배워야 할지 알고 싶었다.(박○○, 3학년)

언론인이 되고 싶었던 박○○은 동아시아의 민주화운동을 비교하는 것으로 주제를 정했다. 이 학생은 관련 자료를 찾아 읽으면서 1980년대 이후 한국, 중국, 타이완, 일본의 민주화운동을 공부했다. 그리고 논문에서 각 나라 민주화운동의 전개과정을 정리하고 나라별로 공통점과 차이점을 찾고, 앞으로의 전망까지 다뤘다.

그동안 학교에서 한국의 민주주의만 자세히 배웠는데, 소논문을 쓰면서 다른 나라의 정치에 관심을 가지게 되었고, 동아시아 발전을 위해 서로 도와야 한다는 점, 그리고 북한, 일본을 포함해 주변국의 정치상황에 대해서도 더 관심을 가져야겠다고 소감을 밝혔다. 또 진로와 관련된 관심사를 역사와 연계시키기도 했다.

〈아시아 세 나라의 근대 여행의 기원〉

고등학교 2학년 동아시아사 수업에서 몽골인은 거주지를 옮기면서 사는 유목민족인데, 몽골인의 이동과 현대의 국외 여행의 차이에 대해 배운 적이 있었다. 이때 동아시아 세 나라에서 여행이라는 개념이 언제 생겼는지 의문이 생겼다.
항공승무원이 꿈인 나는 직업 세계에서 여행이 빠질 수 없어서, 여행에 대해 자세히 알고 싶어졌다. 3학년 동아시아사 소논문 과제에서 …… 이 주제로 연구하면서 앞으로 나의 진로에 있어서 기본 지식과 소양을 갖추게 될 긍정적인 면을 기대한다.(김○○, 3학년)

이 친구는 소논문 쓰기를 하면서 전통사회의 여행과 근대사회에서 여가 개념으로 떠나는 여행을 비교하며 탐구했다. 글을 정리하면서 "신기하면서도 충격을 느꼈다"고 했다. 이렇게 진로에 대한 관심을 역사적으로 탐구한 학생들이 많았다. 〈한중일 음식 관광과 한국 음식 관광의 활성화〉, 〈동아시아 개항기에 들어온 커피의 유래〉, 〈한중일 개항기 신문 비교〉 등등.

주제를 정하는 단계에서 학생들은 탐구하고 좌절하고를 반복했고 때로는 희열을 느꼈다. 자신이 궁금한 주제를 연구한 참고 논문이 없으면 주제를 포기해야 했다. '동아시아의 귀신 및 요괴 회화의 유래', '항공승무원 유니폼에 나타난 동아시아 전통문양 비교' 등등. 참고 논문을 이해하기 어려워서 중간에 주제를 바꾼 친구도 있었다. 읽어도 읽어도 이해가 되지 않는 논문도 있었고, 자기 논문 목차를 정하고 정리할 때 막막한 시간을 감당하기도 했다.

그래도 아이들은 자신이 관심 있는 주제, '내가 정한 주제'라서 뚝심 있게 읽고 썼다. 많이 읽었고, 글로 정리하는 데는 더 많은 시간이 걸렸다. 어떤 학생은 토요일 오후 6시에 글쓰기를 시작해서 일요일 오후 5시가 되었는데도 글을 완성하지 못했던 신기한 경험을 했다고 했다. 다들 힘들고 어려운 과정이었지만 배운 것이 많았다고 했다.

> 소논문을 작성하면서 재미있고 유익하기도 했지만 사실 힘들었다. 처음에는 '내가 소논문을 쓸 수 있을까?'라는 큰 걱정이 되었지만, 막상 소논문 쓰기를 진행하다 보니 내가 직접 쓰는 것에 대한 뿌듯한 마음이 들었다. 그리고 내 꿈과 연관된 주제를 선정해서 자료를 찾고 깊이 있는 탐구를 해야 하는 과정이 의외로 재미있고 보람되었다. 조선 후기 우리나라 교육이 근대를 거치면서 더 발전하는 과정을 다른 나라와 비교하였는데, 이를 통해 현재 우리나라 교육의 문제점을 생각하고 어떻게 바꾸어야 할지 고민할 수 있었다. 이런 과정을 통해 미래 교육자로서의 자질을 기를 수 있어서 뿌듯했다. 또 진로뿐만 아니라 역사에 대해 더 깊이 있게 이해하고 더 넓은 시각을 가질 수 있어서 매우 기쁘다.(정○○, 3학년)

학생들은 소논문을 쓰면서 근거에 입각해서 주장하는 역사 글쓰기의 특성을 배웠다. 그리고 관심 분야를 궁금해서 파고들다가 최신의 연구성과까지 알게 되었다. 또 잘 쓰고 싶은데, 잘 되지 않는 상황을 노력하며 극복해보려고 했다. 논문 말미에는 의례껏 하는 말일 수도 있는데, "대학교에 진학해서 다시 이런 글쓰기를 해보고 싶다"라는 포부를 밝히기도 했다.

아이들은 소논문 쓰기를 통해 역사에 대해 더 궁금한 것이 생겼고 공부하는 방법도 알게 되었다고 했다. 교사들은 소논문 쓰기를 지도하면서 아이들과 함께 열정을 쏟고 함께 성장한다는 기쁨을 경험했다. 아이들의 역사에 대한 관심이 이렇게 다양하고, 자기가 관심 있는 주제라면 이렇게 열정적으로 공부할 수 있는데, 교육과정과 교과서가 일률적이고 한정되어 있다는 생각도 들었다.

그런데 2019년 교과 영역에서 소논문 쓰기를 금지한다는 교육부 지침이 발표되었다. 드라마 〈SKY 캐슬〉에서 부유층 자녀가 억대 돈을 들인 사교육을 통해 취득하는 스펙으로서 소논문 쓰기를 다뤘다. 소논문 쓰기가 평범한 학생들은 접할 수 없는, 돈 있는 사람들의 전유물처럼 그려졌고, 사회적 비난이 일자 교육부에서 소논문 쓰기를 생활기록부 어디에도 기록하지 못하게 했다. 세월호 사건 이후 수학여행을 금지한 박근혜 정부와 다를 바가 없다. 소논문 쓰기를 스펙으로 여기고 돈을 주고 사는 특정 부류의 사람들이 있는 것은 사실이다. 그러나 부산 변두리 고등학교인 우리 학교에서 학생들이 수업시간에 소논문 쓰기를 하고, 이를 통해 주제를 깊이 있게 탐구하는 방법을 배운 성과가 있었다. 그렇기 때문에 소논문 쓰기가 폐지된 현실이 안타깝다.

3
학생들의 생각을 키우는 역사 글쓰기 수업

첫 역사 글쓰기로 '나의 역사 쓰기'를 하던 학생들의 모습은 제각각이었다. 무엇을 써야 할지 몰라서 머뭇거리던 학생들이 꽤 많았다. 그래서 나의 과거에 기억할 만한 사건이 뭐가 있었는지 떠올려보다가, 옆에서 글 쓰는 친구들을 물끄러미 쳐다보다가 펜을 들고 한 줄씩 쓰기 시작했다.

1학년 때에는 글쓰기 과제가 주어지면 빨리빨리, 대충대충 쓰는 친구들이 많았다. 이 친구들은 성격이 급하고 진중하지 못해서 글도 단순했다.

교사들은 차분하게 여러 면을 생각해보고 글을 쓰라고 조언했다. 또 학생들에게 다양한 글쓰기를 경험하고 또 지겨워하지 않도록 다양한 형태의 글쓰기 과제를 제시하고 피드백을 준 결과, 차츰 글의 길이도 길어졌고, 주제에 대해 종합적으로 생각한 글이 나왔다. 3년이 지나고 나서 학생들에게 자신의 성장에 가장 큰 영향을 미친 활동을 꼽아보라고 했을 때 글쓰기를 꼽은 학생들이 많았다. 힘들었지만 글쓰기 덕분에 많이 성장했다고 호평을 남겼다.

학생들에게 글쓰기 과제를 내줄 때는 1년 또는 3년 동안 학생들의 성장과정을 염두에 두고 처음에는 쉬운 과제를 배치하고 차츰 다양하고 종합적인 사고를 요구하는 글쓰기를 배치하는 것이 좋다. 그래서 나의 역사 쓰기에 이어서 자기 생각 표현하기, 논쟁적 글쓰기, 스토리 구성하기, 평가하는 글쓰기 등으로 주제와 방식을 다양하게 확장해가면 좋다.

▶ 자기 생각을 표현하기

의병투쟁에 대해 배우고 난 후 의병의 삶에 대해 평가하는 글쓰기를 했다. 매켄지(Frederick A. Mckenzie)가 찍은 사진 속 의병들의 얼굴을 보며 인터뷰한 글을 읽었다. 글에는 패배할 것을 알지만 자신의 선택을 후회하지 않은 의병의 마음이 담겨 있었다. 이런 삶의 태도에 대해 생각하는 의미에서 '가치 있는 삶이란 무엇일까?'를 글쓰기 주제로 제시했다. 다음은 1학년 학생이 쓴 글이다.

> 내가 생각하는 가치 있는 삶은 자신의 마음속에 세운 신념을 저해하지 않고 끝까지 따르는 삶이다. 중간에 삶이 고되고 힘들더라도 쓰러지지 않고 굳세게 나아가는 모습을 동경하고 그렇게 살고 싶다. 누군가 유혹을 하더

> 라도, 중간에 힘든 일이 덮쳐와도 부끄럽지 않은 행동을 하고 살 거다. 옳고 그름을 판단할 줄 알고 권력과 부 앞에 무릎 꿇지 않은 의병 같은 삶을 살고 싶다. 만약 누군가가 날 현혹하거나 고되게 하여도 이겨낼 거다. 정말 못 참으면 엄마 얼굴을 생각할 거다. 그러면 낳아준 엄마에게 미안해서라도 신념을 지킬 수 있을 것 같다. 내 꿈은 기자인데 내가 세운 신념은 어떤 압박이 있더라도 세상의 어두운 문제들을 사람들에게 꼭 전해주는 것이다. 이 신념을 머릿속에, 마음속에 꼭꼭 새기고 이 신념에 부끄럽지 않도록 굳게, 바람에도 굳건한 소나무같이 살아가고 싶다.(신○○, 1학년)

이런 형태의 글쓰기는 쉬운 수준이다. 역사에서 배운 내용과 연관시켜 자기 생각을 쓰면 된다. 이 단계에서 학생들은 역사 속 인물이나 사건에 대해 진지하게 자기 머리로 생각하고 표현하는 법을 배우게 된다.

글쓰기를 막 시작한 단계라서 자기 생각 쓰기라고 개인적인 생각에 빠지거나 상투적인 표현으로 흐르기도 한다. 그래서 교사가 좀더 깊이 있는 글쓰기로 이끌기 위해서 당시 상황이나 인물에 대해 좀더 폭넓게 생각할 수 있는 단서를 제공할 수도 있다. 하지만 역사 글쓰기를 배우는 첫 단계에서 부담감을 가지지 않고 할 수 있는 수업이다. 학생들이 자기표현에 부담을 덜고 자신감을 가지게 된다면, 논쟁적 주제를 이해하고 자기 생각을 표현하는 단계로 나아가야 한다.

▶ 논쟁적 주제에 대한 글쓰기

> 한국인들이 경제적으로 잘살게 되었다고 생각하지 않는다. 1930년대 공업화로 '한국' 경제가 나아졌을지는 모른다. 그러나 '한국인'의 삶은 되려 어

려워진 것이 사실이다. 한국인이라 함은 한국인 자본가와 노동자들을 모두 일컫는 말이다. 한국인 자본가가 주도하는 공업이 발전하고 대기업으로 성장하였더라도, 그 한 명의 자본가 밑에는 수백 명이 넘는 노동자들이 일하기 마련이다. 한 명의 자본가가 잘살고, 수백 명의 노동자들이 못사는 나라에서 과연 경제발전을 이루었다고 할 수 있을까? 아무리 국가적인 소득이 증가했다고 해도 불균형이 심하다면 그건 잘산다고 할 수 없다. 모두가 잘살게 될 때 '한국인'이라는 이름으로 묶어 잘산다고 할 수 있다. 어떤 일이는 양면성을 가진다면 두 쪽을 다 보아야 한다. 노동자들의 궁핍한 삶을 고려한다면, 1930년대 공업화로 한국인들이 경제적으로 잘살게 되었다고 말할 수 없다.(정○○, 1학년)

이날 수업 주제는 1930년대 공업화였다. 모둠별로 기존 교과서 서술과 뉴라이트 교과서 서술을 비교, 분석하게 한 후 어떤 역사 해석이 타당하다고 생각하는지 갑론을박하게 했다. 이 과정에서 학생들은 자기와 다른 판단을 하는 친구가 있다는 것, 각자 주장의 근거가 다르다는 것을 경험했다. 또 자기 논리와 반대 논리를 두고 진지하게 고민하는 시간을 가졌다. 학생들은 논쟁하는 법, 논쟁적으로 사고하는 법을 배웠고, 자기주장을 논리적으로 풀어야 설득할 수 있음을 배웠다. 논쟁적 수업의 말미에는 이렇게 배우고 정리한 생각을 글로 표현하는 과제를 내준다.

▶ 스토리 구성을 배우는 역사 글쓰기

다음 단계는 역사 주제로 스토리를 구성하는 글쓰기다. 역사 사건이나 쟁점, 인물을 주제로 하여 다양한 해석을 바탕으로 각각의 맥락에서 이야기를 만들어는 단계다. 현대사를 마무리하면서 '한국 현대사의 라이벌'이라는 주제를 제시했는데, 학생마다 라이벌로 선정한 인물이 다양했다. 이승만과 김구, 박정희와 김대중, 박정희와 전태일, 박정희와 장준하, 김대중과 김영삼, 전두환과 박종철 등등. 왜 라이벌로 선정했는지, 그리고 그들이 만들어낸 역사의 의미를 표현하게 했다.

스토리 구성을 배우는 글쓰기는 문자에 국한하지 않고 다양한 형식으로 진행할 수 있다. 요새 학생들은 지식을 문자로 습득하지 않는다. 문자보다는 이미지 형태로, 한 줄 두 줄 차근차근 읽지 않고 스크롤바를 내리면서 이미지를 훑듯이 읽어내는 경우도 많다. 그래서 전형적인 글쓰기 형식을 벗어나서, 뉴스 대본, UCC, 카드 뉴스 등 자신들이 친근감을 느끼고 선호하는 형식으로 스토리를 구성하고 표현하게 해보았다. 학생들은 카드 뉴스라는 새로운 형식에 흥미를 보였다.

'한국 현대사의 라이벌' 카드 뉴스

YOUR LOGO HERE
내가 대통령이 되고 나서,
우리나라에 무수하게 많은 발전이 있었지.

YOUR LOGO HERE
나는 '경제개발 5개년 계획'을
통해서…

'한강의 기적'을 이뤘지!!
이제 내가 얼마나 대단한지 알겠나?
(후훗)

YOUR LOGO HERE
?
대통령님.. 제 말 좀 들어주십시오…

YOUR LOGO HERE
저는 평화시장에서 노동운동을
하고 있는 전태일입니다.

YOUR LOGO HERE
많은 노동자들이 노동착취를 당하고 있습니다.
임금을 제대로 받지도 못하고
정해진 시간 이상의 일을 하고 있습니다.

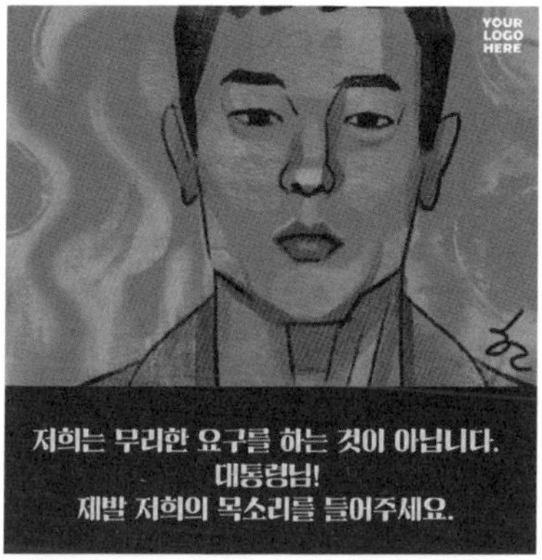
YOUR LOGO HERE
저희는 무리한 요구를 하는 것이 아닙니다.
대통령님!
제발 저희의 목소리를 들어주세요.

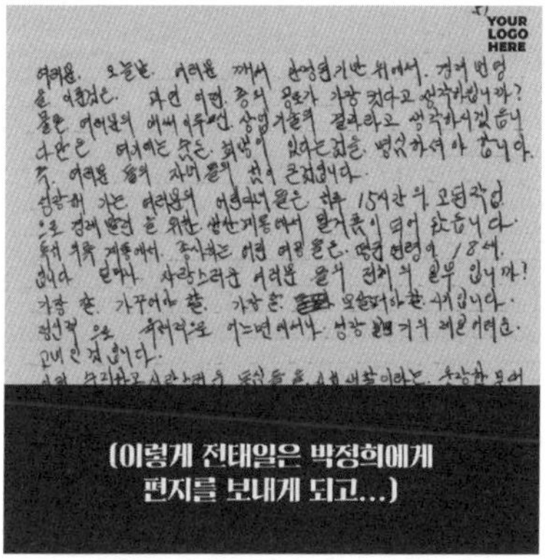
YOUR LOGO HERE
(이렇게 전태일은 박정희에게
편지를 보내게 되고...)

YOUR LOGO HERE
그러나 얼마
지나지
않아..

YOUR LOGO HERE
전태일은.. 노동자들의 고된 현실을 세상을
알리기 위해서 분신을 하게 되었고,

이 사건을 계기로 근로기준법이
개정되었으며,
전태일은 노동자들에게 "영웅"이 되었다.

노동자들의 인권을 보호하기 위해 자신의
생명을 기꺼이 희생한 전.태.일

▶ **평가 글쓰기**

역사를 배울 때, 또 역사를 서술할 때 중요한 것은 역사 사건이나 인물을 평가하는 것이다. 학생들은 직접 역사 사건이나 인물을 평가하는 글을 써보면서, 역사에 대한 평가가 다양하며 역사 해석이나 평가가 고정불변한 것이 아니라 잠정적이며 언제든 바뀔 수 있음을 배우게 된다. 역사교육계에서 중요시하는 비판적 사고는 기존 평가에 의문을 제기하고 다른 평가를 시도하는 것이다. 학생들은 평가하는 글쓰기를 배우며 기존 해석의 타당성과 논리를 검토하고 비판해보고 다시 평가하며 비판적 사고를 익혔다.

〈투쟁과 저항으로 쟁취한 민주주의가 있었기에 평화의 촛불로 이루어낸 민주주의도 존재〉

2016년 겨울, 내가 중학생이었을 때, 우리나라는 온 거리가 촛불로 물이 들어 있었다. 박근혜 대통령의 퇴임을 요구하는 국민들의 목소리가 촛불에 실려 우리나라는 물론 전 세계에 퍼지고 있었다. 그런데 한 가지 새로운 점은 해외의 뉴스에서 말하길 이 촛불혁명이 1987년 6월 민주항쟁과 비교가 된다는 것이었다. 과연 어떤 점에서 이 두 민주화운동은 비교가 되는 것일까? 나는 그 비교점을 한번 크게 들여다보았다 .

우선 두 민주화운동의 공통점을 한번 살펴보자면, 두 운동 모두 다 국민의 전 계층이 민주화운동에 참여했다는 것이다. 6월 민주항쟁은 대학생을 시작으로 직장인들까지 참여를 하여 온 시민들이 함께 민주주의를 요구했고, 촛불혁명은 나이와 계층을 막론하고 모든 국민들이 하나로 마음을 모아 촛불을 들고 민주화를 외쳤다. 또한 이 둘의 가장 큰 공통점이자 영광은 승리했다는 점이다. 6월 민주항쟁은 "호헌 철폐", "독재 타도"라는 구호를 내걸고 대통령 직선제를 요구하였고, 항쟁의 결과 당시 대통령이었던 전두환의 의지를 꺾고 직선제를 얻어냈다. 촛불혁명 또한 대통령이었던 박근혜 대통령의 퇴임을 요구하며 시위를 한 끝에 결국 대통령을 파면하는 것에 성공하였다.

그렇다면 두 민주화운동의 차이점은 무엇일까? 첫 번째로는 계층의 변화가 있겠다. 앞서 말을 했다시피 두 민주화운동은 모두 전 국민이 참여했다는 공통점을 가진다. 그러나 이 공통점 속에는 차이점이 함께 포함되어 있다. 6월 민주항쟁은 대학생이 선두로 항쟁에 불을 붙였다. 그 뒤로 정치인, 민주화운동가, 노동자들이 따라 민주항쟁에 참여하였고, 마지막으로 넥타이 부대라 불리는 직장인들이 항쟁에 참여하며 마침내 전 국민이 참여한 민주항쟁이 완성되었다. 그러나 촛불혁명은 이와 달랐다. SNS의 발달로 인해 시민들 간의 소통은 전보다 자유로워졌고, 국민들은 나이와 계층에 구애받지 않고 다같이 모여 하나의 마음으로 촛불을 들 수 있었다. 그렇기에 점차 여러 계층이 새롭게 모였던 6월 민주항쟁과 달리, 온 거리는 누가 먼저라 할 것 없이 어린아이부터 노인까지 모든 사람들이 함께 만들어낸 촛불의 물결로 가득 차 있었다.

두 번째 차이점으로는 시민의식의 변화가 있다. 6월 민주항쟁은 부당한 정부에 대한 저항과 분노를 폭력적인 시위로 표출한 항쟁이었다. 당시, 세계적으로 이미 여러 민주화운동이 진행되고 있었고, 우리나라 또한 세계의 변화에 맞춰 민주주의에 대한 의식이 변화하고 있을 시기였다. 그렇기에 국민들은 돌을 던지고, 불을 지르며 민주주의를 요구하였다. 그러나 촛불혁명은 전 세계적으로도 유례없는 민주화운동이다. 국민들은 잘못된 정권에 대한 분노와 저항의식을 폭력이 아닌 평화로 표현하였다. 공연으로, 글로, 그림으로, 평화시위로 자신의 목소리를 표출하며 대통령 파면을 이끌어낸 세계의 유일무이한 평화적 혁명이었다. 이는 폭력 시위였던 6월 민주항쟁과 차이점을 가지는 동시에 성장한 시민의식을 보여주는 결과이다. 이처럼 6월 민주항쟁과 촛불혁명은 많은 공통점과 차이점을 가진 민주화운동이다. 그러나 이 두 민주화운동 중 어느 것이 절대적으로 훌륭하다 할 수는 없다. 투쟁과 저항으로 쟁취한 1987년의 민주주의가 있었기에 평화의 촛불로 이루어낸 2016년의 민주주의도 존재할 수 있었다. 우리는 이처럼 여러 민주화운동의 역사를 공부하며 그 의의를 알아내고 민주주의의 정신을 계승해야 할 의무가 있다. 나 또한 이 글을 쓰며 우리 모두가 학생의 신분으로서 이러한 공부를 통해 정치에 끝없는 관심을 기울여 민주 시민으로 성장해야 함을 한 번 더 생각하게 되었다.(김○○, 3학년)

3학년 한국사 과목, 현대사 마무리 과정에서 '한국의 민주주의'라는 주제로 글쓰기 과제를 냈다. 한국의 민주주의와 관련된 사건들 중 몇 가지를 선택해서, 한국 민주주의를 평가하되, 자신만의 생각을 드러내야 한다고 했다. 위 학생은 6월 민주항쟁과 촛불혁명을 선택했고 주제를 배우는 의미를 잘 파악하고 소화해서 글을 썼다. 만약 1학년 1학기에 이런 글을 쓰라고 했으면 가능했을까? 아마 가능하지 않았을 것이다.

만덕고에서 역사 글쓰기를 수업의 주요 활동으로 둔 까닭은 말(글)과 생각의 밀접한 관계 때문이다. 글은 말보다 훨씬 더 논리적이고 적극적인 사고를 요구한다. 글을 다듬는 훈련을 하면 글을 쓰지 않고 말할 때도 논리적으로 표현할 수 있다. 학생들은 말할 때 떠오르는 생각을 정리하지 않은 채 두서없이 말하는 것에 익숙하다. 그래서 글쓰기를 통해 글에 담을 내용을 선택하고, 순서를 정해 배열하고, 또 전달을 잘하기 위해서 표현을 고민하는 훈련을 하게 된다. 역사 글쓰기는 사고력과 표현력을 기르

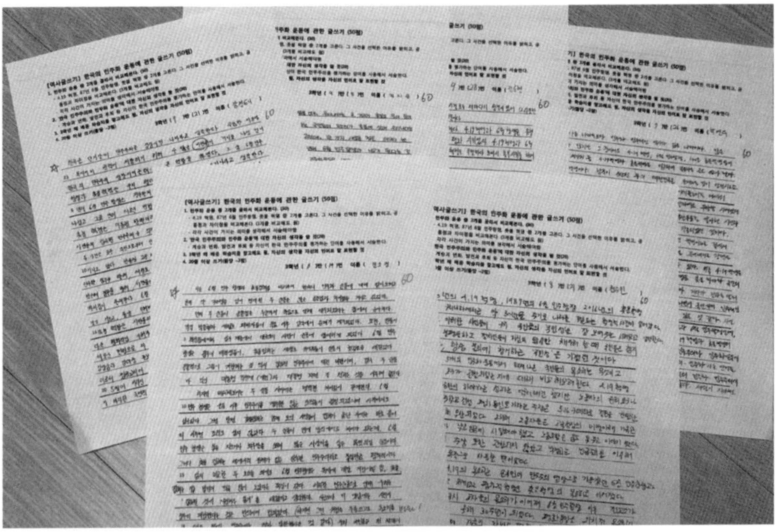

한국의 민주화운동에 관한 글쓰기

는 학습방법으로서 훌륭했다. 만덕고 학생들도 다양한 글쓰기를 통해 다양하게 사고하고 표현하는 법을 배웠다. 교사들 또한 글쓰기 과제를 내줄 때 주제와 형식을 고르면서 고민이 많았고 끊임없이 변화를 모색해야 했다. 그러나 그만큼 학생들의 성장은 눈부셨다.

11장

민주 시민을 기르는 역사수업

1 민주주의를 배우는 역사수업

〈역사는 말이죠? 비벼야 한다구요!〉(《미래를 여는 역사》를 읽고)
내 주장만 맞다는 쇠고집이 뚝심 있다고 자랑할 시대는 지났다고 믿는다. 특히 역사는, 너와 내가 생각을 맞대고 지금의 방향에서 더 나은 선택은 무엇인가를 두고 토론하고 생각을 맞대 비벼 해결책의 불꽃을 피워야 한다. 그래, 역사는 비벼야 한다.(정○○, 2학년)

한 학생이 한중일 3국이 공동으로 편찬한 동아시아사 책을 읽고 쓴 독후감의 일부다. 이 학생은 독후감의 마무리에서 '나는 옳고 너는 틀렸다'는 인식을 넘어서 더 나은 선택을 위해 서로의 생각을 맞대고 토론해야 한다고 강조했다. 역사를 배우며 역사라는 학문의 특성은 물론, 본질적 의미까지 깨친 것이다. 기특하게도!

국정교과서처럼 국가가 하나의 역사 해석을 정해 가르치게 하면서 역사교육을 정치의 도구로 이용하려는 세력에 교육적으로 대응하는 방법은 이 인용문처럼 서로의 차이를 인정하고 토론하면서 해결책을 찾기 위해 노력하는 학생을 길러내는 것이다.

한국에서 역사교과서를 둘러싼 전쟁은 짧게는 15년, 길게는 25년 정도 진행되었다. 김영삼 정부 시기의 '국사교과서 편찬 준거안' 파동에서부터 시작되어, 한국근현대사 금성출판사 교과서에 대한 공격, 교학사 교과서를 둘러싼 갈등, 박근혜 정부 시기 국정교과서 사태까지. 역사교육 종사자로서는 힘들고 괴로운 일이 많았지만 얻은 것도 있었다. 특히 박근혜 정부의 국정교과서 사태를 거치면서 역사를 학생 스스로 판단할 수 있게 교육시켜야 한다는 방향이 공론화되었다. 그것도 학생들의 요구로 등장했다는 점에서 중요한 변화였다. 더불어 역사교육이 민주 시민 양성에 기여해야 한다는 주장도 전면화되었다.

우리는 역사 갈등, 국정교과서 사태 등을 거치며 역사교육은 어떠해야 하는가를 고민하고 논의했다. 특히 국정교과서 사태 때 한국에 소개된 보이텔스바흐 합의를 놓고 집중적으로 고민을 나눴다.

- 교화(강압) 금지의 원칙
- 논쟁 재현의 원칙
- 학생 이익 상관의 원칙

보이텔스바흐 합의의 원칙 세 가지를 두고, 어떤 교사는 "이미 내 교실에서 하고 있는 것인데?"라고 말할 수도 있고, 또 다른 교사는 "교화 금지라? 그럼 어떻게 수업하라는 거지?" 하며 반문을 제기할 수도 있다. 이 세 가지 원칙에 대해 교사마다 생각하고 느끼는 게 다르겠지만, 역사교육계에 하나의 화두를 던진 것임은 부정할 수 없다. 그만큼 찬반 의견이 갈렸다.

이를 찬성하는 입장에서는 '교화 금지의 원칙'이 이전에 한국 교육계에서 학생을 배움의 주체로 세우자고 논의했던 내용과 크게 다르지 않다는 것이었다. 국정교과서 논리를 교화하면 안 되는 것과 마찬가지로 검정교과서 논리도 학생들에게 주입하면 안 된다는 것이다. 교화 금지의 원칙은 자기 머리로 판단하는 학생을 길러내야 한다는 점에서 공감을 얻었다. 또 학계나 사회에서 대립하는 역사 쟁점을 교실로 가져와 학생들에게 논쟁에 참여시키는 것이 역사학습의 중요한 과정이라는 점도 강조되었다.

보이텔스바흐 합의 내용을 한국에 수용하는 데 반대하는 입장도 있다. 일단 독일에서는 진보와 보수, 좌우를 막론해 정치학자, 교육학자들이 모여 3개 원칙에 합의했지만, 한국에서는 국정교과서 사태처럼 우파들이 역사교육을 정치 도구로 인식하고 활용하고 싶어 해 합의에 이르기 어려울 것이라는 현실적인 판단이었다. 또 근래 역사 부정이 대두되면서 '논쟁 재현'이라는 이름으로 교실에서 역사 부정의 논리를 하나의 의견으로 가르쳐서는 안 된다는 것이었다.

우리는 이런 논의 흐름을 쫓아가면서 만덕고 역사수업을 고민했다. 《보이텔스바흐 합의와 민주시민교육》을 함께 읽으며 논쟁 수업의 의미를 되짚었다. 우리는 책을 읽고 고민을 나누며, 학생들의 배움을 교실과 교과서에 머무르게 하지 않고 사회문제로 확장할 때 민주 시민을 양성할 수 있다는 확신을 얻었다. 구체적으로는 교실에서 역사 논쟁을 재현하는 토론 수업을 하거나, 교실에서 배운 내용을 학교 밖으로 나가 실천해보는 프로젝트 수업으로 구현되었다.

2
교실 안으로 들어온 역사 논쟁, 토론수업

만덕고 학생들은 이전에 남들 앞에서 자기 논리를 주장하는 토론을 해 본 경험이 거의 없었다. 하지만 토론수업을 하면서 친구들 앞에서 역사 쟁점에 대해 자기주장을 펼치는 경험은 학생들을 기분 좋은 긴장으로 이끌었다. 일제강점기 경제성장을 어떻게 볼 것인가를 놓고 대립한 토론의 한 장면을 보자.

2017년 2학기 1학년 교실

선영 여기 일제강점기, 1920년과 1928년을 비교하면 쌀 생산량 수치가 올라간 것이 보입니다. 방금 반대 측에서는 1920년대에 한국인 1인당 쌀 소비량이 줄었다고 했는데, 동시에 쌀 반출량도 줄었습니다. 상대 측에서는 한국인 1인당 쌀 소비량이 줄어드는 것만 보고 비판하는 것 같습니다. 조선에서 생산된 쌀이 생산량의 절반 정도가 일본으로 넘어간 것은 맞지만, 이것은 수탈이 아니라 수출의 방식이었습니다.

정현 그래프를 보면, 1920년대 초반에는 생산량도 늘고 소비량도 많았어요. 그런데 점점 반출량이 늘어나고 소비량은 점점 떨어지고 있어요. 이걸 수출이라고 하셨는데, 어떤 국가, 사업자, 개인이 자신이 필요한 것마저도 수출할 수 있을까요?

선영 하지만 1930년대가 되면 쌀 생산량, 반출량, 1인당 소비량이 다 줄어듭니다. 생산량이 줄면서 1인당 쌀 소비량뿐만 아니라 반출량도 줄어드는 거니까 자연스러운 거 아닙니까?

토론수업 중 일제강점기 경제성장에 대해 논쟁을 펼치는 학생들

정현 그래도 1930년대에 쌀 수출량이 쌀 생산량의 절반 정도를 차지하고 있어요. 이건 남는 것을 자발적으로 수출한 것으로 보기 힘든 거 아닙니까?

교과서에 실려 있는 일제강점기 쌀 생산 및 소비에 관한 그래프를 두고 두 학생이 설전을 벌였다. 토론의 쟁점은 쌀 반출량과 1인당 쌀 소비량의 변화를 어떻게 해석할 것인가였다. 식민지 근대화론을 옹호하는 팀은 일본으로의 쌀 반출을 자유로운 경제행위로 봐야 한다고 주장했고, 이를 비판하는 팀은 생산자들이 자신들의 소비량도 채우지 못한 상태에서 이뤄진 반출을 어떻게 자유로운 경제행위로 볼 수 있냐며 반론을 펼쳤다. 같은 자료를 놓고 다른 해석이 대립하자, 배심원으로 토론을 지켜보는 학생들도 숨을 죽였고 누구의 주장이 더 설득력 있는지 집중해서 들었다.

양측의 주장이 끝나고 배심원들은 누구의 입장에 동의하느냐와는 별개로 어느 팀이 토론을 더 잘했는지를 투표했다. 또 최고의 토론자도 뽑았다. 이날 최고의 토론자는 정현이었다. 상대 팀의 주장과 근거를 잘 살펴서 반대 주장을 펼친 것이 인정받았다. 양 팀 다 서로 수고했다는 인사를 나누고 토론을 마쳤다. 토론에 참여했던 아이들은 "준비한 말을 다 못했어. 다시 하면 더 잘할 거 같은데……"라고 아쉬워했고, 토론을 지켜본 학생들은 토론한 친구들을 보며 대단하다고 평가하면서 자기도 과연 잘할 수 있을까 하며 설레어했다.

배심원 토론수업이 만덕고 역사과의 중요한 교육과정으로 자리 잡은 것은 2016년부터였다. 학생들이 좀더 논리적으로 생각하고 발표하게 하려고 시작했는데, 해를 거듭하면서 효과를 확인할 수 있었다. 첫째, 배심원 토론을 하고 나면 눈으로 확인할 수 있을 정도로 학습태도가 달라졌다. 토론자 또는 배심원으로 토론에 참여하면서 학생들은 타인을 의식하면서 말하는 법을 배웠다. 또 자료에 담긴 내용을 이해하고 표현하는 능력이 눈에 띄게 좋아졌다. 둘째, 토론을 즐기는 학생들이 많아졌다. 이전에 만덕고 학생들은 토론의 경험이 거의 없어서 수업 소감문에는 "태어나서 처음으로 남 앞에서 토론했는데……"라는 이야기로 가득했다. 그래서 부담스러워하기도 했다. 그런데 학생들은 타인의 주목을 받으며 말하는 것을 좋아하게 되었다. 또 토론수업을 준비하고 진행하면서 자기가 많이 변화했다고 하는 학생들도 많았다.

만덕고 교사들은 이런 현상이 반가웠지만 한편으로는 의아하기도 했다. 학생들이 모둠토론할 때는 잘 긴장하지도 않고 또 잘해보겠다고 의욕을 불태우지 않았는데, 왜 그렇게 배심원 토론은 열심히 할까 하는 궁금증이었다. 교사들이 보기에 배심원 토론 후 학생들의 수업태도가 달라지기도 해서 신기하기도 했다.

학생들의 변화를 관찰하고, 수업협의회를 하면서 토론과 민주주의 교육에 관한 책들을 읽었다. 그러면서 내린 결론은 모둠 안에서 대화할 때는 사적인 것과 공적인 것이 섞여 있는데, 반 전체 앞에서 토론할 때는 사적인 내용은 빼고 공적인 내용만 담아 이야기하기 때문이 아닐까 하는 것이었다. 또 토론 내용을 하나도 모르는 배심원들을 설득해야 하기 때문에 보다 정확하고 정교하게 주장과 근거를 정돈해야 전달력과 설득력이 생긴다는 것도 중요한 배움의 경험이었다. 토론자들은 배심원 토론을 통해 공식적인 발언을 하는 경험을 한 것이다. 교실이라는 작은 사회이긴 하지만 논리정연하게 말하는 경험을 통해 사회적인 자아를 느낀 것이다. 배심원 토론이 끝나고 나면 토론자들은 "좀더 공부할걸", "더 말할 수 있었는데" 같은 말을 남기며 아쉬워했다.

배심원 토론은 학생들에게 잘하고 싶은 의욕과 책임감 있게 말하는 것을 가르쳐주었다. 더하여 주제를 깊이 있게 이해할 수 있어 교사와 학생 모두 좋아한 수업이었다.

▶ 토론'대회'가 아닌 토론'수업'

만덕고 역사시간에 진행한 토론수업은 학습능력이 뛰어난 아이들이 발표하며 경쟁하는 토론대회가 아니었다. 토론대회에 참가한 적이 없고, 남들 앞에서 말하는 것을 상당히 부담스러워하고, 역사에 대해 할 말도 없는 학생들에게 토론이라는 형태로 역사 논쟁을 가르치는 수업이었다.

만덕고 역사교사들은 학생들에게 '토론'부터 가르쳐야 했다. 지역의 특수성인지 몰라도, 국어 교과에 토론 단원이 있지만 토론이 부담스러운 교사들은 전국 단위 시험에 나오지 않는다는 이유로 가르치지 않는 경우가 많았다. 사회 교과서에도 많은 논쟁들이 포함되어 있지만, 사회과 교사 중 극소수만 수업시간에 토론을 시켰다. 그래서 역사시간에 역사 주제로 토론하는 방법을 배우면서 학생들은 토론이 무엇인지 배웠다.

역사과에서 선택한 토론방식은 교차조사의 장점을 살린 CEDA 토론이

• 1차 토론주제 :

일제시대 경제 성장은 한국인에게 도움이 되었을까?

• 토론 순서

일제시대 경제 성장은 한국인에게	
도움이 되었다!	도움이 되지 않았다.
① 입론 1 (2분)	② 입론 1 (2분)
작전타임(2분)	
④ 교차조사(질문) 1 (4분)	③ 교차조사(질문) 1 (4분)
⑥ 입론 2 (2분)	⑤ 입론 2(2분)
작전타임(2분)	
⑦ 교차조사(질문) 2 (4분)	⑧ 교차조사(질문) 2 (4분)
자유토론(8분)	
⑨ 마무리 발언(2분)	⑩ 마무리 발언(2분)

• 종소리 : 종료 1분 전(1회), 종료 30초 전(2회), 종료 시 (3회)

CEDA 토론 방식 안내

었다. 만덕고 역사교사들이 CEDA 토론 형태를 선택한 이유는 두 가지였다. 하나는 교차조사라는 검증방식이 강조된 토론이기 때문이다. 교차조사를 맡은 학생은 상대방의 근거를 검증하고 논리적 약점을 찾아내야 했다. 이렇게 상대 주장과 논리를 비판적으로 검토하는 법을 배울 수 있어서 역사를 배우는 데 적합했다. 두 번째 이유는 각자의 역할이 부여되어 있다는 점이었다. 대개 모둠 안에 한 명 정도만 토론할 수 있는 역량이 있고 나머지 학생들은 경험과 역량이 현격히 떨어졌다. 그러나 자신에게 주어진 시간은 본인이 감당해야 했기 때문에 모두 다 책임감을 가지고 토론에 참여해야 했다. 학생들이 말하는 소위 '버스 타기', 즉 무임승차가 불가능한 토론방식이었다. 팀워크가 강조되고 서로 도와야만 하는 점을 긍정적으로 여겨서 2016년 이후 줄곧 이 방식으로 토론을 진행했다.

만덕고의 국어과 선생님이 "토론을 준비하는 과정도 수업의 하나라는 걸 역사과 수업을 보고 알았습니다"라고 말한 적이 있다. 토론수업 준비를 학생들에게 전적으로 맡겨놓을 수 없다. 다른 과목에서는 자료 찾기도 학생들이 배워야 하는 부분이라며 전적으로 맡기기도 했지만, 학생들의 준비 정도에 따라 토론 수준이 천차만별이 되는 것을 보완해야 했다.

소위 말꼬리 잡기식의 애드리브를 토론이라고 생각하는 학생들도 꽤 있었는데, 자료조사와 논리적 주장을 준비하지 못한 경우에 이런 경향이 더 심해졌다. 그래서 교사들은 학생들이 준비하는 과정도 배움의 과정이라 생각하고, 토론 주제에 대한 기본 자료를 제공하고, 그 내용을 토대로 토론 준비를 해서 사전 점검을 받게 했다.

예를 들면 산미증식계획을 수탈이라고 주장하는 팀을 점검할 때 교사가 상대팀의 역할을 했다. 한마디로 교사와 모의토론을 해보는 것이었다. 이 과정을 통해 학생들은 자신들의 부족한 점을 알게 되고, 토론이 어떤 식으로 진행되리라는 것도 감을 잡았다. 사전 점검은 토론수업 1주일 전쯤에 진행되었다. 토론 경험이 많고 스스로 준비할 수 있는 학생들이라면 굳이 이런 사전 점검까지 할 필요가 없지만, 토론 경험이 부족한 우리 학교 학생들에게는 꼭 필요한 과정이었다.

▶ 토론수업을 통해 성장한 아이들

학생들은 토론의 매력에 빠져들었다. 토론자들은 3주 동안 준비한 내용을 주장했고, 배심원들은 두 팀 중 어느 쪽 주장이 더 나은지 집중해서 들었다. 장난꾸러기 친구가 의외로 또박또박 말하는 모습에 놀라워했고, 또 성적이 좋아서 토론도 잘할 거라고 기대한 친구가 의외로 허당인 모습을 보여서 즐거워했다. 이렇게 하나의 주제를 놓고 토론을 하고 나면, 학생들은 여러 면에서 성장했다.

첫 번째는 머뭇거리지 않고 의견을 말할 수 있게 된 점이다.

> 마지막 발언은 정혜가 입론의 내용을 정리해 한번 더 말했다. 나도 하고 싶은 말이 있어서 준비하고 있었다. 하지만 사회자(선생님)는 토론이 끝났음

> 을 알렸다. 나는 아쉬움을 감출 수 없었다. …… 토론하면서 제한시간 안에 다 말하지 못하면 그것으로 끝이 난다. 그 점이 나에게는 너무 슬펐다. 열심히 준비한 것을 알려주지 못하는 것이 말이다. 이전 시간에 토론했던 친구들도 그것을 느꼈다고 했다. 나는 토론을 하면서 우리의 주장을 눈치 보지 않고 자랑스럽게 내세울 수 있게 되었다. 의미가 '있는' 상태를 넘어서 의미가 '넘치는' 역사시간이었다. 다음에도 토론하게 된다면 주장과 근거를 더 확실하게 내세워 이길 것이다. 그리고 이 소감문을 쓰고 있는 지금의 나도 머뭇거리지 않고 나의 의견을 표현할 수 있게 되었다.^^ (김○○, 1학년)

아이들은 토론을 준비하면서 자신의 말을 의식하게 되었다. 자신이 하는 말이 친구들에게 어떻게 들리는지 생각하게 되었고, 상대 팀의 반박에 대비해 자신의 논리가 맞는지도 검토했다. 토론을 통해 설득해야 할 상대가 배심원들이라는 것을 준비과정에서 주지시켰기 때문에, 쉬운 언어, 간결하고 명확한 논리로 말하려고 노력했다.

토론이 끝나고 나면, 열심히 공부했고 많은 친구들 앞에서 자기 목소리로 자기 의견을 말한 스스로를 대견스러워했다.

두 번째는 비판적으로 자료를 검토하는 힘을 기를 수 있었다.

> 나는 남북화해를 위해서 '북한의 핵폐기가 먼저다'라는 팀의 교차조사 2를 맡았다. …… 나는 조사하면서 우리 팀 주장에 많은 허점이 있다는 것을 알았다. 조사한 내용이 거의 다 뉴스나 인터넷 기사에서 발견한 내용이라 과장된 내용도 있는 것 같고 정확한 차트나 도표가 부족했다. 그리고 나는 상대방의 의견 중 북한은 안보를 위해 핵을 소지하고 있을 뿐 북한 또한 경

제협력을 원한다는 점에서 북한이 제일 원하는 것이 평화이기 때문에 북한이 핵을 발사할 가능성이 없다는 주장에 공감이 갔다. 그래서 (상대 팀의 주장대로) 남북평화를 위해 경제협력이 효율적이라고 생각하게 되었다. 그런데 토론을 하면서 궁금했던 것은 우리 남북한은 왜 미국의 눈치를 봐야 하는가였다.(민○○, 1학년)

토론 준비를 하면서 학생들은 1차적으로 교사들이 제공한 자료를 이해해야 했고, 추가로 자료를 더 찾는 경우도 많았다. 학생들은 이 과정에서 훨씬 더 많은 정보를 습득할 수 있었고, 각 주장에 장단점이 있으며, 또 잘못된 정보가 있다는 것도 알게 되었다.

학생들은 교사들이 알려주는 것보다 더 많은 정보를 접하며 살아가게 될 것이다. 토론수업을 통해 보이는 정보를 그대로 믿지 않고 출처를 확인하고 비판적으로 이해하는 법을 배워갔다.

세 번째는 인식을 확장해간 것이다.

교차조사를 위해 상대편의 주장을 예측해보고, 자료조사를 해보았지만, 쉽지 않은 일이었다. 내가 원하는 자료를 쉽게 찾을 수 없었다. 하지만 구글, 네이버, 논문 사이트 등을 열심히 뒤지면서, 박정희 정부가 펼쳤던 통일벼, 제주도 관광산업 개발 등 여러 경제정책들, 그 당시에 산재보험 등과 같은 제도 등을 도입했음을 알 수 있었다. 또한 그 당시의 우리나라와 주위 아시아 국가들의 경제상황들까지 살펴볼 수 있었다.

뿐만 아니라 토론 중 상대편의 주장을 들으면서 와우아파트 붕괴사건처럼 내가 몰랐던 사실들도 알 수 있었다. 또 경제성장은 국민을 위한 것인데, 국민을 희생시키는 경제성장이 옳은 것이냐고 상대 측에서 말했을 때, 나는 제대로 반박을 하지 못했다. 그 주장은 반박할 수 없는 옳은 주장이라고 생각했다.

전까지는 그냥 국민의 공이 컸다고만 생각하고 있었다. 하지만 자료조사를 하면서 정부의 공도 큰 것을 알 수 있었다. 그래도 국민의 희생과 노력 또한 그에 만만치 않게 매우 컸다는 것을 알 수 있었다. 토론을 하고 나서 나는 이 주제에 대해 '정부의 리더십과 노력 등이 경제성장에 큰 역할을 했지만, 국민의 희생과 역할이 더 큰 역할을 했다'라고 생각하게 되었다.(조○○, 1학년)

학생들은 토론 주제에 대해 나름대로 판단을 했다. 어떤 주제에 대해서는 승패가 분명하다고 생각하기도 했다. 1960~70년대 경제성장에서 누구의 역할이 컸나라는 주제를 두고 만덕고 학생들은 "정부의 역할이 컸다는 주장이 당연히 이길 거예요"라고 예상했다. 그러나 토론을 준비하는 과정에서 주제에 대해 폭넓게 알게 되고 그를 통해 학생들의 사고의 폭이 확대되어갔다. 토론을 하면서 학생들은 다른 주장과 근거를 배척하는 것이 아니라 상대방의 논리와 근거를 검토하면서 배우기 때문이다. 이 자체가 역사공부의 한 과정이었다.

토론수업에 대한 학생들의 반응 중 가장 반가운 것은 토론을 즐기게 된 것이었다. 주제를 두고 두 팀이 설전을 벌이는 토론이 진행되면 배심원들의 집중력도 높아졌다. 간혹 시간이 남아서 배심원에게 질의나 주장을 시키면 여기저기서 손을 들기도 했다.

토론자들이 어려운 역사 주제에 대해 척척 말하는 것을 본 배심원들은 토론이 멋진 것이라고 생각했다. 그리고 자신도 잘 준비해서 토론을 잘하는 사람이 되고 싶어 했다. 대회가 아닌 수업이어서 몇몇 우수한 학생들만 토론하고 나머지는 지켜보는 것이 아니라 모든 아이들이 참여해야 했기 때문에 나타난 현상이었다. 학생들은 토론 주제에 대해 많이 알게 되었고 토론이라는 방법에도 호감을 가지게 되었다.

토론수업을 기획할 때의 의도는 학생들이 교실에서 토론을 배우고 나서, 사회에서 벌어지는 역사 논쟁과 쟁점에 대해서 관심을 가지게 되는 것이었다. 사회에서 이루어지는 논쟁을 교실 안으로 끌어오기를 통해 학생들의 관심과 사고가 교실 밖으로 향하길 바랐던 것이다. 의도대로 학생들은 사회에서 진행되는 역사 논쟁에 관심을 갖고 알고 싶어 했으며, 나아가 직접 논쟁에 참여하고 싶어 했다. 그래서 교실 안의 역사공부를 사회로 확장시키는 프로젝트 수업에도 적극적으로 참여했다.

3

교실 밖에서의 역사 탐구, 프로젝트 수업

교실에서 역사를 배우면서 교실 밖 사회에서 역사가 가지는 의미를 깨달을 때가 있다. 역사시간에 일본군 위안부 문제, 야스쿠니신사 참배를 둘러싼 국제 갈등, 역사교과서를 둘러싼 한국 안팎의 갈등 등을 배우고 나면, 이건 교과서 속의 흘러간 과거가 아니라 현재의 문제라고 느껴질 때가 있다. 고등학생이지만 사회 속 역사 문제에 대해 발언하고 싶고 참여하고 싶을 때가 있다. 그럴 때 "나중에 커서 역사 문제에 관심을 가지고 참여하렴"이라는 말은 뭔가 맥 빠지게 한다.

만덕고 학생들은 프로젝트 수업이라는 이름으로, 역사 문제에 참여하는 것을 배웠다. 교실과 학교를 벗어나 자신들이 생각하는 역사 문제에 대해 시민들에게 알리고 그 과정에서 배운 것을 교실로 돌아와 나누었다. 한국사를 배우는 학생들에게 주어진 과제는 '일본군 위안부 문제 해결을 위한 프로젝트'였다.

2019년 1학년 교실, 두 달간 진행된 프로젝트의 성과를 발표하는 날, 은주네 모둠이 발표했다.

우리 모둠은 일본군 위안부에 대해 배우고 나서 이 문제 해결을 위해 고등학생이지만 뭐라도 하고 싶었습니다. 그래서 처음에는 위안부 굿즈로 손거울을 만들어 팔아서 할머니들에게 도움을 주거나 UCC를 만들어서 이 문제를 SNS에 널리널리 알리려고 했습니다. 그런데 우리 모둠에는 굿즈나 UCC를 만들 능력자가 없었고, 시민들에게 직접 이 문제를 알렸으면 하는 생각에서 서명운동과 모금활동을 해보기로 했습니다. 정대협의 위안부 문제 해결을 위한 세계 1억인 서명운동 용지를 출력해서 거리로 나갔습니다. 처음에 목표는 200명 정도의 서명을 받는 것이었습니다. 1일 차는 직접 만든 피켓을 들고 거리에 서명을 받으러 가는 데 가슴이 뛰었어요. 우리를 이상하게 쳐다보고 수군거리는 사람도 있었어요. 그날 125명 서명을 받았어요. 이날 일본인도 서명을 해줬고 기분이 묘했어요. 둘째 날에는 부산대학교 앞 거리로 가서 서명을 받았어요. 위안부 문제에 대해 거리에서 사람들에게 설명해줬는데 격려해주는 사람들이 있어서 힘이 났습니다. 이날 280명의 서명을 받았어요. 모둠원들이 기왕 이렇게 된 거 더 받자고 해서, 모의고사 친 날 저녁에도, 그다음 날도 서명을 받으러 다녔어요. 800명이 넘자 친구들이 기왕 이렇게 된 거 1,000명 채우자는 이야기를 했고, 6일 차까지 서명활동을 해서 1,000명이 넘는 서명을 받았어요. 누가 시킨 건 아닌데, 뿌듯했고 서명을 받으면서 시민들과 이야기를 하면 할수록, 위안부 문제에

f 137 2

혁신학교(다행복학교)인 부산 만덕고 학생들이 일본군 성노예 공식 사과와 피해자 배상을 촉구하는 1인 시위를 하고 있다. 만덕고 제공

수업시간에 배운 내용을 바탕으로 인터넷 검색을 해 일본군 성노예와 관련된 자료를 열심히 수집했다. 일본군 성노예의 정의와 쟁점, 일본의 입장, 우리 정부의 대응, 우리가 해야 할 일 등을 보드에 깨알같이 적었다.

사람이 많이 다니는 인도에서 이 보드를 들고 30여분 동안 번갈아 1인 시위를 벌였다. 송경은양은 "배우고 가르치면서 일본군 성노예 실상과 불매운동을 벌여야 하는 이유를 분명히 알게 됐다. 부끄러웠지만 진실을 알리기 위한 행동을 해야겠다고 생각했다"고 했다.

김광수 기자 kskim@hani.co.kr

혁신학교(다행복학교)인 부산 만덕고 학생들이 일본군 성노예 사과와 피해자 배상을 촉구하는 서명운동을 벌였다. 만덕고 제공

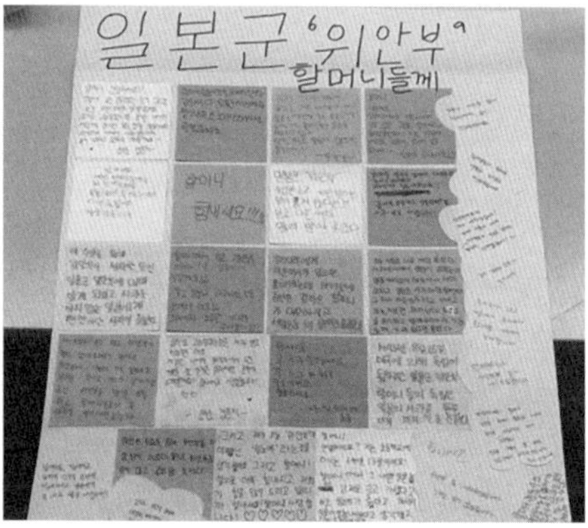

'일본군 위안부 문제 해결을 위한 프로젝트'를 수행하는 학생들

대해 모르는 사람들이 너무 많고, 우리가 하는 일이 의미가 있다고 생각했습니다.

이 발표를 듣는 아이들은 "우와~!" 하며 박수를 쳤다. 서명운동을 해본 입장이라 1,000명의 서명을 받는 게 얼마나 어려운지 알고 있었다. 이런 반응에 은주네 모둠 아이들은 휴일에 쉬고 싶은 마음, 놀고 싶은 마음을 접고 자신들의 목표를 달성한 게 더욱 뿌듯하게 느껴졌다.

다른 모둠은 인근 초등학교에 가서 일본군 위안부에 관한 수업을 했다고 발표했다. 해당 학교의 교감선생님께 허락을 받아서 방과 후 교실의 1일 교사 체험을 한 것이다. 일본군 위안부 문제에 대한 PPT, 학생들의 참여를 끌어내기 위한 퀴즈를 만들었고, 그리고 초등학생들에게 위안부 할머니에게 편지를 쓰자고 제안했고, 초등학생들이 쓴 글들을 모아서 나눔의 집으로 보냈다.

▶ 역사를 배우러 교실 밖으로

프로젝트 수업을 기획할 때 기대한 바는 학생들이 일본군 위안부 문제, 동아시아의 역사 갈등 등 사회 속의 역사 문제를 이해하고 참여하는 시민으로 성장하는 것이었다. 학생들이 주체적으로 역사 문제 해결을 위해 계획하고 실천하고 성찰하는 것이 중요하지만, 학생들이 프로젝트 학습에 푹 빠져서 즐겁게 배울 수 있게 교사가 수업을 설계하고 안내하고 조력하는 것이 필요하다.

프로젝트 활동을 시작하기 전에 역사적 사건에 문제의식을 가지는 것이 중요한데, 주제와 관련된 책을 읽고 독후감을 쓰게 했다. 일본군 위안부와 관련한 책이면 무엇이든 읽어도 좋다고 했다. 학생들은 도서관에 가서 어떤 책을 읽을지 고민하면서 책을 골랐고, 여러 권의 책을 읽고 독후감을 쓴 친구도 있었다.

〈과거의 여성과 현재의 여성〉
내가 책을 고르기까지는 정말 많은 고민이 따랐던 것 같다. 도서관에는 위안부 문제에 관련된 책이 5~6권 정도 꽂혀 있었다. 그중 내 관심을 끈 책은 두 권이었는데 한 권은 위안부 할머니들의 증언을 책으로 만든 증언집이었고, 한 권은 위안부 문제를 잘 정리해놓은 책이었다. 우리가 많은 관심을 가져야 하는 문제인 만큼 더 많은 내용을 공부할수록 좋을 것 같다는 생각이 들어서 두 권의 책을 모두 읽게 되었다.
처음 읽은 책은 《기억으로 다시 쓰는 역사》(한국정신대문제대책협의회)라는 증언집이었다. 위안부 피해자 할머니들의 증언을 그대로 풀어놓은 책으로 할머니들의 말투 하나하나 그대로 적혀 있어 마치 내가 할머니와 마주 앉아 이야기를 듣는 것만 같은 느낌을 받을 수 있었다. …… 내가 이렇게 위안부 생활에서 벗어난 후의 이야기에 집중한 이유는 위안부 생활에서 벗어나고도 편하게 살아가지 못했던, 오히려 더 고통스럽고 막막했을 그분들의 남은 인생이 너무나도 안타까웠기 때문이다. …… 내가 이 일에 이렇게까지 열을 내는 이유는 많은 것이 있겠지만 이 나라의 여성으로 태어났음이 가장 큰 이유가 될 것이다. 위안소가 있던 그때의 한국은 여성이 살기에 정말 위험한 나라였다. 내가 살아가고 있는 지금의 한국도 여성이 살기에 위험한 나라라고 할 수 있다. 그때나 지금이나 여성의 인권이 보장받지 못한다는 사실이 안타깝고 화가 날 뿐이다. 과거의 일부터 현재 일어나고 있는 일까지 잘 해결해나가서 미래에는 여성도 인권을 보장받고 떳떳하고 안전하게 살아갈 수 있는 세상이 오길 바란다.

두 번째로 읽었던 책은 《성노예와 병사 만들기》(안연선)라는 책이었다. 이 책은 옛 위안부 피해자들과 당시 일본인 군인을 인터뷰한 것을 바탕으로 위안부 문제를 잘 설명해놓은 책이었다. …… 책에 나와 있는 내용 중 일본인 군인과 그의 아내가 함께 인터뷰에 참여한 사례가 있었다. 그의 아내는 자신의 남편이 위안부 문제에 대해 이야기하는 것을 꺼렸고 자신이 여성임에도 불구하고 위안부 문제에 대해서 어떠한 이해나 감정이입도 보이지 않았다고 한다. 난 이 글을 읽으며 절망적일 수밖에 없었다. 아무리 일본인이라고 해도 같은 여성조차 여성의 인권 문제에 관심을 가지지 않고 심각성을 느끼지 못하는 것은 정말 심각한 문제라고 생각하기 때문이다. 일본인 여성이 왜 그러한 태도를 보였는지는 알 수 없다. 단지 교육을 그렇게 받아서일 수도 있고, 일본인으로서의 자아 정체성이 여성으로서의 정체성보다 강했기 때문일 수도 있다. …… 옛 위안부 할머니들은 자신의 이야기를 말하는 것에 대해 많은 용기와 시간이 필요했던 반면 그 당시 일본인 군인들은 위안부 문제에 대해 스스럼없이 말했다는 것에서 나는 또 한번 느낀 것이 있다. 가해자는 그때의 일을 심각하다고 느끼지 않을 수도 있겠지만 피해자는 그때의 고통을 평생 아프게 짊어지고 살아야 한다는 것이다. …… 평소 인권 문제에 관심이 많아서 이 책들도 더 집중해서 읽을 수 있었다. '위안부 문제'에 대해 많이 알고 있다고 생각했는데, 몰랐던 이야기가 정말 많아 놀라기도 했다. 앞으로도 많은 독서와 공부를 통해 '위안부 문제'에 대해 알아가야겠다고 다짐하게 되는 계기가 되었다.(정○○, 1학년)

각자 책을 읽고 독후감을 쓰는 활동이 끝나면, 수업시간에 서로 이야기를 나누게 했다. 친구들이 느낀 바를 듣고 자기 이야기를 하면서, 학생들은 문제의식을 확장시킬 수 있었다. 그다음 학생들이 문제라고 느낀 것과 현재 해결되지 않은 것을 중심으로 앞으로 어떻게 해야 할지 논의하게 했다. 그리고 역사 문제 해결을 위한 계획을 세우게 했다. 모둠별로 일본군 위안부 문제 해결을 위해 학생으로서 기여하거나 참여할 수 있는 것이 무엇인지 의견을 모았다. 문제 해결을 위해 다양한 의견이 나왔다. 가장 많은 것은 캠페인 활동이었다.

캠페인 활동	피해자 지원 활동	그 외
• 정의기억연대의 '세계 1억인 서명운동' • 거리에서 위안부 문제 알리기 • 버스킹, 창작 댄스 등	• 모금활동 · 기부 • 위안부 할머니 굿즈 제작하여 판매 · 기부 • 위안부 할머니께 편지 쓰기	• 피해자 지원을 위한 입법 청원 • 교육청에 역사교육 방법 제안 • 초등/중학교 1일 교사

학생들은 사회적 실천을 위한 다양한 방법을 검토하고 가장 의미 있게 느껴지거나 효과적이라고 판단되는 방법을 선택했다.

▶ 모든 경험은 학생들을 성장시킨다

학생들은 교실 밖으로 나가서 다양한 방식으로 실천을 하고 교실로 돌아와서 자신들이 경험한 것, 느낀 것, 배운 것을 나누었다. 학생들은 교사들이 생각한 것보다 더욱 다양한 경험을 했고, 여러 일을 겪으며 성장했다. 학생들이 이렇게 적극적으로 거리로 나가서 애쓴 것은 일본군 위안부 피해자들에게 공감하려는 노력이었다.

① 역사 문제를 마음으로 느끼기

우리 모둠은 일본군 위안부 문제를 알리기 위해 서명운동을 하기로 결정하였다. 경○여고와 낙○고에 가서 서명도 받고 길에서 어른과 중학생들의 서명도 받았다. 서명 종이와 볼펜을 들고 사람들에게 다가가 서명을 받는 것은 쉬운 일이 아니었다. 모르는 사람에게 다가가 "일본군 위안부 문제 해결을 위한 세계 1억인 서명운동 하고 있는데요. 혹시 서명해줄 수 있으신가요?"라고 말한 후 서명을 받아내기까지의 과정에서 용기와 자신감이 필요했다. 나는 자신감은 가득했지만 막상 또래 친구들을 보니 부끄러워 먼저 다가가는 것이 조금 망설여지기도 했다. 나는 문득 이런 생각을 했다. 서명 하나 받는 게 이렇게 힘든데, 일본 정부의 공식적인 사과와 법적 배상을 받기 위해 현재 일본과 맞서고 있는 일본군 '위안부' 피해자분들은 우리보다 100배, 1,000배는 넘게 힘드셨을 것이다.(김○○, 1학년)

역사 문제를 바로잡기 위한 노력의 어려움을 몸으로 느끼면서 일본군 위안부 피해자들을 떠올렸다. 그리고 이런 운동의 어려움에 대해 공감했다. 아이들은 캠페인 활동을 하면서 열렬한 지지를 받으며 뿌듯함을 느꼈고, 냉담한 반응을 경험하면서 의문도 가졌다.

② 시민들의 반응에 의문을 가지게 됨

교실에서 일본군 위안부에 대해서 공부할 때는 모두 같은 생각인 줄 알았다. 거리에 나와서 사람들을 만나보니 다르게 생각하는 사람들도 많이 있었다. 같은 한국인인데 왜 그럴까 생각하게 되었다.(박○○, 1학년)

어떤 아저씨는 "우리 부인의 허락을 받아야 서명할 수 있다"고 거절했는데, 위안부 문제를 해결하자는 서명에 왜 부인의 허락을 받아야 하는지 궁금했다. 그와 반대로 버스를 타고 있던 분이 내려서 서명해주고 다시 버스

에 오르는 것을 보면서 감사함을 느꼈다.(김○○, 1학년)

학생들은 일본군 위안부 문제를 해결하자고 하면, 모든 한국인이 한마음 한뜻일 거라고 생각했는데, 그렇지 않다는 현실을 알게 되었다. 마음이 아프고 화도 나고 의문을 가졌지만 스스로 해결책을 찾아내기도 했다.

③ 기억과 공론화의 중요성

사람들에게 서명을 요청하는 것이 어려웠고 요청했을 때 무시하고 지나치는 분들이 많아서 상처도 많이 받았다. 학교와 번화가를 돌아다니며 서명을 받는 과정에서 학생들은 서명을 잘해줬지만, 어른들은 이어폰을 꽂고 무시하는 사람이 많았다. 거절하는 사람들은 자신들도 한국에 살면서 왜 한국의 아픈 역사를 알리는 데 동참하지 않을까 하는 의문이 들었다. 일본의 역사와 그들의 잘못은 욕하면서 정작 그들에게 피해보상을 요구할 때나 우리의 피해를 세상에 알리는 일에는 귀찮다는 이유로 침묵하는 사람들에게 너무 화가 났다.
그러나 한편으로는 이런 생각도 들었다. 학생들은 학교에서 일본군 위안부에 대해 교육을 받지만, 성인들은 더이상 교육을 받지 않기 때문에 이 문제에 대해 무뎌지지 않았을까 하는. 어른들에게도 대한민국의 가슴 아픈 역사를 되새기게 해주는 프로그램이 필요한 것 같다. …… 일본군 위안부에 대해 끊임없이 기억하고, 더 많은 이들에게 알리고, 전 세계에 이 문제를 공론화하는 것이 대한민국 국민들의 영원한 사명감이라고 생각한다.(신○○, 1학년)

여기서 한 걸음 더 나아가 역사교육의 중요성에 대해 절실하게 느끼고, 이를 바꾸겠다고 교육청에 제안하는 방식으로 프로젝트를 진행한 친구들도 있었다.

④ **역사교육의 중요성을 느낌**

> 조사하면서 나는 주변 친구들이 "위안부 협상은 이미 마무리된 줄 알았다" 등 위안부 문제에 대하여 잘못 알고 있다는 것을 알았다. 어떤 친구들은 "중학교 때 시간이 없어서 위안부에 대해 배우지 않았다"라고 하였으며, 배운 친구들 중에서는 "잘 기억에 남지 않는다" 등 수업을 제대로 받지 못했다는 사실도 알게 되었다. …… 위안부에 대한 제대로 된 교육의 필요성을 강하게 느꼈다. 위안부에 대한 역사교육의 필요성이 담긴 글을 적어 교육청에 보내기로 하였다. 제대로 된 교육의 방법에는 뭐가 있을까에 대하여 많이 고민해보았다. ……
> 계속된 고민 끝에 "학생들이 제대로 된 교육을 받지 못하고 있다. 그렇기에 교육과정에 위안부에 대하여 배우는 시간을 넣어야 한다. 그리고 주입식 교육이 아닌 아이들이 위안부에 대해 직접 알아본다면 더 기억에 남을 것이다. 가장 중요한 것은 왜곡된 내용을 가르치지 않는 것이다"라고 글을 써 교육청에 보냈다. 하지만 교육청은 교육 개선을 위해 노력해보겠다, 건의해보겠다라는 말 대신 그냥 고맙다고 반응하였다.(조○○, 2학년)

역사를 배우면서 학생들은 역사교육의 중요성을 깨닫는다. 그리고 이제는 그 방향성에 대해서도 구체적으로 제안할 수 있게 되었다. 위 학생은 주입식으로는 제대로 된 역사교육이 힘들다는 것을 깨달았다. 이런 점을 배웠다고 하는 학생들이 많았다.

⑤ **실천 속에 더 큰 배움**

이 수업은 단순히 선생님이 앞에서 설명하고 학생들이 받아 적는 전형적인 수업이 아닌 학생들의 생각과 뜻이 손수 담겨 있는 프로젝트를 진행하여 배운 점이 정말 많았다.(김○○, 1학년)

우리가 늘 해왔던 것은 학교 안에서 일본군 위안부를 위해 할 수 있는 일이 무엇이 있을까 생각해보는 수업이었다면 이번에는 머리만 굴리는 것이 아니라 직접 발로 뛰고 몸으로 실천하는 프로젝트 수업이었다. 그저 계획만 할 때는 그냥 아픈 사실을 잊지 말고 기억하자 이런 정도였다면 이번에는 절실함을 느낄 수 있었다. 기억이라도 하는 것이 좋지만 그 문제를 해결하기 위해 할 수 있는 일이 무엇인지 생각하고 행동으로 옮기는 것은 사소한 것이라도 그분들에게 큰 힘이 될 것 같다는 생각이 들었다.(박○○, 1학년)

학생들은 실천이 가지는 힘을 배웠다. 교실의 배움도 중요하지만 교실 밖에서 배우는 것들은 아이들의 마음을 움직였다. 자신들이 청소년이지만, 사회를 향해 발언할 수 있는 존재라는 것도 깨달았다.

⑥ **미래사회를 이끌어나갈 청소년이라는 자각**

프로젝트 수업을 하면서 내가 맡은 역할은 피켓 제작, …… 생각보다 많은 준비를 해야 해서 깜짝 놀랐다. 피켓 제작을 위해 자료조사를 하면서 몰랐던 사실도 알게 되었는데, 앉아서 수업하는 것보다 스스로 찾으면서 하는 것이 훨씬 기억에 오래 남는 것 같다.

일본군 '위안부' 문제를 해결하려면 우리가 관심을 갖고 다시는 이런 일이 일어나지 않도록 모두가 기억해야 한다고 생각했다. 서명운동을 하면서 지나가는 사람들로부터 격려도 받았고 비난도 받았다. 하지만 '위안부' 문제를 해결하기 위해 미래사회를 이끌어나갈 주체인 청소년이 생각하고 목소리를 내고 실천하는 것이 중요하다는 것을 깨달았다.(서○○, 1학년)

학생들은 적극적으로 역사 문제에 관심을 가져야 한다는 것과 청소년도 목소리를 내고 실천할 수 있는 존재라는 것을 깨달았다. 그리고 많은 학생이 더 열심히 역사공부를 하겠다고 마음먹는 계기가 되었다고 했다.

위 사례는 한국사 수업에서 일본군 위안부를 주제로 한 것이고, 동아시아사 수업에서는 동아시아 역사 갈등을 해결하기 위해 우리가 할 수 있는 일을 주제로 프로젝트 수업을 진행했다.

동아시아 역사 갈등 문제를 부산 시민들에게 알리는 캠페인도 했지만, 웹을 이용한 활동들이 많았다. 역사 갈등을 함께 해결하자는 UCC를 만들어 일본어, 영어, 중국어로 번역해서 유튜브에 올린 모둠도 있었고, 번역 앱을 이용하여 일본 웹사이트에 들어가 이 문제로 일반 시민들과 대화를 나눈 결과를 발표한 모둠도 있었다. 다양한 탐색을 하면서 학생들은 동아시아 역사 갈등에 대해 외국인들이 어떻게 생각하는지, 그들에게 어떤 의견을 말해야 할지를 배우는 기회를 가졌다. 미디어의 발달은 학생들이 앉아 있는 교실과 동아시아를 연결해주었고, 학생들은 새삼 자신들이 동아시아의 일원이라는 것을 자각했다.

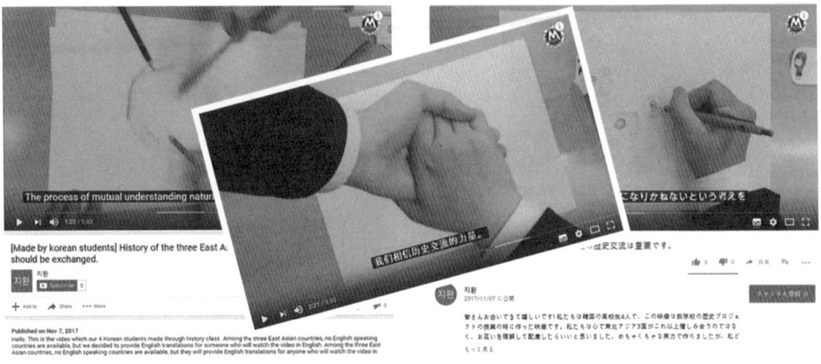

학생들이 만들어 유튜브에 올린 외국어 영상

이번에 '동아시아 역사 교류의 중요성'을 주제로 친구들과 모둠을 이루어 UCC를 제작하면서 친구들과 함께 국가 간의 역사 교류가 가져올 수 있는 이점 등을 조사하면서 주제를 잘 선택한 것 같다는 생각이 들었다. 특히 독일과 폴란드가 지속적인 역사 교류를 통해 2차 세계대전 당시 나치 독일의 만행으로 인한 아픈 역사를 딛고 서로 우호국으로 발돋움했다는 사례를 찾고, 역사 교류로 평화를 얻는다는 방안이 결코 불가능한 게 아니라는 것을 확신할 수 있었다. 갈수록 갈등의 골이 깊어가는 동아시아 3국의 밝은 미래를 위해서는, 지속적인 역사 교류를 통해 서로의 아픔을 공유하고 이해하는 자세가 꼭 필요할 것이다.(최○○, 2학년)

학생들이 교실에서만 역사를 배우는 것이 아니라는 말은 이제 웬만한 역사교육 서적에서 확인할 수 있다. 그러나 한국 고등학교의 역사수업은 여전히 지식 전달에 치중하고 있고, 그 속에서 학생들은 흥미를 잃는 경우가 많고 시민으로서 역사에 대해 발언하는 것의 의미와 방법을 배우지 못하고 있다.

역사는 교과서 속에만 있는 과거가 아니다. 역사를 둘러싼 갈등이 생기는 곳도 교실 안이 아니다. 학생들은 사회에서 벌어지고 있는 갈등과 논쟁에 참여하는 방법을 역사수업을 통해 배워야 한다. 토론을 통해 사회에서 갈등하고 대립하는 논쟁을 재현하면서 쟁점을 파악하고 논리를 따지는 법을 배워야 하고, 역사교실에서 배운 것이 사회에서 어떻게 인식되고 있는지를 실천하면서 배워야 한다. 학생들은 교사들이 생각하는 것보다 훨씬 어렵고 복잡한 문제에 관심을 가지고 배우기 위해 집중하기도 한다. 다양한 배움의 자극을 통해 건강하게 성장할 수 있는 아이들을 교과서와 교실 속에만 가두는 것에서 벗어나야 한다.

12장

교실과 교과서를 벗어나 역사를 배우다

1

역사동아리에 가입한 아이들

해마다 동아리 부원 모집 기간이 되면, 기존 동아리 부원들이 1학년 교실에 들어가서 신입부원을 모집한다.

> 우리 역사동아리는 선생님들과 부산 지역을 답사합니다. 우리가 살고 있는 북구를 벗어나 부산의 다른 동네도 가구요. 또 다른 학교 역사동아리와 연합해서 답사하는 데 그것도 재미있어요. 우리 동아리에 면접 볼 학생들은 이 전화번호로 문자 주세요.

동아리 홍보가 끝나면 면접이 시작된다. 주로 물어보는 질문은 역사동아리에 가입하려는 이유인데, 답은 제각각이다. '모범답안'은 "저는 역사 과목을 아주 좋아합니다", "역사답사를 꼭 가고 싶습니다", "역사동아리에 들어가면 생활기록부 스펙이 빵빵해진다고 해서요" 등이다. 겉으로 하는 말이 전부는 아니다. 그 속에는 여러 가지가 감추어져 있다. 홍보하러 온 누나가 예뻐서, 또는 선배 오빠가 멋있어서, 또는 친구가 가자고 해서, 가끔은 다른 동아리 면접에서 떨어져 여기라도 붙어야 할 것 같아서 등등.

역사동아리에 가입한 모든 아이들이 다 역사를 좋아한다고 할 수 없고, 역사를 좋아하지만 면접에서 떨어진 아이들도 있다. 만덕고 역사동아리는 교생선생님들과 부산 도심 답사, 세월호 콘서트, 작은 소녀상 세우기 등 눈에 띄는 활동을 하면서 많은 아이들이 '가입하고 싶은 동아리'가 되어 있었고 그만큼 지원하는 학생이 많았다.

하지만 막상 동아리 활동이 시작되면 따로 책을 읽고 공부도 해야 하고, 선배들과 함께하기 때문에 수업시간보다 더 긴장하기도 한다. 학교 밖으로 답사를 나가면 다리도 아프고, 해야 하는 활동도 너무 많다. 사진 찍기, 찍은 사진을 바탕으로 발표물 만들기, 그리고 다른 학교 친구들 앞에서 발표하기 등등. 토요일 하루 종일 에너지를 쏟다 보면 피곤이 밀려온다. 1년에 한 번, 1박 2일로 진행되는 캠프는 역사동아리로서의 정체성과 자부심을 느끼게 해주기 때문에 포기할 수 없다.

친구 따라 강남 가듯이, 또는 예쁜 누나나 멋진 오빠 때문에 가입했지만, 역사동아리 활동을 하면서 학생들은 점차 동아리의 주인으로서 의식을 가지게 된다. 그리고 동아리 활동에 주도적으로 참여하면서 학교 활동 전반에서 주인 의식을 느끼게 된다.

사실 부산시 고등학교 중에서 역사동아리가 있는 고등학교는 몇 개 되지 않는다. 그런데 만덕고 역사교사들은 드물게도 20여 년 동안 역사동아리를 운영해본 경험을 갖고 있어, 어떤 의미에서 역사동아리 운영 베테랑 교사라 할 수 있었다. 교사들의 관심에 따라 역사동아리 활동의 주제나 방식이 달라졌다. 또는 학생들이 원하는 주제나 활동이 있으면 전폭적으로 지지하고 지원해주면서, 학생들과 함께 역사동아리 활동을 이어왔다. 2017년부터 2019년까지 만덕고 역사동아리의 주제는 일본군 위안부 '작은 소녀상' 세우기였다. 교사들이 동아리 활동의 큰 밑그림을 그려놓고, 슬쩍슬쩍 단서를 흘리면서 학생들이 스스로 결정하고 추진할 수 있게 했다. 마치 '넛지(Nudge)'처럼. 학생들은 스스로 목표를 정하고 활동을 찾아 실천하면서 자기들 힘으로 해냈다고 뿌듯해했다. 자신감과 성취감에 들뜬 학생들을 지켜보면서 교사들은 흐뭇해했다.

2

놀다가 역사에 꽂히다

2017년 1학기 역사동아리 답사는 주례여고 역사동아리와 함께 진행했다. 주제는 '일제강점기 수탈의 중심지에 선 부산'이었다. 초량동의 일본영사관 앞 소녀상을 보면서 답사를 시작했다. 학생들에게는 이 소녀상에 자신들의 마음을 투영해보라는 미션과 초량시장에서 선물을 사서 소녀상에게 주고 의미를 설명하라는 미션이 주어졌다. 모둠별로 이야기도 나누고 사진도 찍은 후 학생들은 대연동의 국립일제강제동원역사관에 모였다. 전시를 관람한 후 모여서 일제강점기, 그리고 일본군 위안부, 소녀상에 대해 보고 느낀 바를 발표했다.

소녀상의 마음은 한일 위안부 합의에 대해 답답해하고, 정부를 원망하고 있을 거 같아요. 이를 바라보는 부산 시민들의 마음은 어떨까요? 관심이 없어 보입니다. 우리가 관심을 안 가져서 이 문제가 해결되지 않고 있는 것 같아요.

몇몇 학생들은 답사도 힘들고, 답사를 통해서 느낀 것을 뚝딱뚝딱 만들어서 발표도 해야 하니까 힘들다고 툴툴댔다. 그러나 많은 것을 느낀 학생들도 있었다. 답사를 하고 나서 그다음 동아리 활동은 답사 소감을 나누고 이후 계획을 세우는 시간이었다. 지난번 답사 소감을 나누던 학생들이 "이런 문제에 대해 우리가 할 수 있는 건 없나요?"라는 질문을 했다. 교사는 청소년들이 일본군 위안부 문제에 관련해 뭔가 실천하고 있는 활동이 있나 알아보자고 했다. 학생 중 하나가 이화여고 역사동아리 '주먹도끼'가 진행하고 있는 '전국 학교에 작은 소녀상 세우기 운동'에 대해 말했다. 호응하는 학생들이 많았고, 우리 학교에도 이런 소녀상이 있으면 좋겠다고 적극적으로 나섰다.

교사 진심이니? 진짜 너희들 마음이 그렇다면, 우리 학교에 작은 소녀상을 만들 수도 있지. 소녀상을 만들려면 무엇을 해야 할까?

서원 이화여고 역사동아리 학생에게 페메(페이스북 메시지)로 연락해 볼게요.

교사 음. 다른 학교 사례도 알아보는 게 어떨까? 부산의 문현여고 학생회가 작은 소녀상을 만들었다는 이야기를 들은 적이 있어. 그리고 한얼고에도 소녀상이 있다는 신문기사를 본 적이 있는데…….

민지 그럼 그 학교의 소녀상도 한번 보러 가요.

그렇게 해서 다른 학교에 세워진 소녀상에 대한 조사를 1박 2일 체험활동과 연계해서 진행했다. 한얼고의 소녀상은 학교가 주도해서 억대의 돈을 들여서 만들었고 마치 옛날 학교의 세종대왕이나 이승복 어린이 동상처럼 운동장 한쪽을 차지하고 있었다.

문현여고의 소녀상은 학생회가 모금해 만들었고 자그마했다. 소녀상은 도서관 한 귀퉁이에 놓여 있었는데, 원래는 3학년 교무실에 있었다고 했다. 이 학교에 소녀상이 세워진 과정을 들으면서 역사동아리 학생들은 '우리도 할 수 있겠다'라고 생각했다. 하지만 왜 소녀상이 이렇게 자리를 잡지 못하고 학교 안을 떠도는지는 이해가 가지 않았다. 문현여고의 당시 학생회 간부가 그렇게 된 연유를 설명해주었다.

> 우리 학생회는 작은 소녀상을 학교 안에 세우는 것이 의미 있다고 생각했어요. 3학년 담임선생님들의 전폭적인 지지가 있었어요. 그런데 학교 측에서 난색을 표했어요. 그 와중에 모금활동이 시작되고, 생각보다 빨리 제작된 소녀상은 학교에 도착했고, 그래서 3학년 교무실 앞에 두었죠. 아이들이 그걸 보겠다고 3학년 교무실 앞에 가기도 했어요. 그렇게 1년이 지나고 새로운 3학년 담임선생님들이 소녀상을 그곳에 두는 것이 불편하다고 해서 도서관으로 옮겨졌어요.

그날 저녁 황령산 수련원에서 진행된 역사동아리 워크숍은 자못 진지했다. 소녀상 세우기에 대해 극화 발표, 토론, 이야기 나누기 등이 이어졌다. 다음 날 아침, 마지막 소감 나누기에서 소녀상을 꼭 세우고 싶다는 의견이 압도적으로 많았다. 그래서 2학기 역사동아리 활동 주제를 '학교 안에 소녀상 세우기'로 하자고 뜻을 모았다.

그 후 동아리 시간에 소녀상을 세우기 위해서는 누구와 의논해야 하며,

어떤 순서를 밟아서 진행할지 논의가 이어졌다.

민지 문현여고 소녀상처럼 학교 안을 떠돌게 하지 않으려면 학생들의 의견을 모으는 게 중요할 것 같아요. 소녀상을 설치할 장소를 몇 개 정해서 후보로 제시하고 설문조사부터 할까요?

교사 잠깐, 학교 안에는 다양한 사람들이 있어. 학생들과 교사들……. 그럼 학생들을 대표하는 사람은 누굴까? 그리고 교사들과 관련해서 학교 전체를 관리하는 사람은 누굴까?

민지 학생을 대표하는 건 학생회장인데……. 그 오빠는 이런 일에 관심이 없어요.

교사 그래도 대표성을 가지려면 학생회와도 의논해야 하지 않을까? 같이하면 더 좋고.

태경 그럼 학교를 대표하는 사람은 교장선생님이니까, 교장선생님께도 허락을 받아야 해요?

교사 무엇에 대해 허락을 받을 건데?
너희에게 이런 뜻이 있는데 모금활동과 소녀상 세우기를 할 수 있게 해달라고?
그럼, 이렇게 하자. 교사 다모임 시간에 너희들 중 몇 명이 선생님들에게 제안을 하는 거야. 동아리 회장은 교장선생님, 학생회장과 이 일에 대해 미리 상의하는 건 어때?

민지 좋아요. 근데 회장이라서 저 혼자 가야 해요?

태경 내가 같이 가줄게. 1학년 후배들도 몇 명 같이 갔으면 좋겠어.

그렇게 학생 5인의 대표가 꾸려졌다. 교사 다모임이 열리는 날, 아이들

교사 다모임에서 학교 안 소녀상 건립을 제안하는 학생들

이 긴장된 모습으로 교사들 앞에 섰다. 떨기도 했지만 당차게 발표했다. 소녀상을 건립한 학교를 둘러봤는데 의미가 있더라, 우리 학교도 학생들이 주도해서 한번 세워보려고 한다, 같은 학교 구성원으로서 선생님들이 동의해주면 좋겠다는 이야기를 이어갔다.

이렇게 대표들의 이야기가 끝나자 선생님들은 "멋있다~!", "역사동아리 파이팅~!"이라고 하면서 박수로 응원했다. 대표 학생들은 동아리로 돌아와 선생님들의 반응을 전달했고, 서로 박수를 치면서 이 일의 의미를 학생들에게 어떻게 알리고, 모금은 어떻게 하고, 작은 소녀상 작가에게는 어떻게 연락할지를 의논하고 일을 분담했다.

하지만 기말고사와 학교 축제 등이 바로 이어지면서 모금활동을 다음 해 3월로 미루어야 했다. 3월 홍보를 시작하고 역사동아리와 밴드부가 함께 주관한 4·16 세월호 콘서트를 마지막으로 모금을 마쳤다. 많은 학생이 모금에 참여했다. 만 원 단위의 거금을 낸 선생님들도 있었다. 목표 금액을 10만 원이나 초과했다. 남은 돈으로는 소녀상 받침대와 케이스 등을 사기로 했다. 하지만 그러기에는 돈이 모자라 교장선생님과 의논해서 학교 동아리 활동 예산의 일부를 사용하기로 했다.

3

점점 더 판을 크게 벌이다

소녀상과 받침대가 학교로 배송된 후 역사동아리는 소녀상의 위치와 제막식 준비를 위해 회의를 하고 설문조사를 했다. 학생들이 늘 가는 장소에 소녀상이 있으면 좋겠다는 마음으로 식당 앞, 만정원, 교문 앞 등을 후보지로 꼽았다. 설문결과 만정원이 1위를 차지했다.

역사동아리가 분주해진 만큼 교장선생님 이하 교사들도 바빠졌다. 역사동아리 설문결과를 보고, 교장선생님과 행정실장님은 만정원은 현실적으로 안 된다고 답했다. 만정원은 습하고 관리하기 어려운 곳이라 나무 받침대로 된 소녀상과 맞지 않다는 이야기였다. 이 소식을 듣고 역사동아리는 낙담했지만, 교장선생님과 행정실장님은 학교 안을 돌아다니며 장소를 물색한 후 중앙현관을 제안했다. 학교의 얼굴이라고 하는 곳에 두는 것이 상징적이고 의미도 있다는 것이었다. 역사동아리는 학교의 의견을 수용했고, 그 장소에 소녀상을 놓고 보니 훨씬 멋져 보인다고 좋아했다.

이제 남은 건 제막식이었다. 여름방학 직전에 소녀상이 자리를 잡아서, 제막식을 방학 전에 할지, 개학하고 할지를 의논했다. 그런데 8월 31일이 교장선생님의 정년퇴임식이었다. 동아리 학생들은 소녀상 세우기 활

학교 중앙현관에 위치한 일본군 위안부 소녀상

동을 지지해준 것에 대한 감사의 뜻으로 교장선생님의 퇴임식 날에 제막식을 하기로 정했다. 제막식 날 역사동아리 부장은 다음과 같이 소감을 발표했다.

> 이 소녀상은 우리 역사동아리가 세운 것이 아니라 만덕고의 모든 사람들이 함께 세운 것입니다. 우리 동아리의 소녀상이 아닌 우리 만덕고 모든 사람의 소녀상입니다. 우리 만덕고 학생들이 자랑스럽습니다.

박수가 쏟아졌다. 마이크를 넘겨받은 교장선생님도 이런 행사에 함께하게 되어서 마지막 교직생활에 뜻있는 일이었다고 이야기했다. 짧지만 감동과 울림으로 넘친 소녀상 제막식이 이렇게 끝났다. 학생들은 이 과정에서 많이 자랐다.

> 작은 소녀상을 세우는 기간 동안 내가 조금은 성장할 수 있었다는 것이 가장 최고의 수확물이라고 생각한다. 위안부 문제에 좀더 깊이 있게 들어가 보고 내가 평소에는 몰랐던 여러 가지 부분들을 배울 수 있었던 시간이었다. 우리 힘으로 준비하고 소녀상을 세우게 된 그 자체로 나에게는 일생에 있어 한번 할까 말까 한 경험을 한 셈이다. 앞으로 우리 동아리가 좀더 역사에 대해 공부를 하고 의미 있게 활동을 해서 큰 배움이 넘쳐나는 동아리가 되었으면 좋겠다!(강○○, 2학년)

그로부터 1년 뒤, 소녀상 건립 1주년 기념행사를 하자는 제안이 나왔다. '위안부 기림일'을 학교 안의 작은 행사로 꾸리자는 것이었다. 교사들은 좋은 아이디어라고 격려하고 금전적 지원도 해주기로 했다.

4·16 세월호 기념행사를 같이한 밴드부에 의견을 물었더니 동참하겠다고 했고, 밴드부 지도교사인 허선생님은 댄스부에도 함께하자며 제안했다. 그래서 역사동아리, 밴드부, 댄스부가 함께 위안부 기림일 행사를 하기로 했다. 다른 학생들도 참여할 수 있게 위안부 삼행시 짓기와 퀴즈, 시 읽기 행사도 준비하니, 행사의 규모가 점점 커졌다.

점심시간 잠시 짬을 내서 기림일 행사를 하려고 했는데, 규모가 커져 점심시간에 소화하기 어려울 듯하여 부장회의 안건으로 올렸다. 교장선생님을 비롯하여 학년 부장 선생님들은 이 행사가 가지는 교육적 의미에 공감했고, 학생들이 스스로 이런 행사를 기획했다고 하니 북돋워줘야 한다며 수업시간을 조정해서 점심시간을 70분으로 늘리기로 했다.

위안부 기림일 행사 당일, 만정원에 만덕고 학생들과 교사들이 모여들었다. 3학년들은 교실 창문을 통해서 만정원 행사를 내려다보았다. 밴드부가 음악을 연주하며 행사가 시작되었다. 만정원에 울려 퍼지며 행사 시

위안부 기림일 행사에 참여한 학생들

작을 알린 밴드부 학생들의 연주는 마치 자율적이고 주체적인 만덕고 학생문화를 현시하는 듯했다. 이어서 댄스부가 준비한 춤이 이어졌다. 댄스부는 일본군에게 끌려가는 소녀들의 모습과 고통을 춤으로 표현했다. 감탄이 이어졌다. 퍼포먼스 중에 "여기가 지옥이다"라는 멘트가 나왔을 때는 모두가 위안부 문제 속으로 빨려 들어갔다.

역사동아리는 일본군 위안부와 기림일에 대한 퀴즈를 진행했고, 삼행시를 낭독하며 행사를 마무리했다.

위기감을 느꼈을 그때 그해의 젊은 시절
안으로 굽어 곪고 문드러진 마음을 고충들을 어찌 다 헤아릴 수 있겠습니까.
부디 현재로부터 편히 쉬길 바랄 뿐입니다.

위로와 공감이 필요한 그들에게
안녕과 평화를 기원해주세요.
부정한 세상을 정의가 이길 수 있도록 마음의 눈으로 세상을 바라봐주세요.

4

역사를 가지고 재미있게 놀기

친구 따라 강남 가듯이 역사동아리에 들어온 친구들이 답사와 공부, 행사를 통해 자신들이 동아리의 주인이라는 의식을 가지고 서서히 자라는 모습을 지켜보는 것은 교사로서 소중한 시간이었다. 2017년부터 시작된 학교 안 작은 소녀상 세우기 활동을 통해 학생들은 정말 많이 자랐다. 위안부 문제에 관심을 가지게 되고, 또래 청소년들이 어떤 활동을 했는지 알아보고, 자신들이 주도해서 소녀상을 세우고 기념행사를 운영하며 많은 경험을 했다.

역사동아리 활동은 교실 안과 밖이 이어진 역사공부였다. 교실 안의 배움은 상당히 제한적이다. 교사 한 명과 많은 학생들이 마주하고, 역사를 싫어하는 아이들도 많고, 경험할 수 있는 것도 제한적이다. 반면 교실 밖은 역사로 가지고 놀 만한 거리가 넘쳐난다.

학생들은 교실 밖의 역사 체험과 교실 속의 역사공부가 동떨어지지 않다는 것을 알게 되었다. 더욱이 교실 밖 체험은 역사가 교과서 속에 박제화된 과거가 아니라 지금 시대에도 살아 움직이는 현재라는 것을 느끼게 했다. 또 역사동아리 활동을 통해 자신이 살아가고 있는 공간인 학교, 지역사회, 국가에서 역사 문제를 어떻게 이해하고 풀어가야 할지를 주도적으로 배울 수 있었다.

그런 의미에서 역사동아리 활동은 역사교사로서 행복을 느끼는 원동력 중 하나였다. 함께하는 동료 교사가 있어서 교사들도 서로 보고 배웠다. 혼자라면 할 수 없는 것들이지만 여럿이 역할을 분담하여 부담을 줄일 수 있었다. 또 다양한 아이디어를 쏟아내서 좋은 프로그램들을 만들어낼 수 있었다. 학생들의 오감을 자극할 수 있는, 역사에 감정이입 할 수 있는, 역사를 몸으로 느낄 수 있는, 다양한 활동을 운영할 수 있었다. 함께했기에 가능했다.

이 글에서는 일본군 위안부와 관련한 역사동아리 활동을 소개했지만, 만덕고 역사교사들은 여러 주제로 역사동아리 활동을 20년 가까이 운영해왔다. 10년 전부터는 여러 학교의 역사동아리를 연합해 체험활동을 하고 있다. 하나하나 다 잊을 수 없는 소중한 배움을 주었다. 새로운 해에는 새로운 주제로 새로운 도전을 기대한다.

부산 지역 역사동아리 연합 활동

연도	주제	답사지	참가 학교
2013년	1987년 민주노조 결성의 현장과 구포 장터를 찾아서	사상성당 – 강선대 – 구포시장 – 부산 어촌민속관	브니엘여고, 신정고, 주례여고
	부산 속의 세계 종교를 찾아서	요산문학관 – 범어사 – 이슬람사원 – 오륜대 한국순교자박물관	
	바닷길 따라 역사유적을 찾아서	고리원자력본부 – 일광 삼성대 – 기장 읍성 – 장관청 – 기장향교 – 죽성리왜성–황학대	
2014년	평화의 사절단, 조선통신사	조선통신사역사관	부경고, 주례여고
	남포동 일대 일본의 흔적 찾아서	용두산공원 – 영도다리 – 남항동 전차 종점 – 부산삼진어묵	대신중, 부경고, 주례여고
	부산의 민주화운동을 찾아서	부산대학교–부산양서협동조합–보수동 책방골목–민주항쟁기념관	대신중, 부경고, 주례여고
2015년	낯설었지만 우리 문화가 된/될 세계의 종교(불교, 이슬람교, 크리스트교)	범어사 – 이슬람사원 – 오륜대 한국순교자박물관	부경고, 사직고, 주례여고
	오래된 이웃, 화교의 터전	차이나타운 – 화교학교	
	서울 답사 – 민주화운동과 세계문화의 이해 (1박 2일)	이태원 – 명동 – 남영동 민주인권기념관 – 서대문형무소 – 이한열기념관	
2016년	일제강점기의 수탈과 강제동원 역사	소막마을 – 일제강제동원역사관	만덕고, 부경고, 주례여고
	오래된 이웃, 화교의 터전	차이나타운 – 화교학교	
	의열단의 출발지, 밀양을 찾아서	영남루 – 밀양 항일운동테마거리 – 밀양경찰서 터 – 박차정의 묘 – 밀양독립운동기념관	
2017년	기억과의 전쟁	평화의 소녀상 – 일제강제동원역사	만덕고, 부경고, 주례여고
	평화의 소녀상을 세우기 위한 고등학생들의 고민과 노력(1박 2일)	문현여고와 한얼고 평화의 소녀상 – 분성여고와 태봉고 평화의 소녀상 건립 운동 사례 발표	
2018년	일제강점기 강제동원의 역사	일제강제동원역사관 – 평화의 소녀상, 강제징용 노동자상	만덕고
	한국전쟁과 피란민의 삶	임시수도 정부청사와 기념관 – 국제시장 – 영도다리 – 40계단문화관	
2019년	한국전쟁과 피란민의 삶	임시수도 정부청사와 기념관 – 국제시장 – 40계단문화관	만덕고
	서울 평화 답사(1박 2일)	금정굴 – 장준하묘 – 개성공단 – 남영동 – 명동성당	

에필로그

공립학교 교사들은 4년 또는 5년을 주기로 학교를 옮긴다.
한 학교에 익숙해질 만하면 짐을 싸야 한다.
뜻이 통하는 좋은 사람을 만나는 것은 생각보다 쉽지 않다.
그렇다면 좋은 인연을 만들어가면 될 일이다.
잘났으면 잘난 대로, 못났으면 못난 대로.
나는 너에게 '무엇'이 되고 싶다.
너는 나에게 '무엇'이 되었으면 좋겠다.
그 좋은 인연 만드는 경험을 가지고, 또 새로운 둥지로 옮겨가는 것.
그것은 한국에서 교사로 사는 '숙명' 같은 것 아닐까?

역사교사의 전문성은 어떻게 길러지는가

— 역사교육 연구자의 시선에서

나는 예비 역사교사를 가르치는 일을 하고 있다. 따라서 나의 주요 관심사는 '좋은 역사교사란 어떤 모습일까?', 그리고 '좋은 교사가 되기 위해서 필요한 것은 무엇인가?'이다. 매년 역사교사가 되기를 희망하는 학생들이 역사교육과에 들어오고, 4년 과정을 마치고 임용고사에 합격하면 공립학교의 역사교사가 된다.

임용고사에 합격하면 곧 좋은 교사로 증명되는 것일까? 현실을 보면 선뜻 그렇다고 말하기 어렵다. 교사를 희망하는 사람이 많아서 역사과목의 경우 임용고사가 시행된 이래 경쟁률이 10 대 1 아래로 떨어진 적이 없고, 모집인원이 적을 때는 30 대 1 이상으로 올라가기도 했다. 상황이 이러하니 합격하기 위해서는 졸업하고 평균 3~4년을 임용고사 준비에 몰두해야 하며, 정작 그 문턱을 넘었을 때는 기력이나 의욕이 소진된 상태로 교단에 서게 되는 것이 일상적인 풍경이다. 더 안타까운 점은 참 좋은 교사가 될 수 있는 학생이 임용고사에 합격하지 못하고 기간제 교사를 전전하면서 지쳐가는 경우를 어렵지 않게 본다는 점이다. 사범대학 4년 과정으로 교과 전문성을 갖춘 좋은 교사를 양성하기 어렵고, 또 현재와 같은 임용고사 형식은 좋은 교사를 가려 뽑는 것에 한계가 있다. 전문성을 갖춘 프로그램을 마련하여 임용고사에 들이는 시간과 노력을 투입한다면 훨씬 더 좋은 교사들이 학교 현장에 나갈 수 있을 것이다.

그러나 잘 구성된 교사 양성 프로그램을 거쳐 전문성을 갖춘 좋은 교사가 현장에 투입되는 것으로 교사 교육이 마무리되는 것도 아니다. 학습자와 학습내용, 교수-학습 환경은 시시때때로 바뀐다. 교사의 자기 연찬, 교사 재교육이 필요한 이유다.

역사교사들은 최소한 1년 단위로 새로운 학생들을 만난다. 그때마다 그 학생들에게 어떤 역사가 의미 있게 다가갈지를 고민해야 한다. 만일 그 역사를 찾게 된다면 이제는 그 역사를 어떻게 재구성하여 학생을 만나야 할지 또다시 고민을 시작해야 한다.

▶ 역사교사로 산다는 것

역사란 이미 지나가서 확정된 사실이기 때문에, 한번 공부하면 평생 써먹을 수 있지 않을까 생각할 수 있지만, 생각 있는 역사교사라면 그렇지 않다는 것을 매일 확인하게 된다. 역사교사의 임무는 교과서 속에 박제화된 과거 사실을 학생들에게 전달하는 것으로 끝나지 않는다. 역사교사는 과거를 통해 오늘을 이해하고 미래의 희망을 말한다고 한다. 역사교사는 숙명적으로 일상의 문제를 역사적으로 사고할 수밖에 없다. 역사교사의 단련장은 현실이요, 세상이다. 교사를 직업으로 삼게 되면, 다른 누구보다 더 많이, 더 깊게 알기 위해 끊임없이 공부할 수밖에 없다. 세상은 변한다. 변하는 세상을 읽기 위해서 공부해야 한다.

초임 교사는 아직 교사로서의 식견이 충분치 않기 때문에 공부해야 한다. 초짜의 설익음을 다스리기 위해 공부해야 한다. 그렇다고 고참 교사는 공부에서 면제될까? 학교 일은 겉에서 보면 반복적이다. 잠시 주춤하면 매너리즘에 빠진다. 고참 교사는 매너리즘에 빠지지 않기 위해서, 교육에 대한 생각이 경직되지 않도록, 교육관이나 인간관이 각질화하는 것을 막기 위해서 공부해야 한다.

이렇게 교사로서의 역량을 키우고 갱신해야 한다는 점에서 현장 역사교육에 대한 관찰과 성찰, 대안 모색이 필요하다고 하겠다. 바로 이 지점에서 대학에서 사범교육을 담당하고 있는 연구자와 현장에서 역사를 가르치고 있는 교사가 만나 협업을 통해 역사교육을 고민하고 교사의 전문성을 발전시키기 위한 노력이 시작되었다. 이 책은 2년 동안 역사교육 연구자와 역사교사가 함께 참여, 관찰, 협의를 통해 새로운 시각으로 수업을 분석하고, 학생들의 역사 이해 과정과 수준을 진단하고, 새로운 수업 설계의 방향을 협의, 실천한 기록이다.

▶ 교사들은 연구자와 함께하는 교과협의회를 어떻게 받아들였을까?

양정현 (연구자) 교과협의회에 외부 연구자가 참여했는데, 교사의 입장에서 보면 어떤 의미가 있었을까요? 만덕고 역사과협의회의 특별한 점 중 하나는 대학에 있는 제가 외부자로서 협의회에 참여했다는 점이었을 텐데.

C교사 저는 교수님이 참여해서 구체적인 제안을 많이 해줘서 좋았어요. 다양하고 또 우리가 시도해볼 수 있는 아이디어를 제안해주셔서 도움을 받았다고 생각해요. 아니면 혁신학교에서 하는 배움의 공

동체 방식에서 크게 벗어나지 못했을 거 같아요.

A교사 제 생각으로도 교수님의 제안이 좋았던 것 같습니다. 학습지도 좀 더 다양하게 나올 수 있었던 것 같고. 그런데 교수님이 다른 일반 학교의 수업을 참관하고 협의회를 하겠다고 제안하면, 그 학교 선생님들은 부담스러워서 수용하지 않을 것 같아요. 만덕고가 혁신 학교라서 가능하지 않았을까요? 왜 이게 가능했을까요?

D교사 저도 비슷한 생각인데요. 교육 연구자는 학교 현장에 가서 교사들과 함께 실천하고 연구하는 게 요긴하겠다는 생각을 했어요. 연구자의 이론과 현장 실천의 결합이 중요하다는 생각을 많이 해요. 과중한 학교 업무에도 불구하고 2년이라는 긴 시간을 완주할 수 있었던 것도 외부 연구자의 존재가 있었기에 가능하지 않았나 싶어요.

▶ 동료 교사와의 일상적 수업협의회는 어떤 의미일까?

A교사 만덕고에 와서 처음 역사과교과협의회 제안을 받았을 때, 과연 내가 수업공개나 수업 준비를 잘할 수 있을까 하는 걱정에 긴장했던 느낌이 생생합니다. 수업을 같이 준비하고 실천하는 형태의 협의회나 교과모임을 한번도 경험해보지 못한 상황에서 오는 당혹감이었던 것 같아요. 그러니까 제가 그 이전까지 해왔던 수업 준비나 수업에 대한 생각이 바뀌는 전환점에 서 있는 것 같았습니다.

C교사 2년 중 가장 기억에 남은 것은 첫 수업협의회예요. 저는 교사들과 수업 관련해서 함께한 경험도 많고, 다른 과목 교사들과 함께하는 수업 나눔 모임을 이끌기도 했어요. 그런데 역사과 선생님들 전원과 역사수업을 밀도 있게 파고드는 협의회를 지속적으로 한 것은 처음이었어요. 첫 수업협의회를 하면서 새로운 시도와 새로운 경험에 대해 긴장감이 있었어요. 그때, 만덕고에서 수업공개를 처음으로 경험하는 선생님들은 무엇을 어떻게 해야 하는지 모르는 상태에서 긴장한 상태로 앉아 있었어요. 긴장감을 가지고 함께 시작한다는 느낌이 좋았습니다.

D교사 저는 2018년 2학기에 한 '1971년 대선' 수업이 떠오르네요. 같은 주제로 사전 논의 없이 세 명이 따로 수업을 설계하고 실제 수업을 했잖아요. 각자 수업 디자인이 어떻게 다를까 궁금하기도 했고, 잘하고 싶다는 욕심으로 긴장이 되기도 했어요. 이 수업을 하고 나서 서로 비슷하게 생각하는 부분도 보였는데, 각자가 중요하게 생각하는 부분이 다르다는 게 신선한 충격이었어요. 지금도 그 느낌이 강렬하게 남아 있어요.

B교사 2019년 2학기에 했던, 수업 전문성 신장을 위한 '3단계 프로젝트'가 기억에 남아요. 각자 수업을 하면서 첫 단계 수업 후 제시되는 개선책을 다음 단계에서 보완하여 좀더 나은 수업을 할 수 있는 과정을 3회에 걸쳐서 진행했잖아요. 제게 부족한 부분을 긴 호흡으로 보완할 수 있었어요.

교사는 누구에게 배우는가? 동료 교사에게 배운다. 더불어 생활하면서 실질적이고 구체적인 도움을 받는, 그야말로 동지다. 생각을 공유할 수 있다는 것만으로도 힘이 된다. 주는 사람 따로 있고, 받는 사람 따로 있는 것이 아니다. 주고받는 게 세상 이치다. 신참은 고참에게서 교육 실천에 관해 실질적인 도움을 받을 수 있다. 고참은 자신의 경험을 신참 교사와 공유하는 것만으로도 행복해한다. 그동안의 노고에 대한 보답이다. 신참도 고참에게 힘이 된다.

▶ 2년간의 협의회는 교사들을 어떻게 달라지게 했을까?

B교사 협의회를 통해 내 수업을 객관적으로 보게 되었어요. 이것이 성장의 출발점이었어요. 하지만 동시에 쉽게 바뀌지 않는 나를 보면서 힘들어하기도 했던 것 같아요.

D교사 수업 참관할 때 열심히 보고 촬영물을 보며 교사의 발문과 피드백, 교사와 학생의 상호작용, 모둠 내에서 학생들의 협력 등을 꼼꼼히 관찰하고 기록하면서, 이제는 수업을 전체적으로 볼 수 있는 눈이 생긴 것 같아요.

C교사 4년 전의 나와 지금의 나를 비교해본다면, 일단 모둠학습의 필요성에 대한 신념이 생겼습니다. 학생들이 모둠학습을 통해 어떤 성장을 하는지, 모둠학습을 촉진시키려면 교사가 어떤 발문과 피드백을 주어야 하는지 등에 대해 구체적인 방법을 알게 되었습니다.

A교사 2년 전과 비교하면, 수업 방식이 확실히 달라졌죠. 예전에 저의 롤 모델은 TV에 나오는 스타강사였어요. 판서를 그림처럼 구조화하고, 화려한 언변으로 아이들을 매혹시키는 수업이 꿈이었지요. 그런데 만덕고에 와서 완전히 바뀌었어요. 지금은 교실에 들어갈 때 분필도 안 들고가거든요. 역사교육 이론에서나 접했던 모둠활동이나 프로젝트 수업, 토론수업은 꿈도 못 꾸었는데, 지금은 이런 수업들을 일상적으로 하고 있어요. 만덕고에서의 2년은 역사교사로서 일대 전환점이었어요.

▶ 수업을 어떻게 바꾸어나갈까?

교사는 누구에게 배우는가? 다른 무엇보다도 교사의 가장 중요한 선생은 학생이다. 교사는 학생을 가르치면서 배운다. 가르치는 것이 곧 배우는 것이다. 우리 옛 전통은 이것을 깔끔하게 '교학상장(教學相長)'이라 표현했다. 가르치는 행위의 바탕에 배우는 자세가 깔려 있지 않으면 교사는 바로 타성의 미끄럼틀에 서게 된다. 학생이라는 거울에 자신을 비추어 쉼 없이 갱신하지 않는 교사는 더 이상 교사가 아니다. 지식 소매상일 뿐이다. 역사교사는 공부와 실천을 통해 스스로 역사의 주체임을 자각하는 과정을 거치면서 단련된다.

B교사 저는 모둠수업, 토론수업, 프로젝트 수업 등이 좋았어요. 물론 강의나 영상으로 아이들의 호기심을 자극할 수도 있지만, 아이들에게는 모둠학습이 필요한 것 같아요. 모둠원과 함께 읽고 이야기를 나누면서 서로 배우는 힘을 기를 수 있으니까요. 토론과 프로젝트 수업은 수업이 끝난 뒤 아이들의 성장을 보는 게 재미있었어요.

D교사 저는 학생들이 다양한 사람들의 생각을 듣고 비판적으로 사고할 수 있고, 사회 속에서 실천하는 데까지 간다면 좋을 것 같아요. 그래서 앞으로도 학생들이 자신의 주체성을 키워가며 민주 시민으로서의 역량을 키울 수 있는 수업을 하고 싶어요. 지식 전달의 수업이 중요하지 않고, 또 진도를 다 나가는 것만이 능사는 아니라는 것을 전국역사교사모임 선생님들 덕택에 일찌감치 깨닫게 되었어요. 수업에서 선택과 집중을 할 수 있었던 거 같아요.

C교사 지금 아이들의 특성은 자기들이 말하고 자기들이 공부하고, 자기가 직접 하는 것을 좋아한다고 봐요. 근데 아이들은 혼자서는 제대로 하지 못해요. 토론수업에서 애들이 긴장하는 걸 보면, 타인에게 비치는 자기 모습을 중요하게 여기기 때문이 아닐까 싶어요. 배우는 것에도 관계라는 게 중요하다는 거죠. 이전에는 꼭 모둠수업을 고집하지 않았는데, 만덕고에서 경험을 하면서 학생들끼리 서로 가르쳐주고 배우고 그러면서 뭔가를 더 알아간다는 것을 경험했기 때문에, 다른 학교에 가서도 모둠수업을 제안할 것 같아요. 모둠수업을 하면 지식의 양이 적어지는 게 아니냐는 비판을 수도 없이 듣고 있죠. 그런데 애들이랑 인터뷰를 하고 이야기를 해보면 애들은 모둠학습을 통해서 실제로 많이 배웠다고 생각해요. 그리고 자기들이 더 배울 수 있는 사람이 되었다고 얘기하는 걸 보면 지식 전달이 그렇게 중요한가라는 생각도 들어요. 그리고 여러 가지 방식의 수업을 한다고 아이들이 지식을 놓친다고 생각하지 않아요. 지식을 소화해서 자기 것으로 만들어서 내뱉게 하는 훈련이 힘든 거죠. 역량 중에서는 지식을 습득하는 역량도 있지만, 친구들과의

관계를 조절하는 역량, 사회문제에 대해 비판하고 실천하는 역량도 중요하다고 생각해요. 이런 역량을 배우는 역사교실이면 좋겠어요.

A교사 내가 만족하는 역사교실은, 학생들이 "선생님 수업 재밌어요. 선생님 때문에 역사를 많이 알게 되었어요. 내가 좀 성장한 것 같아요"라는 말을 하는 교실이에요. 대다수 교사들이 그럴 거 같은데, 교사도 만족하고 애들도 만족하는 그런 교실이 제가 꿈꾸는 역사교실이에요. 수업 방식에 대해서는, 일단 만덕고에서는 모둠수업을 계속할 생각이에요. 왜냐하면 지금 갑자기 강의식으로 바꾸면 이도 저도 안 될 것 같아요.

▶ 교과협의회는 어떻게 꾸려가는 것이 좋을까?

양정현 단위 학교 교과협의회를 어떤 식으로 구성하고 어떤 내용으로 어떤 방식으로 진행할지 말해볼까요. 학교마다 조건이 다 달라서 모범답안을 찾아 제안하는 것은 가능하지도 그다지 도움이 되지도 않겠지만.

C교사 저는 수업공개 후 수업자와 참관자 모두 수업을 촬영한 영상을 보고 복기하고 의미를 따져보는 시간을 가졌던 게 좋았어요. 교사의 발문, 교사와 학생의 상호작용이 어디서 만나고 엇갈리는지 등 수업에서 관찰한 바, 배운 바를 정리하는 시간을 가졌던 거요. 관찰한 직후에 설익은 느낌을 나누기보다는, 수업을 찬찬히 되새겨보

면서 교사로서 잘한 점과 고쳐야 할 점, 배워야 할 점을 정리하는 작업을 할 수 있어서 좋았어요.

D교사 수업협의회에서 말로만 이야기하는 것에 그치지 않고 글로 정리하고 같이 읽어본 게 다른 사람 수업뿐 아니라 제 수업을 성찰하는 데도 도움이 되었어요. 2년 동안의 과정을 거치면서 우리 협의회도 조금씩 변화, 발전하면서 더 정교화된 것 같아요.

A교사 왜 사람들이 수업공개를 하지 않을까 생각을 해보면, 자신이 망하는 걸 보여주기 싫은 거 같아요. 저도 그래요, 아니 더 많이 망해요. 그리고 경력이 많은 선생님들도 애들을 재우더라구요. 이런 거를 보면서 다들 똑같네라고 생각했고 자신감도 얻었던 거 같아요. 저는 초보교사를 만나면, 수업공개와 협의회를 하는 것이 도움이 된다고 말하고 싶어요.

▶ 교사를 매너리즘으로부터 구하는 것은 열정과 개방성

B교사 수업을 잘하고 싶은 교사가 있고 그 교사가 개방적이라면, 교과협의회를 통해 성장할 수 있다고 말해주고 싶어요.

C교사 수업 나눔에 대해 부정적인 교사들은 수업시간에 행복할까요? 교사의 자존심이 무너지는 지점은 아이들과 수업이 안 되는 상황이 아닐까 싶네요.

A교사 자존심을 지키기 위해 현실을 외면하는 경우가 없을까요?

C교사 저는 그 사람들 마음속에서 매일매일 자존심이 무너지고 있을 수 있다고 생각해요. 그 지점에서 우리는 함께 성장할 것인지, 혼자서 교실 문을 닫고 웅크릴 것인지 선택할 수 있다고 생각해요.

A교사 국어과 선생님 한 분과 이야기해본 적이 있는데, 그 분은 혼자서 엄청 뭔가를 많이 해요. 그런데 국어과협의회 같은 건 안 하냐고 물었더니 다른 사람들하고 시간 맞춰서 하는 게 더 스트레스다, 그럴 바에는 그냥 혼자서 하는 게 낫다, 나는 내 방식이 애들한테 도움이 된다고 생각한다고 말하더군요.

B교사 저 혼자였으면 다른 선생님들 수업을 동경만 하다가 끝났을 거예요. 그런데 수업협의회를 하면서 많이 배웠습니다. 수업 참관을 하면서 선생님들이 학생들의 말과 행동에 적극적으로 반응하고 적절하게 피드백하는 것을 볼 수 있었어요. 그러고 나니 수업 중 학생들의 반응에 수용적이지 못했던 제가 보이기 시작했어요. 이후 그 부분을 개선하기 위해 노력하고 있어요. 이런 노력들이 쌓이면 저도 수업 전문가가 되지 않을까요?

D교사 저는 역사교사의 전문성은 먼저 수업 설계에서 확인할 수 있다고 봐요. 그 지점에서 동료 교사의 발문이나 수업 방식을 눈여겨보며 내 수업을 성장시킬 수 있었던 부분이 많았어요. 혼자 가는 걸음보다 같이 걷는 걸음에서 훨씬 더 폭넓게 보고 배우며 성찰할 수 있

다는 것을 우리 협의회에서도 배우게 되었어요.

C교사 수업협의회를 통해 제가 배운 바는 서로의 수업 의도를 묻고, 수업 디자인에 대해 의견을 나누고, 실제 수업 운영에 대해 의견을 나누는 것이었어요. 이런 경험을 하면서 수업과 관련해 명료하지 않던 부분들을 명료화할 수 있었던 것 같아요.

양정현 교사가 매너리즘에 빠지지 않고 끊임없이 자기 혁신을 해나갈 수 있는 조건, 내적 조건과 외적 조건에 관한 숙고가 필요하겠지요. 저도 늘 "모든 교사들은 수업을 잘하고 싶어 한다"라고 말하고 다녔어요. 애들하고 눈을 맞추고 한 시간 수업 잘한 다음 상쾌한 기분으로 교무실로 돌아오기를 원한다는 거죠. 그런데 어느 시점에서 교사들이 매너리즘에 빠지고 나태해지고 아이들과의 소통이나 관계 설정에서 심각한 어려움에 직면하게 된다는 거죠. 결국 교사로서의 삶을 행복하게, 길게 이어가는 데 교과협의회가 실질적으로 기여할 수 있지 않나 싶어요. 성찰과 실천, 즉 프레이리의 용어로 표현하면 프락시스(praxis)인데, 내적인 능력이나 동력만 가지고 혼자 하면 아이디어도 고갈되고, 쉽게 지치게 되지 않을까요?

▶ 2년의 협업은 서로에게 어떤 의미였을까?

2년 동안 연구자와 교사가 연구와 실천을 함께하면서 때로는 예리한 비판에 마음의 상처를 입기도 하고, 새로운 방안을 만들어내기 위해서 끊임없이 숙고하며 스트레스를 받기도 했다. 그러나 상호 신뢰를 바탕으로 한 협의과정은 전문성을 갖춘 '좋은' 역사교사로서 성장하는 과정 그 자체였다.

관록과 열성이 충만한 경력 교사는 신참 교사에게 새로운 길을 열어 보여줄 수 있었다. 물론 그렇게 보고 배운 점들을 짧은 시간에 흡수, 수용하여 바로 교실 수업에서 구현할 수 있는 것은 아니었다. 자기의 스타일과 색채를 잃지 않으면서도 많은 걸 배울 수 있는 기회였지만, 때로는 심적인 부담으로 인하여 압박감이 심해질 때도 있었다. 그럴 때마다 "잘하고 있다. 아직 익숙하지 않아서 그렇다"라고 힘을 북돋아줄 수 있었던 것은 상호 신뢰와 동료애가 바탕이 되었기 때문이다.

한 학교 안에서 수업을 열고 주목받는 상황은 교사들에게 좋은 기회이기도 하지만 커다란 부담이 되기도 한다. 그러나 자기 수업에 대해 물어보고 참고할 동료 교사가 있다는 것은 현재의 한국 교육 현실에서는 행운이라고 할 수 있다. 각자의 개성은 그대로 살리면서도 수업에 대한 고민과 경험을 공유하며 여럿이 함께할 수 있는 학교 현장을 만나기는 쉽지 않다.

2년 동안의 실천과 경험은 다른 학교로 옮겨 다른 상황에 마주하더라도 큰 힘이 될 것이다. 열성적으로 수업을 고민하고 더 좋은 수업을 하기 위해 토론하고 실천하고 성찰한 2년의 시간은 우리 모두에게 소중한 자양분이 될 것이다.

2년, 두 뼘의 성장

김민수

만덕고로 전보 신청서를 내겠다고 결정한 것은 2009년부터 시작된 한국의 교육혁신에 참여하고 싶다는 마음 때문이었다. 만덕고에서 2년 동안 역사과 선생님들과 함께한 협의회는 내게 큰 배움을 주었다. 동료 교사들과 함께하며 모둠수업에 대해 더 많이 알게 되었고, 더 잘할 수 있게 된 것 같다. 당장 다른 학교에서의 수업을 머릿속으로 그려보면, 혼자서 계획하고 수업하고 성찰하기에는 한계가 있을 것 같다. 모둠활동에서 아이들이 어떻게 서로를 돕는지 누가 머뭇거리고 있는지 혼자 파악하면서, 만덕고에서 함께했던 것을 그리워하리라.

동료 교사들과 함께하는 과정은 쉽지만은 않았다. 각자 바라는 교사상과 학생에 대한 생각이 달랐다. 2년간 수업 계획과 공동 실천, 협의회를 진행했지만, 그 차이는 좀처럼 줄어들지 않았다. 공동 경험에서 얻고자 한 바도 달랐다. 2년간의 경험을 정리하고 성찰하는 작업도 누군가에게는 의미 있는 작업이고 누군가에게는 힘들기만 한 작업이 아니었나 싶다. 그래도 함께한 경험이 각자의 성장에 자양분이 되리라 기대한다.

만덕고를 거치고 나서 과거의 나와 비교할 때, 두 뼘 정도는 더 자란 역사교사를 볼 수 있었다. 새로운 학교, 또 만나게 될 새로운 동료와 새로운 도전을 할 때, 만덕고에서의 경험을 바탕으로 거침없이 도전할 수 있으리라 기대한다.

그냥 가보자!

손성은

일본군 위안부 프로젝트를 진행한 후, 학생들에게 소감문을 받아보니 "힘들지만 재밌었다", "힘들었지만 위안부 문제에 대해 더 깊이 알게 된 것 같아 뿌듯하다"라는 내용이 많았다. 지난 2년간의 만덕고등학교 역사과 모임에 대한 나의 소감도 비슷하다. 학생들의 생각이 자라고 깊어지는 과정을 지켜보는 것도 재밌었고, 수업을 통해 학생들과 소통하는 것도 재밌었다. 또 학생들의 능력을 신뢰하며 함께 수업할 수 있게 되었다.

하지만 그 과정들이 쉽지만은 않았다. 다른 교과에 비해 월등히 많은 수업공개나 협의회 시간이 부담스럽기도 했고, 섬세한 피드백의 시간들도 힘들었다. 그러나 분명히 그 속에는 서로를 향한, 서로의 성장을 위한 애정 어린 마음들이 있었고, 그렇게 성장하는 시간이었다. 그럼에도 불구하고 아직도 미숙하다. 한참 못 미친다. 그래서 계속 고민한다. 아직도 뭐가 잘하는 건지 잘 모르겠다.

그래도 지난 2년간 정체되어 있지 않았다. 자발적으로 또는 해야 할 것 같아서 수업에 대해 계속 고민하고 생각했다. 그래서인지 코로나로 인해

온라인과 현장수업을 병행하는 지금도 수업에 대한 고민은 계속하고 있다. 다른 선생님들은 어떻게 수업하는지 궁금하다. 그래서 옆에 앉은 사회 선생님에게도 어떻게 수업하는지 물어본다. 그렇기에 지난 2년의 시간은 교사로서 나도 성장하고, 학생들의 성장을 지켜볼 수 있어 힘들지만 행복한 시간이었다. 지금보다 더 성장하고 싶다. 수업도 더 잘하고 싶다. 학생들과 더 소통하는 교사가 되고 싶다. 그럴 수 있겠지?

그냥 가보자!

성찰과 나눔으로 충만했던 시간들

이성미

만덕고 역사과협의회 2년은 나 자신을 성찰하는 시간이었다.

나는 어떤 역사수업을 하고 싶은지, 나는 아이들을 어떤 존재로 보는지 등 내 생각을 잘 정리하고 잘 말하기 위해 고민은 깊이를 더해갔다.

함께 수업을 관찰하고 여러 차례 심도 깊은 협의회를 하면서 큰 성찰의 계기가 찾아왔다. 협의회를 통해 내가 생각하는 나의 모습과 교실 현장 속에서 관찰된 나의 모습이 크게 다르다는 것을 알게 되었다. 나 자신에 대한 객관화 과정이었다. 당황스럽기도 하고, 부끄럽기도 했다. 처음에는 '그냥' 열심히 하면 그 격차도 줄고 잘 가르치는 교사가 되겠지 생각했는데, 계속 제자리걸음이었다. 시간이 조금 지나니 '열심히 하지 않았다. 내 능력이 부족하다'는 자괴감도 들었다.

그럴 때마다 동료 교사들이 협의회에서 같이 고민해주고 조언해주었다. 나는 선생님들을 믿었고 조언받은 대로 수업에서 실행해보았다. 한 학기가 지날 때쯤 '조금'은 변화가 보였다. 정말 조금이지만, 내 고민과 자괴감에 매몰되지 않고 한 발자국 앞으로 나갔다는 것이 큰 의미였다. 이렇게 협의회를 통해 고민했고 도전했고 성찰했던 바가 앞으로 가는 길에 나침반이 되어줄 것이라고 믿고 있다.

2년간 만덕고에서 학생 중심 수업, 모둠활동, 토론, 프로젝트 수업 등 배움을 중심에 둔 다양한 수업을 경험해봐서 좋았고, 아이들의 성장을 긴 호흡으로 관찰하고 교사들과 공유한 것도 감동이었다. 그러나 가장 감사한 것은 '잘 가르치는 교사'가 되기 위해 나 역시 많이 배우고 그만큼 성장한 것이다.

계획대로 되지 않는 게 인생이라 더 기대되고 흥미진진하다

정기옥

부산 다행복학교로 오면서 여기서 4년 동안 수업 고민을 치열하게 해서, 다른 학교로 가서는 더 이상 수업 준비를 삶의 중심에 두지 않게 될 정도로 성장하리라는 야무진 꿈을 가졌다. 2년 동안 동료 교사들과 함께 수업 디자인을 하고 수업을 나누며 배웠다. 그 과정이 녹록하지는 않았다.

책을 쓰는 과정에서 지난 2년의 작업들을 정리할 수 있었다. 다른 역사 교사들과 함께하면서 배운 것은 무엇이며, 학생들과 함께한 활동들이 나에게는 어떤 의미가 있었고, 학생들에게는 어떤 의미와 배움이 있었는지 돌아볼 수 있는 시간이었다. 코로나로 인한 재택근무 시간은 만덕고 2년을 성찰할 수 있는 기회가 되었다.

그 시간 동안 역사학과 교육에 관한 책들을 읽으면서 '역사하기'에 대해, 역사수업을 바라보는 관점에 대해 공부하며 지평이 확대되는 느낌을 받았다. 2년 동안의 작업을 세분화해서 분석해보고 따져볼 수 있었다. 뭔가 학구적이고 아카데믹한 맛을 보며 역사교사로서 조금 깊어진 느낌이라고 할까…….

2020년, 1학년 한국사 수업을 다시 하게 되었다. 2년 전 안 보이고 못 보던 것이 눈에 보이기 시작했다. 텍스트 구성, 발문, 학생활동에 대해 더 예민해지고 예리해졌다. 학생들의 반응과 상호작용에 대해서도 섬세해졌다. 2019년 끊임없이 수업 참관을 하고, 다시 수업 영상을 보고 참관록을 작성하고, 협의회를 한 덕택이었다.

학생들과 수업하는 역사교실이 더 흥미진진하고 즐거워졌다!!!

"나도 가르치고 배우며 성장했구나!", "성장은 포기하지 않는 한 끝자락이 없는 거구나!"

한국의 시시포스들에게 감사와 격려의 박수를!

양정현

사람은 쉽게 바뀌지 않는다. 교사들도 쉽게 바뀌지 않는다. 교사는 가르치는 행위를 무한 반복한다. 그 일은 겉으로 보면 동일하거나 비슷해 보인다. 가르치는 행위가 특별하게 새로울 것이 없이 반복된다고 생각하는 교사가 있다. 그런 부류의 교사는 자기도 모르는 사이에 서서히 매너리즘에 빠지게 되면서 나태한 교사로 전락한다. 가르치는 대상이나 상황 조건은 늘 바뀌고, 그렇기 때문에 가르치는 행위는 항상 새로운 일이라는 것을 자각하는 교사도 있다. 그런 교사는 안간힘을 쓰면서 매시간 수업을 준비하고, 성찰하며, 그러다 보면 교사로서 조금씩 성장하게 된다.

4년 전, 만덕고 역사교사들에게 수업연구모임을 제안했을 때 모두 흔

쾌히 동의했다. 운 좋게도 모두 '가르치는 일은 항상 새롭다'라고 생각하는 교사들이었던 것이다. 다른 교사들이 언제든지 참관할 수 있도록 자기 교실 문을 항상 열어두겠다는 결정은 생각보다 쉬운 일이 아니다. 더구나 내 수업시간도 부담되는데 쉬어야 할 시간에 다른 사람 수업을 참관하는 것은 열성을 가지고 있지 않으면 실행하기 어려운 일이다. 이 일에 더하여 빈번하게 협의회까지 운영했으니, 일거리가 크게 늘어난 셈이다. 정신적으로는 말할 것도 없고, 육체적으로도 힘들었을 것이다. 그렇게 2년을 함께했다.

만덕고 역사교사 네 명은 2년의 수업연구모임을 진행하면서 알게 모르게 조금씩 성장했음을 고백했다. 힘들면서도 즐거웠던 시간으로 기억했다. 나 또한 마찬가지였다. 생동하는 교실에서 아이들을 지켜보고 들여다보는 것은 그 자체로 즐거운 일이었고, 그 경험은 강의실로 돌아와 예비교사인 역사교육과 학생들을 만날 때 소중한 자산으로 뒷받침되었다.

공립학교 교사들은 4~5년마다 한 번씩 학교를 옮긴다. 수업연구모임을 함께했던 만덕고 역사교사 중 세 명이 2021년 만덕고에서 다른 학교로 옮겼다. 오랜 시간 힘들여서 쌓았던 신뢰와 팀워크는 만덕고라는 공간에서 소멸되었다. 모두가 새로운 상황 조건에서 새 출발을 했다. 호흡이 맞는 동료를 만나서 힘을 얻을 수도 있고, 이질적인 동료와 힘들게 공생해야 할 수도 있을 것이다. 그러나 '가르치는 일은 늘 새롭다'고 생각하는 사람들이기 때문에 서 있는 그 자리에서 또 새롭게 시작할 것이다. 교사는 매년 새로운 동료 교사, 새로운 학생들과 새롭게 시작해야 한다. 어찌 보면 시시포스와 같은 존재들이라 할 수 있다. 한국의 공교육은 이들의 영혼과 육신을 자양분 삼아 지탱한다. 늘 깨어 있는 시시포스들에게 감사와 격려의 박수를 보낸다.

교사와 연구자가 함께 만드는 역사수업

—부산 만덕고등학교 역사수업 실천 사례

1판 1쇄 발행일 2021년 10월 18일

지은이 역사교육연구소 만덕고 수업연구분과 · 양정현

발행인 김학원
발행처 (주)휴머니스트출판그룹
출판등록 제313-2007-000007호(2007년 1월 5일)
주소 (03991) 서울시 마포구 동교로23길 76(연남동)
전화 02-335-4422 **팩스** 02-334-3427
저자 · 독자 서비스 humanist@humanistb ooks.com
홈페이지 www.humanistbooks.com
유튜브 youtube.com/user/humanistma **포스트** post.naver.com/hmcv
페이스북 facebook.com/hmcv2001 **인스타그램** @humanist_insta

편집주간 황서현 **편집** 최인영 조건형 **디자인** 유주현
조판 홍영사 **용지** 화인페이퍼 **인쇄** 청아디앤피 **제본** 정민문화사

ISBN 979-11-6080-718-9 03370